조선우선주식회사
25년사

옮긴이

하지영 河志英, Ha Ji-young
동아대학교 사학과를 졸업한 후 동아대학교 대학원에서 석·박사 과정을 졸업했다. 저서로는 『부산의 도시형성과 일본인들』(공저, 2008), 『부산·울산·경남지역 항일독립운동과 기억의 현장』(공저, 2011), 『부산민주운동사』(공저, 2021), 『동해포구사』(공저, 2021), 『일본인 이주정책과 재조선 일본인사회』(공저, 2022) 등이 있으며, 논문으로는 「일제시기 조선우선주식회사의 阪神航路 경영」(『지역과 역사』 42, 2018), 「일제시기 조선우선주식회사의 경영 분석」(『석당논총』 71, 2018), 「1910년대 조선우선주식회사의 연안항로 경영과 지역」(『역사와 경계』 109, 2018), 「일제강점기 동해횡단항로 개설을 둘러싼 역학관계」(『지역과 역사』 46, 2020), 「1930년대 동해횡단항로와 조선총독부 해운정책」(『인문사회과학연구』 21-2, 2020) 등이 있다. 현재 동아대학교에서 강사로 재직 중이다.

최민경 崔瑉耿 Choi Min-kyung
서울대학교 언어학과를 졸업 후, 동대학교 국제대학원 국제학과 석사과정, 일본 히도쓰바시대학(一橋大學) 사회학연구과 박사과정을 졸업했다. 저역서로는 『동북아해역과 귀환-공간, 경계, 정체성』(공저, 2021), 『동북아해역과 인문학』(공저, 2020), 『근대 아시아 시장과 조선』(공역, 2020) 등이 있으며, 논문으로는 「어업이민을 통한 해방 후 해외이주정책의 이해」(『인문과학연구』 75, 2022), 「냉전의 바다를 건넌다는 것-한인 '밀항자' 석방 탄원서에 주목하여」(『인문과학연구논총』 42-4, 2021), 「패전 직후 일본의 해항검역과 귀환」(『일본연구』 87, 2021), 「근대 동북아해역의 이주 현상에 대한 미시적 접근-부관연락선을 중심으로」(『인문사회과학연구』 21-2, 2020) 등이 있다. 현재 부경대학교 인문사회과학연구소 HK교수로 재직 중이다.

조선우선주식회사 25년사

초판인쇄 2023년 4월 5일 **초판발행** 2023년 4월 15일
엮은이 조선우선주식회사 **옮긴이** 하지영·최민경
펴낸이 박성모 **펴낸곳** 소명출판 **출판등록** 제1998-000017호
주소 서울시 서초구 사임당로14길 15 서광빌딩 2층
전화 02-585-7840 **팩스** 02-585-7848 **전자우편** somyungbooks@daum.net **홈페이지** www.somyong.co.kr

값 40,000원
ⓒ 하지영·최민경, 2023
ISBN 979-11-5905-679-6 93910

이 책은 2017년 대한민국 교육부와 한국연구재단의 지원을 받아 수행된 연구임(NRF-2017S1A6A3A01079869).

부경대학교 인문사회과학연구소
해역인문학 자료총서 ╱ **06** ╱

조선우선주식회사 25년사

조선우선주식회사 편
하지영 · 최민경 역

25-year History of Chosun Yusen Corporation

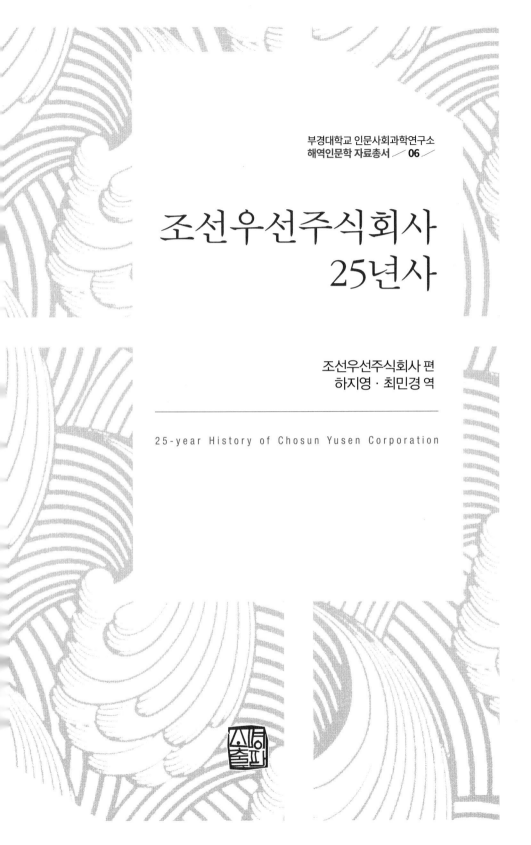

부경대학교 인문사회과학연구소와 해양인문학연구소는 해양수산 교육과 연구의 중심이라는 대학의 전통과 해양수도 부산의 지역 인프라를 바탕으로 바다를 중심으로 하는 인간 삶에 대한 총체적 연구를 지향해 왔다. 바다와 인간의 관계에서 볼 때, 아주 오랫동안 인간은 육지를 근거지로 살아왔던 탓에 바다가 인간의 인식 속에 자리잡게 된 것은 시간적으로 길지 않았다. 특히 이전 연근해에서의 어업활동이나 교류가 아니라 인간이 원양을 가로질러 항해하게 되면서 바다는 본격적으로 인식의 대상을 넘어서 연구의 대상이 되었다. 그래서 현재까지 바다에 대한 연구는 주로 과학기술이나 해양산업 분야의 몫이었다. 하지만 인간이 육지만큼이나 빈번히 바다를 건너 이동하게 되면서 바다는 육상의 실크로드처럼 지구적 규모의 '바닷길 네트워크'를 형성하게 되었다. 그리고 이 해상실크로드를 따라 사람, 물자, 사상, 종교, 정보, 동식물, 심지어 병균까지 교환되게 되었다.

이제 바다는 육지만큼이나 인간의 활동 속에 빠질 수 없는 대상이다. 바다와 인간의 관계를 인문학적으로 점검하는 학문은 아직 정립되지 못했지만, 근대 이후 바다의 강력한 적이 인간이 된 지금 소위 '바다의 인문학'을 수립해야 할 시점에 이르렀다. 하지만 바다의 인문학은 소위 '해양문화'가 지닌 성격을 규정하는 데서 시작하기보다 더 현실적인 인문학적 문제에서 출발해야 한다. 그것은 한반도 주변의 바다를 둘러싼 동북아 국제관계에서부터 국가, 사회, 개인 일상의 각 층위에서 심화되고 있는 갈등과 모순들 때문이다. 이것은 근대 이후 본격화된 바닷길 네트워크를 통해서 대두되었다. 곧 이질적 성격의 인간 집단과 문화가 접촉, 갈등, 교섭해 오면서 동양과 서양, 내셔널과 트랜스내셔널, 중앙과 지방의 대립 등이 해역海域 세계를 중심으로 발생했던 것이다.

다시 말해 해역 내에서 인간(집단)이 교류하며 만들어내는 사회문화와 그 변용을 그 해역의 역사라 할 수 있으며, 그 과정의 축적이 현재의 상황으로 나타난다고 할 수 있다. 따라서 해역의 관점에서 동북아를 고찰한다는 것은 동북아 현상의 역사적 과정을 규명하고, 접촉과 교섭의 경험을 발굴, 분석하여 갈등의 해결 방식을 모색토록 하며, 향후 우리가 나아가야 할 방향을 제시해주는 하나의 방법이라고 할 수 있다. 개방성, 외향성, 교류성, 공존성 등을 해양문화의 특징으로 설정하여 이를 인문학적 자산으로 상정하고 또 외화하는 바다의 인문학을 추구하면서도, 바다와 육역陸域의 결절 지점이며 동시에 동북아 지역 갈등의 현장이기도 한 해역을 연구의 대상으로 삼아 실제적으로 현재의 갈등과 대립을 해소하는 방안을 강구하고, 나아가 바다와 인간의 관계를 새롭게 규정하는 '해역인문학'을 정립할 필요성이 여기에 있다.

이러한 인식하에 본 사업단은 바다로 둘러싸인 육역들의 느슨한 이음을 해역으로 상정하고, 황해와 동해, 동중국해가 모여 태평양과 이어지는 지점을 중심으로 동북아해역의 역사적 형성 과정과 그 의의를 모색하는 "동북아해역과 인문네트워크의 역동성 연구"를 제안한다. 이를 통해 우리는 첫째, 육역의 개별 국가 단위로 논의되어 온 세계를 해역이라는 관점에서 다르게 사유하고 구상할 수 있는 학문적 방법과 둘째, 동북아 현상의 역사적 맥락과 그 과정에서 축적된 경험을 발판으로 현재의 문제를 해결하고 향후의 방향성을 제시하는 실천적 논의를 도출하고자 한다.

부경대 인문한국플러스사업단이 추구하는 소위 '(동북아)해역인문학'은 새로운 학문을 창안하는 일이다. '해역인문학' 총서 시리즈는 이와 관련된 연구 성과를 집약해서 보여줄 것이고, 또 이 총서의 권수가 늘어가면서 '해역인문학'은 그 모습을 드러낼 수 있을 것으로 기대한다. 끝으로 '해역인문학총서'가 인간과 사회를 다루는 학문인 인문학의 발전에 기여할 수 있는 하나의 씨앗이 되기를 희망한다.

부경대 인문한국플러스사업단 단장 손동주

차례

발간사 3

해제 11

『조선우선주식회사25년사』 한글번역본 ────────────

서장 23

범례 25

제1편 연혁 ──────────────────

제1장 창립 41

제1절 창립 전 조선의 해륙교통 상황 41

제2절 조선우선주식회사의 설립 47

제2장 창업시대 64

제1절 개업 64

제2절 항해보조금 교부 69

제2편 항로 ──────────────────

제1장 연혁과 항로 개황 119

제2장 연안항로 138

제1관 조선 남해 연안항로南鮮航路 138

제2관 조선 서해 연안항로西鮮航路 141

제3관 조선 동해 연안항로東鮮航路 145

제4관 조선 동북지역 연안항로北鮮航路 148

제3장 근해항로近海航路 150

제1관 조선 동북지역─우라니혼裏日本 항로 150

제2관 조선 동북지역─오모테니혼表日本 항로 154

제3관 조선 서해 연안西鮮─오모테니혼 항로 163

제4관 조선─만주─규슈鮮滿九州 항로 171

제5관 조선─중국鮮支 항로 172

제3편 선박

제1장 **소유선박**   193

제1절 제1기 [1912~1916]   193

제2절 제2기 [1917~1921]   198

제3절 제3기 [1922~1926]   201

제4절 제4기 [1927~1931]   206

제5절 제5기 [1932~1936]   209

제2장 **용선傭船**   214

제4편 자본

제1장 **자본금**   219

제2장 **주식**   225

제1절 주주 수   225

제2절 주식의 분석   232

제3장 **사채社債**   239

제1절 제1회 사채   239

제2절 제2회 사채   241

제4장 **적립금**   243

제5장 **관계회사**   251

제1절 조선기선주식회사朝鮮汽船株式會社   251

제2절 주식회사남대문빌딩株式會社南大門Building   256

제5편　사무조직 ─────────────────

　제1장 **정관**　　　　　　　　　　　　263
　　제1절 개업 당시의「정관」　　　　263
　　제2절 중간의「정관」개정　　　　270
　　제3절 현행「정관」　　　　　　　273

　제2장 **역원**役員　　　　　　　　　279

　제3장 **직제**職制　　　　　　　　283

　제4장 **사무분장**事務分掌　　　　286

　제5장 **직원**　　　　　　　　　　297
　　제1절 육원　　　　　　　　　　297
　　제2절 선원　　　　　　　　　　300
　　제3절 직원을 위한 시설　　　　302

제6편　영업소 ─────────────────

　제1장 **본사**　　　　　　　　　　309

　제2장 **지점, 출장소, 출장원사무소**　312
　　제1절 조선　　　　　　　　　　312
　　제2절 일본　　　　　　　　　　317

　제3장 **대리점 및 하객취급점**　　319

제7편 업적 및 재산 —————————————————————

제1장 업적   331
    제1절 수입   331
    제2절 지출   342
    제3절 제 상각금償却金   356
    제4절 이익금   361

제2장 재산   366
    제1절 총재산   366
    제2절 선박   368
    제3절 토지가옥   370
    제4절 유가증권   372

    부록   374

해제

하지영

『조선우선주식회사 25년사』는 조선우선주식회사^{朝鮮郵船株式會社}, 이하 조선 우선으로 약칭가 남긴 사사^{社史}이다. 조선우선은 조선총독부가 설립을 추진한 국책회사로, 일제강점기 조선 연안과 근해 해역에서 크게 활약한 식민 지 조선 최대의 해운회사였다.

조선우선은 1912년 설립되었는데, 그 과정은 일제의 조선 해운업 장 악 과정이었다 해도 과언이 아니다. 조선후기 이래 상품화폐경제가 크 게 발달한 조선에서는 선상^{船商}의 성장을 토대로 해운시장 역시 크게 활 성화되었다. 하지만 개항 이후 조선에서의 일본의 영향력이 커지고 조 선-일본 간 무역이 확대되는 과정에서 조선 해운시장 역시 일본의 영 향을 받을 수밖에 없었다. 일본우선주식회사^{日本郵船株式會社}나 오사카상선 주식회사^{大阪商船株式會社} 등 일본 기선회사가 조선-일본 간 항로를 개설한 데에 이어 일본 정부의 지원을 받으며 조선으로 이주한 많은 일본인들 이 조선 연안항로로 진출하였다. 조선 각 개항장을 거점으로 인근 연안 항로를 장악하고 있던 부산의 부산기선주식회사^{釜山汽船株式會社}, 원산의 요시다선박부吉田船舶部, 그리고 목포의 목포항운합명회사木浦運合名會社 등은 그 대표적인 회사들이다. 이들은 통감부 시기 대한제국 정부가 개설한 '명령항로命令航路'를 경영하였다.

일제가 대한제국을 강제병합한 이후 초대 조선총독으로 부임한 데라우치 마사다케寺內正毅는 우선 식민지 통치기반을 확립하는 데 전력을 기울였다. 그 과정에서 산업 전반에 대한 재편을 시도하였다. 교통·운수 부분에서는 강제병합 이전 개통된 경부京釜·경의京義 철도를 주축으로 조선 내 각 지역을 연결하는 철도 부설에 박차를 가하였고, 내륙과 항구 및 내륙 각지를 연결하는 도로의 개수도 서둘렀다. 하지만 조선 전역을 연결하는 철도를 개통하고 도로를 정비하는 데에는 많은 시간과 경비가 필요했다. 때문에 연안 각 항구를 연결하는 연안항로의 중요성은 한층 커졌다. 조선총독부는 통치상 식민지 조선을 효율적으로 경영하기 위해서는 무엇보다도 선결되어야 할 과제일 뿐만 아니라 조선의 산업개발을 위해서도 연안항로의 필요성은 크다고 강조하였다. 이는 강제병합 직전까지 치열하게 투쟁하였던 의병 등 저항세력에 기민하게 대응하는 한편 유사시 조선에서의 출동체계를 해운 측면에서 구축해 둔다는 의미에서도 꼭 필요한 조치라 하였다.

1912년 통감부 시기 발령되었던 명령항로의 명령기간이 만료되었다. 데라우치 조선총독은 민간 해운업자들이 개별적으로 경영해 온 기존의 연안항로를 조선총독부가 일원적으로 통제한다는 계획을 세웠다. 이를 담당할 기선회사의 설립을 구상하게 되는데, 이렇게 해서 자본금 3,000,000엔의 조선우선이 설립되었다. 조선우선은 부산기선주식회사와 요시다선박부, 목포항운합명회사 등 조선에 거주한 일본인들의 자본을 주축으로 하였을 뿐만 아니라 일본우선주식회사와 오사카상선주식회사 등 본토 자본가들까지 주주로 확보해 투자를 유치하였다. 조선우선이 보유한 전체 주식 60,000주 중 조선의 일본인들이 인수한 주식은 46.3%인 27,800주, 일본 본토의 자본가가 인수한 주식은 43.7%인 26,200주였다.

사장에는 일본우선주식회사 취체역取締役이었던 하라다 긴노스케原田金之祐, 전무취체역에는 원산의 요시다 히데지로吉田秀次郎, 취체역에는 오사카상선주식회사의 후카오 류타로深尾隆太郎와 부산의 오이케 츄스케大池忠助, 그리고 인천의 호리 리키타로堀力太郎, 감사역에는 오사카상선주식회사의 마츠자키 분로쿠松崎文六와 진남포의 아소 오토히麻生音波가 선임되었다. 그리고 상담역相談役에는 일본우선주식회사의 곤도 렌페이近藤廉平 사장이 임명되었다. 조선우선은 본사는 경성에 두었고, 부산에는 지점을, 목포와 원산에는 출장소를 두었으며, 그 외에 약 50개의 대리점을 설치하였다. 창업 당시 조선우선이 보유한 선박은 기선 26척과 범선 1척이었다.

1912년 3월 28일 제1회 항해보조금 명령서가 교부되었다. 조선우선은 이 명령서에 따라 4월 1일부터 조선총독부 명령항로에 종사하게 되었다. 명령항로 9개 노선, 자영항로 16개 노선으로 영업을 시작했는데, 부산을 중심으로 한 동·남해안 항로와 목포를 중심으로 한 남·서해안 항로, 인천을 중심으로 한 서해안 항로 등 기존의 세 회사가 경영하던 주력항로를 모두 포함한 것이었다. 여기에 제주도와 다도해, 울릉도 등 도서지역을 연결하는 항로도 포함되었다. 일제강점기 초기 철도나 도로 등 육상 교통기관이 제대로 갖추어져 있지 않은 상황에서 연안항로는 상당히 중요하고도 유용한 교통로였다.

1910년대 중반부터는 연안항로를 벗어나 근해항로로 진출하기 시작했다. 1915년 원산－블라디보스토크浦鹽선을 개설한 것을 시작으로 일본의 모지門司나 고베神戶, 쓰루가敦賀, 중국의 칭다오靑島, 상하이上海, 다롄大連 등으로 가는 노선을 개설했다. 1920년대에는 특히 일본으로 가는 노선을 경영하는 데 주력했는데, 부산－블라디보스토크－간몬關門선, 신의주－오사카大阪선, 조선서안선朝鮮西岸線 등이 그것이다. 이는 모두 오사카·고베로 가는 노선으로, 이른바 '한신항로阪神航路'였다. 일본 한신 지역은 일제강점기 조선의 대표적 생산품이자 수출품이었던 조선미의 주요 수출지로, 조선우선은 한신항로로 진출하면서 조선미의 대일 수출무역에 적극적으로 가담할 수 있게 되었다.

1920년대 후반 재계 전반을 뒤덮은 불경기로 주요 수송품이었던 조선미 운임이 급락한 가운데 한신항로를 중심으로 항로를 경영하던 조선우선은 큰 타격을 입었다. 만주사변 이후의 정치·군사적 정세 변화와 함께 경제적 이유까지 더해지면서 조선우선은 항로경영 방침을 수정하게 된다. 여기에는 1930년대 들어 중국·만주지역의 정치·군사적 중요성이 커지면서 '한신을 중심으로 한 연안항로 중심에서 중국과의 무역에 중점을 둔 근해항로 중심'으로 조선총독부가 명령항로 보조 방침을 바꾼 것에 기인한 바도 컸다. 이에 따라 조선우선은 상하이 등 남중국과 다롄 등 북중국으로 가는 항로를 증설하였고, 조선과 중국, 일본을 연결하는 연락노선의 확충에도 힘썼다. 한편 조선 북부지역과 북만주를 잇는 철도의 개통과 함께 일본－만주를 잇는 최단거리 교통로로 '동해횡단항로東海橫斷航路'가 부상하면서 원산元山, 청진淸津, 웅기雄基, 나진羅津 등 조선 동북지역과 일본의 쓰루가敦賀, 마이즈루舞鶴, 사카이미나토境港, 니가타

新潟 등 일본 동해 연안지역인 '우라니혼裏日本'을 연결하는 노선의 경영에
도 적극적이었다.

『조선우선주식회사 25년사』는 서장에서 "창립 25주년을 맞이해 우
리 회사의 연혁과 변천을 살펴보려 한다"고 사사 발간의 이유를 밝히고
있다. 조선우선이 1912년 설립되었으므로 창립 25주년이면 1937년이
되는 해이다. 1937년은 일본의 제국주의 확대 과정에서 굉장히 특별한
해였다. 1937년 7월 7일 루거차오盧溝橋 사건으로 중일전쟁中日戰爭이 시작
된 이후 태평양전쟁太平洋戰爭이 끝날 때까지 약 8년 동안 일본이 세계 곳
곳에서 자행한 일들 대부분은 이 중일전쟁과 인과관계를 가지고 있었
다. 이 과정에서 교통·운수기관의 역할은 특히 강조되었는데, 철도는
말할 것도 없거니와 해운 역시 중대한 임무를 부여받았다.

조선총독부는 중국·만주에서 전개되던 일련의 정세 변화와 무역 증
대에 대응하며 조선의 해운력을 강화시키고자 하였다. 전시 물자 수송의
원활화, 내선일체의 구현, 조선의 산업개발 등 구체적인 목표를 실현시
키기 위해서는 조선우선에 대한 지배력을 강화하는 한편 조선우선의 수
송력을 더욱 확충할 필요가 있었다. 조선총독부는 조선우선이 자본을 확
충해 보다 규모 있는 기선회사로 성장할 수 있도록 물심양면으로 지원하
였다. 이렇게 해서 조선우선은 1936년 자본금 3,000,000엔을 10,000,
000엔으로 증액하였다. 증자는 조선우선이 1910년대 중반 이래 오랫
동안 시도해 왔던 숙원사업이었다. 그동안 여러 난관들로 인해 현실화
시키지 못했던 일이 조선총독부의 지지하에 실현되었던 것이다.

증자로 신규 자금을 확보한 조선우선은 선박의 확충에 매진하며 수송

력 향상에 힘을 기울였는데, 2,500톤급 이상의 대형선박 6척의 건조를 발주하였다. 중국 대륙의 군사적 긴장 상황으로 인해 해상 물동량이 증가하자 조선우선은 이들 대형선박을 근해항로로 투입하며 전시 물자 수송에 만전을 기했다. 1938년에는 자본금 5,000,000엔의 북지기선주식회사北支汽船株式會社를 설립해 조선-북중국 간 무역 확대에 적극적으로 대응하려 하였고, 1940년에는 동해횡단항로의 독점적 경영을 목적으로 일본 체신성遞信省이 설립을 지원한 일본해기선주식회사日本海汽船株式會社에 4,000,000엔을 출자하였다. 1942년에는 조선총독부의 '사선확충계획社船擴充計畫'에 따라 3년간 8척의 선박을 건조할 예정으로 계획을 세우는데, 그 필요 자금을 충당하기 위해 5,000,000엔을 또다시 증자하였다.

이상에서 살펴본 것처럼 조선우선은 1936년 자본금을 10,000,000엔으로 증자한 이후 조선총독부 해운정책을 수행하는 국책기선회사로서 더욱 더 공세적인 경영을 시작하였다. 지금까지 식민지 조선을 거점으로 한 해운업에 종사해 왔다면, 앞으로는 일본 제국을 종횡하는 거대기선회사로 성장하겠다는 큰 포부를 가지게 된 것이다. 『조선우선주식회사 25년사』는 그 기점이라고 할 수 있는 1937년에 발간되었다. 그동안 회사가 어떻게 성장해 왔는지 과거의 발자취를 기록으로 남기는 것에 머문 것이 아니라 조선총독부 국책기선회사로서의 '새로운 출발'을 널리 알리고 공식화하려는 의도가 있었던 것이 아닌가 생각된다. 서문의 말미에 "회사의 사명을 완수함으로써 국가와 사회의 기대를 저버리지 않고도 사운社運의 융창隆昌을 기대할 수 있지 않을까"라고 언급한 것은 이러한 의지를 잘 드러낸 것이다.

『조선우선주식회사 25년사』는 총 7개의 장으로 구성되었다. 1912년 조선우선이 설립된 이후 1936년까지 회사가 걸어온 역사를 일목요연하게 기술하고 있는데, 그동안 조선우선이 경영했던 항로의 역사, 소유한 선박의 추이, 자본금의 변화, 사무조직과 영업소, 경영실적 및 보유재산 등이 시계열적으로 잘 정리되어 있다.

제1편 「연혁」에서는 조선우선의 설립과 이후의 성장 과정을 개략적으로 확인할 수 있다. 설립 과정에서는 조선우선 설립의 세 주체라고 할 수 있는 조선총독부와 조선의 일본인들, 그리고 일본우선주식회사와 오사카상선주식회사로 대표되는 일본 본토 자본가들이 조선우선의 설립에 어떻게 참여하고 있는지 확인할 수 있다. 이 장에서 특히 주목되는 부분은 조선총독부의 항해보조금 교부 명령서이다. 1912년 제1회 명령서를 비롯해서 1936년 제12회 갱신 명령서까지 조선우선이 수령한 명령서의 개요가 실려 있다. 명령서는 명령항로의 노선을 구체적으로 지정하고 있을 뿐만 아니라 항해 횟수, 기항지 등을 규정하고 있으며, 그것을 어겼을 때는 벌금 조항까지 명시하고 있다. 일제강점기 조선우선의 항로 경영에서 조선총독부의 영향력이 얼마나 컸는지 짐작할 수 있게 한다.

제2편 「항로」에서는 1936년까지 조선우선이 경영했던 항로를 개황하고 있는데, 연안항로와 근해항로로 구분해 각 노선의 연혁과 수송한 주요 화물 등을 개괄적으로 서술하였다. 연안항로는 조선 남해와 서해, 동해 연안항로로 구분하였고, 이외에 조선 동북지역의 항로를 별도로 다루고 있다. 근해항로는 일본항로와 중국항로로 분리하였다. 일본항로는 조선 동·서 연안과 일본의 동해 및 태평양 연안 지역을 연결하는 노

선으로 분리해 서술하였고, 중국항로는 상하이 등 남중국과 다롄 등 북중국으로 가는 노선을 분리해 다루었다. 이외에 조선과 일본, 중국을 연결하는 연락노선도 서술하고 있다.

제3편 「선박」에서는 창업 이래 조선우선이 구입·건조한 선박을 비롯해서 매각한 선박, 해난사고 등으로 상실한 선박 등을 5년 단위로 확인할 수 있다. 본 장에서는 주요 선박의 사진을 게재하고 있어 굉장히 흥미롭다.

제4편 「자본」에서는 조선우선의 자본금 변화 과정과 주주의 변화 추이 등을 확인할 수 있다. 특히 500주 이상을 소유한 대주주의 변화 추이에 대한 분석이 꼼꼼하게 이루어지고 있는데, 이를 통해 조선우선의 자본의 성격과 그것이 항로 경영에 어떠한 영향을 미쳤는지 확인할 수 있다. 이 외에 사채社債, 제 적립금, 조선기선주식회사朝鮮汽船株式會社와 주식회사남대문빌딩株式會社南大門Building 등 관계 회사에 대해서도 언급하고 있다.

제5편 「사무조직」에는 조선우선의 「정관」을 비롯해서 역대 역원役員, 직제職制, 기타 직원 등 회사 조직에 관한 내용이 상세하게 정리되어 있다.

제6편 「영업소」에는 경성의 본사와 부산, 원산, 인천 각 지점, 그리고 목포, 청진, 오사카, 고베 등지에 개설된 출장소 등의 연혁과 사무소, 소속 직원들이 소개되어 있다. 또한 조선과 일본, 중국에 산재한 대리점과 취급점 소재지를 5년 단위로 정리해 두었다.

마지막으로 제7편 「업적 및 재산」에서는 조선우선의 영업실적과 재산상황을 확인할 수 있다. 수입과 지출 내역, 제 상각금, 이익금 등을 통계자료로 제시해 두었는데, 조선우선의 성장 과정을 확인하는 데에 유용하다. 기업의 구체적인 경영실태를 확인할 수 있는 자료로는 각 분기

별로 작성한『영업보고서』가 있다. 조선우선의 경우『영업보고서』에 결호가 많은데,『조선우선주식회사 25년사』에 실린 통계자료는 그『영업보고서』의 결호를 채워준다는 의미에서도 굉장히 중요한 사료라고 할 수 있다. 조선우선의 영업실적은 제1차 세계대전기나 1930년대 중반 이후 크게 향상되었는데, 이는 전쟁의 영향 속에서 크게 성장하였던 식민지 조선의 해운 실태를 잘 보여준다 하겠다.

조선우선이 식민지 조선의 해운업에서 차지하는 위상을 감안한다면『조선우선주식회사 25년사』는 조선우선 한 기업의 역사일 뿐만 아니라 일제강점기 조선 해운의 역사이기도 하다. 일제강점기 기업사 연구에서 뿐만 아니라 해운업 일반에 대한 연구에서도 검토해야 할 기본자료로, 그 사료적 가치는 상당히 높다고 하겠다. 물론 조선우선의 역사를 회사의 업적과 긍정적 평가 위주로 서술한 '사사'라는 자료의 특성상 사료 비판은 선행되어야 하겠으나, 조선우선이 경영했던 항로의 연혁이라든가 변화 추이, 조선총독부가 생산한 항해보조금 교부 명령서, 경영실적 등의 통계자료는 사료로서의 가치가 충분하다고 생각한다. 본 자료의 번역을 추진해 주신 부경대학교 인문사회과학연구소 HK+ 사업단에 심심한 감사의 말씀을 드린다.

『조선우선주식회사25년사』
한글번역본

서장

　조선우선주식회사朝鮮郵船株式會社가 창립 25주년을 맞이하였다.

　이번 기회에 우리 회사의 연혁과 변천을 살펴볼 수 있는 25년사를 편찬하였다. 이 책을 통해 지난 시간을 되돌아보며 장래를 가늠하는 시금석으로 삼는 한편, 이를 다시 후세에 전달하고자 한다. 원고가 완성되어 읽어보니 25년 동안의 크고 작은 사건이 거의 빠짐없이 수록되어 있고, 회사의 업적 또한 점점 발전의 궤도에 오르고 있음을 인식하기에 충분하였다. 매우 다행스럽고 기쁜 일이다.

　되돌아보면 우리 회사가 창립된 것은 1912년의 일이다. 당시 총독 데라우치寺内 각하는 통치에 필요한 운수·교통기관의 개선과 보완을 서둘렀다. 철도 건설에 대응하며 해운의 개선·발달을 도모하였고, 이것이 산업의 성장을 지원할 수 있도록 우리 회사의 창립을 종용·지도하였다. 여기에 일본우선주식회사日本郵船株式會社와 오사카상선주식회사大阪商船株式會社의 지원을 요청하는 등 여러 우여곡절을 겪으며 겨우 창립하게 되었다. 이후 오늘까지 25년 동안 변하지 않은 국가의 두터운 지원과 부모와 같은 두 회사의 보호 속에서 우리 회사는 경영을 책임진 옛 인사와 해륙 종업원 모두 쓰라린 고생을 하면서도 일반 대중의 동정을 받으며 간신히 오늘에 이를 수 있었다. 우리는 그 은고恩顧와 공적功績에 마음 속 깊이 감사하는 바이다.

　최근 조선의 산업과 무역이 갑자기 약진함에 따라 조선의 해상 운수기관으로서 우리 회사가 완수해야 할 사명의 책무는 더욱 무거워졌다. 이러한 현 상황에 순응하며 자본금을 확대해 일본우선과 오사카상선 두 회사는 물론 새롭게 조선식산은행朝鮮殖産銀行의 지원까지 받게 되었다. 이 업계에서 활약할 체형體形을 한층 더 갖추게 된 것이다.

이 회사에 몸담고 있는 우리는 전술한 국가의 보호 아래에서 주주 여러분의 지도와 일반 화객華客[1]의 성의를 날줄과 씨줄로 엮으며 그 모범을 옛 인사에게서 채용하고자 한다. 이른바 노자협력勞資協力, 해륙동화海陸同和, 성심성의誠心盛意, 견인불발堅忍不拔[2]의 자세로 앞날의 장해를 헤쳐나가려 하는 것이다. 이로써 우리 회사의 사명을 완수하고자 한다. 이렇게 하면 국가와 사회의 기대를 저버리지 않고도 사운社運의 융창隆昌을 기대할 수 있지 않을까. 이것이 본 25년사를 편찬한 목적이기도 하다. 해운업자에게 조금이라도 참고가 된다면 다행이겠다.

1937년 4월 1일 조선우선주식회사 창립 25주년 기념일에 기록하다.

조선우선주식회사 사장 모리 벤지로森辨治郎

---

1 단골손님을 일컫는다.
2 굳게 참고 견디며 마음이 흔들리지 않는다는 의미이다.

범례

1. 이 책은 우리 회사의 역사를 기록할 목적으로 편찬하였다. 하지만 전후 사정을 명확히 하기 위해 우리 회사가 창립되기 이전 조선의 교통 및 운수 상태를 회고하거나, 혹은 조선(造船), 기타 사업계획 등 장래의 여러 일들을 언급한 부분도 있다.

2. 역사적 기술법에 따라 책 속의 인명에는 일체 경칭을 붙이지 않았다. 또한 사실의 천명을 주안으로 하면서 어떠한 윤색도 가하지 않았다. 따라서 기술 그 자체만으로는 분란의 소지가 있을 수 있다.

3. 이 책은 창립 25주년을 기념하기 위해 출판하였다. 만 25년이 경과한 이후 편찬에 착수하면 완성이 지체될 우려가 있었는데, 늦어도 만 25주년이 경과한 직후 완성해 공표하는 것이 유의미할 것으로 판단하였다. 때문에 만 25년째, 즉 1936년도 하반기부터 편찬에 착수하였다. 이러한 사정으로 책 속에서 연간 숫자를 기초로 한 통계표류는 1936년까지 24년분을 토대로 작성하였고, 누계 혹은 현재 상황을 보여주는 통계표류는 1936년 상반기까지 24년 6개월분을 토대로 작성하였다.

창립 당시의 조선우선주식회사 본점 / 경성부 남대문통 1정목

현 조선우선주식회사 본점 / 경성부 남대문통 5정목 1번지

창립 당시 기념촬영

전 상담역 고 곤도 렌페이(近藤廉平) 남작

전 상담역 · 취체역 고 오이케 츄스케(大池忠助) 씨

전 사장 고 하라다 긴노스케(原田金之祐) 씨

전 사장 고 온다 도우키치(恩田銅吉) 씨

전 전무취체역 요시다 히데지로(吉田秀次郎) 씨

전 전무취체역 요시무라 켄이치로(吉村謙一郎) 씨 / 전 전무취체역 마츠자키 지벤(松崎時勉) 씨

전 취체역 후가오 류타로(深尾隆太郎) 씨 / 전 취체역 고 호리 리키타로(堀力太郎) 씨

전 취체역 고 가와다 지이치(川田治一) 씨 / 전 취체역 우에타니 츠즈구(上谷續) 씨

전 취체역 노무라 지이치로(野村治一郎) 씨 / 전 취체역 고 이시가키 고지(石垣孝治) 씨

전 취체역 야마모토 사치에(山本幸枝) 씨 / 전 취체역 고아제 시로(小畔四郎) 씨

전 감사역 고 마츠자키 분로쿠(松崎文六) 씨 / 전 감사역 고 아소 오토하(麻生音波) 씨

전 감사역 고 야마구치 타베에(山口太兵衛) 씨 / 전 감사역 이케오 요시죠(池尾芳藏) 씨

전 감사역 고 야마우치 히로시(山内恕) 씨

전 감사역 마츠하라 스에히사로(松原季久郎) 씨

현 사장 모리 벤지로(森辨治郎) 씨

현 전무취체역 히로세 히로시(廣瀬博) 씨

현 취체역 마츠이 후사지로(松井房治郎) 씨 / 현 취체역 호리 신(堀新) 씨

현 취체역 하야시 유사쿠(林友作) 씨 / 현 취체역 이치키 미키오(櫟木幹雄) 씨

현 감사역 오카다 에이타로(岡田永太郎) 씨

현 감사역 기쿠치 카즈노리(菊池一德) 씨

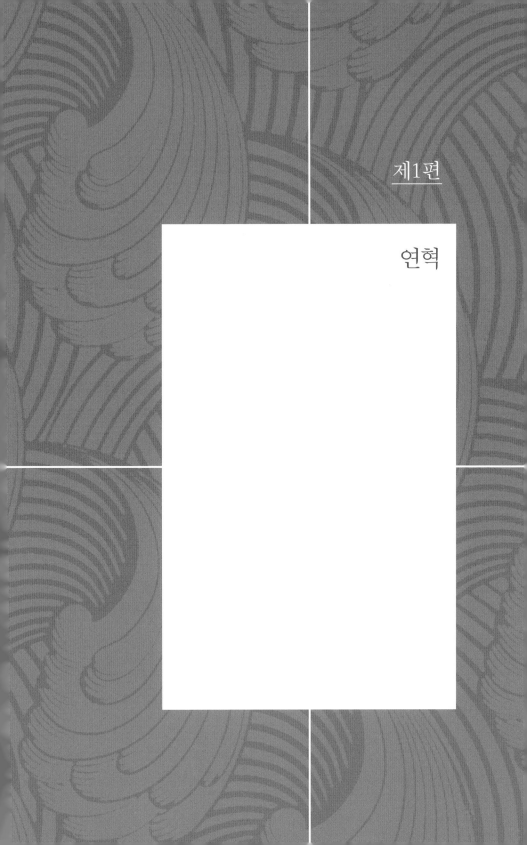

제1편

연혁

제1장

창립

제1절 창립 전 조선의 해륙교통 상황

제1관 조선 내 육상 교통기관

예로부터 조선의 육상 교통기관이라고 하면 말馬背, 가마駕輿, 우마차牛馬車 외에는 특별한 것이 없었고, 철도 부설과 같은 것은 현저히 지체되었다. 청일전쟁淸日戰爭의 결과 조선[1]의 청국淸國 세력은 모두 구축되었고, 일본 의 국위國威는 더욱더 힘을 발휘하게 되었다. 그 무렵 한국 정부의 재정 상황은 누적된 폐단積弊[2]으로 인해 재원財源이 고갈된 상태였다. 긴급하게 갖추어야 할 다른 많은 시설이 있다 보니 교통상 가장 서둘러야 할 철도 의 부설조차 생각할 여력이 없었다. 직접 국책을 수행하고 있던 일본 정 부는 한국 정부를 대신해 철도 부설을 결정하고 경부철도주식회사京釜鐵道 株式會社를 설립하였다. 이후 부산釜山-경성京城 간 철도 부설에 착수하였

---

1 원문에는 '반도(半島)'로 되어 있는데, 한반도를 일컫는 것으로 '조선'으로 번역하였다.
2 원문에는 '積幣'로 되어 있으나 '積弊'의 오기로 보인다.

고, 1905년 11월 개통시켰다. 또 인천仁川 - 경성 간 철도를 군용철도로 부설해 1900년 7월 개통시켰다. 이로써 일본과 조선의 수도 경성을 잇는 2개 노선의 교통로를 우선 확립하였다.

여기에 더해 경성 - 신의주新義州 간 철도가 1906년 4월 개통되었다. 개통된 그 달부터 경부京釜 · 경의선京義線 두 노선이 연결되었는데, 한반도를 종관하는 교통로가 드디어 완성된 것이다. 이외에 경부선 삼랑진三浪津에서 접속하는 삼랑진 - 마산馬山선이 1905년 10월에, 평양平壤에서 접속하는 평양 - 진남포鎭南浦선이 1910년 9월에 완성되었다.

동서 두 해안을 연결하는 조선 횡단선인 경성 - 원산元山 간 노선은 1904년 8월 일본 정부가 기공했으나, 불행하게도 여러 장애에 부딪히며 공사가 중단되고 말았다. 그 상태로 방치된 것을 조선총독부가 1910년 8월 공사를 재개해 1914년 8월 겨우 개통시켰다. 조선 서해 연안의 요지인 군산群山과 목포木浦를 통과하는 호남선湖南線은 1910년 10월 공사를 시작해 1914년 1월 전 구간 개통되었다. 이처럼 조선 내 간선철도 대부분은 일본에 의해 부설되었다. 이로써 조선 교통 · 운수의 불편을 해소하고 치안을 유지하는 한편 경제 · 문화를 비약적으로 개발 · 발전시킬 기초가 확립된 것이다. 조선 동북지역을 연결하는 철도만이 결여된 상태였다.

조선 동북지역에서는 러일전쟁露日戰爭 기간인 1905년 9월 청진淸津 - 회령會寧 구간, 청진 - 나남羅南 구간 및 서호진西湖津 - 함흥咸興 구간에 일본군의 군용품을 수송할 목적의 수압식手押式 경편궤도輕便軌道를 다급히 부설해 놓은 상태였다. 1914년 10월 청진 - 회령 및 원산 - 수성輸城 구간의 철도 부설에 간신히 착수했는데, 전자는 1917년 12월 개통되었고, 후자는 1928년이 되어서야 전 구간 개통되었다.

이상에서 서술한 것처럼 조선우선주식회사朝鮮郵船株式會社가 설립되는 1912년 4월까지 경성을 왕래하는 방법은 경성과 인천, 부산, 마산, 진남포 사이를 운항하는 철도를 이용하는 방법뿐으로, 조선 내륙지역 간의 교통·운수 상황에서 해운의 역할은 실로 중요한 것이었다.

제2관 조선의 해운

지금까지 한국 정부는 해운 관련 시설로 특별히 거론할 만한 것을 갖추어 놓지 않았다. 하지만 청일전쟁을 겪으며 한국 정부도 해운사업을 소홀히 해서는 안 된다는 생각을 가지게 되었다. 1895년 한국 정부는 소유하고 있던 창룡蒼龍, 현익顯益, 해룡海龍 등 3척의 선박을 일본우선주식회사日本郵船株式會社에 대여하고, 정부의 보호하에 조선 동북 연안에서 항해하도록 하였다. 일본우선주식회사는 이후 3년 동안 이 선박을 운항하였다. 그 무렵 부산에서는 조선인이 경영하는 협동기선회사協同汽船會社가 설립되었다. 한국 정부는 일본우선주식회사에 대한 위탁을 해제하고 선박을 협동기선회사에 불하 혹은 대여하며 경영하도록 인계하였다. 1908년에는 원산의 합자회사 요시다선박부吉田船舶部에 국폐國幣 30,000엔圓을 대여하며 부산-웅기雄基 간 명령항로를 개시하도록 하였다. 이것이 조선 명령항로의 시초이다.[3]

조선 동북 연안의 해운은 이처럼 조금씩 정리되어 질서정연한 항해를 보이고 있었다. 하지만 서·남해 연안에서는 그때까지 운항을 위한 어떠

---

[3] '명령항로'는 정부와 민간 해운업자 사이에 계약을 맺고 그 계약에 따라서 정해진 기간 동안 항로를 반드시 운항하도록 지정한 항로이다. 이 경우 정부는 민간 해운업자에게 일정한 보조금을 지급하기도 한다. 이와는 달리 민간 해운업자가 자의로 개설해 경영하는 항로를 '사영항로' 혹은 '자영항로'라고 한다.

한 시설도 갖추지 못했는데, 때문에 물자의 수송도 상당히 지체되었다. 이에 부산에서는 이사관理事官이 민간 유력자를 설득해 부산기선주식회사釜山汽船株式會社를 창립하도록 하였다. 한국 정부 또한 이 회사에 금 30,000엔을 대여하며 포항浦項-목포 간 명령항로를 개시하도록 하였다. 1909년에는 목포에 거주한 다케우치竹內 아무개에게 연간 약 5,000엔을 대여하며 다도해 및 목포-군산 간 명령항로를 개시하도록 하였다. 앞서 서술한 명령항로는 강제병합 이후 조선총독부가 계승하였다.

여기서 되돌아가 회사 창립 이전 조선의 해운 상황을 개관해 보자. 일본-조선 간 항로는 1876년 미쓰비시회사三菱會社가 일본 정부로부터 불하 혹은 대여받은 기선으로 처음 개설했는데, 보조금을 받으며 나가사키長崎-고토五島-쓰시마對州 및 조선 부산 간 항로를 경영하였다. 이후 1880년에는 스미토모회사住友會社가 오사카大阪-부산 간 항로를 개설하였다. 1885년에는 미쓰비시회사와 공동운수회사共同運輸會社가 합병해 일본우선주식회사로 되었는데, 일본우선주식회사는 합병과 동시에 일본 정부의 명령항로인 고베神戸-시모노세키下關-나가사키-부산-원산-블라디보스토크浦鹽 노선, 고베-시모노세키-나가사키-부산-인천-즈푸芝罘[4]-텐진天津 노선 및 고베-시모노세키-나가사키-쓰시마-부산-인천-즈푸-텐진-뉴좡牛莊[5] 노선 등 3개 노선을 경영하였다.

다음으로 오사카상선주식회사大阪商船株式會社는 1890년 오사카-부산선

---

4 중국 산둥반도(山東半島)에 위치한 도시 옌타이(煙臺)의 옛 명칭으로, 현재는 옌타이시(煙臺市)의 현급 행정구역 중 하나이다.

5 원문에는 '牛莊'으로 쓰고 있으나 '牛庄'이라고도 쓴다. 중국 랴오닝성(遼寧省) 남부 랴오허강(遼河) 지류인 사허강(沙河) 북쪽 연안에 위치한 항구로, 현재 잉커우(營口)를 부르는 관용적 명칭으로도 통한다.

을 개설하였고, 1893년 오사카-인천선 및 조선 연안선을 개항하였다. 사외선社外船[6] 측에서는 1887년 무렵부터 기시모토岸本, 하치우마八馬, 히로우미廣海, 오오카大家, 우콘右近 등의 개인 선주가 그들이 소유한 선박을 수시로 일본-조선 구간에 배선하였다. 청일전쟁 이후인 1899년 오사카상선주식회사는 오사카-진남포선을 개설하였고, 1903년 이를 안둥현安東縣까지 연장하였다. 1902년에는 오사카-고베-시모노세키-부산-원산 간 노선을 개설했다가 청진과 블라디보스토크까지 연장하였다. 1905년 나가사키-진남포선을 개설했다가 이듬해 다롄大連까지 연장하였다. 이외에 1911년에는 합자회사 하라다상행原田商行이 시모노세키를 출발해 부산-원산-성진城津-경성鏡城-청진-웅기 구간을 항행하는 항로를 경영하였다.

이와 같이 일본-조선 간 정기항로는 일본우선주식회사와 오사카상선주식회사가 주로 경영하였다. 청일전쟁과 러일전쟁 중에는 조선 또한 전운에 휩싸였고, 조선항로는 어용선御用船[7] 등의 관계로 거의 폐지되거나 중단되었다.

이상은 모두 한신阪神[8]과 간몬關門[9] 방면을 중심으로 한 교통상황이었다. 조선 동북지역과 우라니혼裏日本[10] 방면의 정기항로를 보면, 1906년 오오카상선합자회사大家商船合資會社가 모지門司-하마다濱田-사카이境-미야즈宮津

---

[6] 일본우선주식회사나 오사카상선주식회사와 같이 회사가 경영한 선박 이외에 개인이 운항한 선박을 일컫는다.
[7] 임금이나 왕실에서 쓰던 배를 일컫는데, 전쟁 등의 특수한 상황에서 국가에 징발되어 그 필요에 따라 사용된 것을 의미한다.
[8] 오사카(大阪)와 고베(神戶)를 아우르는 지역이다.
[9] 시모노세키(關門)와 모지(門司)를 아우르는 지역이다.
[10] 일본 동해 연안의 호우리쿠(北陸), 산인(山陰) 지역을 가리키는 용어로, 태평양 연안의 '오모테니혼(表日本)'에 상대되는 개념이다.

-쓰루가敦賀-블라디보스토크-나나오七尾-후시키伏木-에비스夷[11]-니가티新潟-하코다테函館-오타루小樽-구슌고탄九春古丹[12]-오타루-블라디보스토크-원산-부산-모지를 항행하는 노선 및 오타루-하코다테-에비스-니가타-후시키-나나오-쓰루가-미야즈-사카이-하마다-모지-부산-원산-블라디보스토크-오타루-구슌고탄-오타루를 항행하는 노선 등 2개 노선을 일본 정부의 보조하에 명령항로로 개설하였다. 이 두 노선은 1907년 오사카상선주식회사에 인계되었다. 이때 항로는 쓰루가-블라디보스토크선 및 오타루-블라디보스토크선으로 변경되었고, 조선 기항은 폐지되었다.

1910년 8월 강제병합이 성사되고 조선총독부가 설치되었다. 당시 총독 데라우치 백작은 앞에서 서술한 것처럼 조선의 해운사업 상황이 신뢰할 수 없는 상태라 판단하였다. 동시에 청일·러일전쟁 당시 어용선 관계 혹은 경영자의 이해관계 등으로 인해 일본 본토와 조선 간 항로가 개폐·중단되는 쓰라린 경험을 겪으면서 통치상 소홀히 해서는 안된다는 점도 통찰하고 있었다. 이에 조선 각 방면의 항해사업을 통일해 하나의 큰 회사를 조직하도록 하였다. 이로써 조선 통치의 목적을 달성하는 데 일조하는 한편 일조유사一朝有事의 상황에서 해운상 유감이 없도록 하고자 하였다. 이러한 목적으로 회사의 설립을 종용했는데, 1912년 3월에서야 간신히 조선우선주식회사를 창립하게 되었다.

이후 우리 회사는 조선총독부 감독하에 그 목적의 달성과 회사의 발

---

11 니가타현(新潟縣) 사도시(佐渡市)에 있는 항만으로, 현재는 료츠코(兩津港)라고 부른다.
12 가라후토(華太)의 옛 지명으로, 에도시대(江戶時代)부터 메이지시대(明治時代) 초기까지 사용하였다.

전을 위해 항상 분투·노력하였다. 제1차 세계대전의 발발로 해운계가 유례없는 호황을 보였을 당시 대부분의 업자들은 이윤을 쫓아 조선항로를 이탈하였고, 일본-조선 간 물자 수송에 큰 불편이 초래되었다. 그러한 상황에서도 우리 회사는 홀로 무거운 사명감을 느끼며 일본-조선 간 항로에 최선을 다했고, 오로지 조선을 지키고자 노력하였다. 다행히 수송상의 불편을 제거할 수 있었던 것은 다시 생각해보아도 매우 흐뭇한 일이다.

제2절 조선우선주식회사의 설립

제1관 발기

회사 창립에 관한 제1회 발기인 내협의서內協議書

1. 부산기선주식회사, 합자회사요시다선박부 및 목포항운합명회사木浦航運合名會社를 통일할 목적으로 이를 해산하고, 새로 기선회사를 설립해 조선총독부 지도하에 선박의 개량, 항로의 정리 등 모든 운수·교통기관의 완전을 기하려 한다. 이에 발기인 일동은 성의껏 분투·노력하여 새로운 기선회사의 설립을 진행할 것임을 맹약한다.

2. 회사의 명칭은 조선우선주식회사로 한다.

3. 회사의 자본총액은 3,000,000엔으로 한다. 60,000주로 분할해 1주의 액면가는 50엔으로 하며, 1/4 불입 즉, 750,000엔으로 사업을 개시할 것.

4. 회사가 경영할 항로는 우선은 조선의 모든 연안을 주로 하되, 장래 그

개발 상황에 따라 사업을 확장해 항로의 연장을 도모할 것.

5. 회사의 창립 준비는 다음의 순서에 따라 바로 착수할 것.

   1) 1911년 12월 중 회사 창립에 관한 모든 준비를 완료할 것.

   2) 조선총독의 추천을 받아야 하는 사장은 가능한 이 기간 중에 내정하기를 희망할 것.

   3) 1912년 1월 이후 조선총독부의 내시內示[13]를 거쳐 회사의 창립을 발표하고, 일반 주주의 모집에 착수할 것.

6. 회사의 창립비는 10,000엔 이내로 하며, 발기인이 교대로 지불할 것.

7. 전체 주식 60,000주 중 30,000주는 발기인이 인수할 것.

8. 회사 설립 준비와 관련된 모든 사무는 발기인이 처리하며, 오이케 츄스케大池忠助 씨를 발기인 총대總代로 삼을 것.

9. 회사 설립을 위한 주식 모집상 필요한 경우에는 발기인을 적절하게 증원할 것.

10. 회사 설립을 준비하는 과정에서 이번에 조선총독부로부터 보조전의補助詮議에 관한 내시를 받아 두는 것이 가장 필요하므로 목록견서目論見書[14]에 따라 별도로 보조청원서를 제출하고 지령을 받을 것.

11. 창립 준비 중 사무소를 경성 또는 부산에 둘 것.

12. 회사 설립을 발표할 때까지 준비해야 할 처리요항處理要項은 다음과 같다.

    1) 「정관」과 「영업목록견서」, 기타 필요한 규약류規約類의 기초.

    2) 발기인이 인수할 주식의 할당은 가능한 빨리 결정할 것.

---

13 정식으로 통지·결정하기 전에 비공식적으로 내린 지시를 일컫는다.
14 주식·사채·수익증권 등의 유가증권을 모집 또는 파는 경우 제공하는 발행자의 사업에 관한 설명서 등을 일컫는다.

3) 사용할 선박의 구입 또는 신규 건조에 대해서는 미리 상당한 준비를 할 것.

4) 기타 회사 설립에 관한 모든 준비를 할 것.

　　이상

　　내협의 하였습니다.

　　1911년 7월 30일

　　　　　　조선우선주식회사 발기인

　　　　　　　　　　　　오이케 츄스케大池忠助

　　　　　　　　　　　　요시다 히데지로吉田秀次郎

　　　　　　　　　　　　후쿠다 유조福田有造

　　　　　　　　　　　　오이케 기사부로大池喜三郎

　　　　　　　　　　　　호리 리키타로堀力太郎

　　　　　　　　　　　　이시가키 고지石垣孝治

　　　　　　　　　　　　아소 오토히麻生音波

　　　　　　　　　　　　야마노 다키조山野瀧三

　　　　　　　　　　　　하자마 후사타로迫間房太郎

　　　　　　　　　　　　가메야 아이스케龜谷愛介

　　　　　　　　　　　　나카무라 다츠고로中村辰五郎

　　이 내협의를 토대로 같은 날 조선총독부로 아래의 보조금 교부 청원서를 제출하였다. 이에 대해 1911년 8월 5일 아래와 같은 오서지령奧書指令[15]을 교부받았다.

청원서

부산기선주식회사, 합자회사요시다선박부 및 목포항운합명회사는 지난 1908년 이후 조선 각 연안에서 정부의 보조를 받으며 정기 항해업을 경영해 오고 있습니다. 그러나 시대가 진보하고 연안 각지가 발전하는 때에 기존의 소규모 경영으로는 운수·교통기관으로서의 유감이 적지 않습니다. 뿐만 아니라 이미 그 요구를 충실히 수행할 수 없는 추세에 있습니다. 이번 기회에 선박의 개량, 항로의 확장, 항구港區의 정리 등을 시행함으로써 운수·교통의 민활과 완전을 기하고자 합니다. 이를 위해 앞서 기술한 3개 회사를 해산하고 널리 일반 유력자로부터 주주를 모집해 자본금 3,000,000엔의 조선우선주식회사를 새로 설립하려고 합니다. 새 회사의 경영을 통해 건전한 연안 항해를 개시하려고 하니, 별지의 계획서대로 향후 5년 동안 보조금을 교부해 주시기 바랍니다. 발기인 일동이 연서해 청원합니다.

1911년 7월 30일

조선우선주식회사 발기인

오이케 츄스케大池忠助

요시다 히데지로吉田秀次郎

후쿠다 유조福田有造

오이케 기사부로大池喜三郎

호리 리키타로堀力太郎

이시가키 고지石垣孝治

---

15 오서(奧書)는 문서의 왼쪽 끝을 지칭하는 말로, 보고서나 청원서류의 공문서를 받은 상급 기관에서 문서의 왼쪽 하단에 공문서 내용의 처리 여부를 기록해 두는 형식의 지령이다.

조선총독 백작 데라우치 마사다케寺內正毅 앞

(목록견서는 생략한다)

탁度제91호

청원의 건을 승낙한다.

단, 보조할 금액은 내년도 예산이 확정된 후 결정할 것으로 알고 있을 것.

1911년 8월 5일

조선총독 백작 데라우치 마사다케寺內正毅

이어 창립사무소를 경성부京城府 다이와쵸大和町 1정목丁目 155번지에 설치하고, 이시가키 고지, 우카이 쓰네사부로鵜飼恒三郎를 상치원常置員으로 집무시키기로 하였다. 이러한 내용을 1911년 10월 4일 조선총독부 탁지부장관에게 제출했다. 그런데 그동안 각 경영자의 영업상 조직과 경영 방침이 달랐던 만큼 합동은 원만하게 진행되지 않았다. 또한 당시는 해운계가 쇠퇴·부진한 때로, 기대한 만큼의 주주를 모집할 가능성도 적었다. 데라우치 총독은 재삼 독려함과 동시에 당시 일본우선주식회사 사장이었던 남작 곤도 렌페이近藤廉平 씨에게 회사 설립에 대한 원조를 권유하였다. 발기인은 10월 19일 경성에서 제1회 발기인회를 열고 오이케 츄스케 씨를 좌장으로 아래의 의안을 가결했다.

조선우선주식회사 제1회 발기인회

1. 일본 발기인을 권유하기 위해 본 회사의 발기인 중 오이케 츄스케 씨, 호리 리키타로 씨, 요시다 히데지로 씨의 게이한京阪[16] 지역 출장을 요청할 것.

2. 일본 발기인은 가능하면 명망과 지위가 있는 인물을 선정해 권유하기로 하고, 그 선택은 담당 파견원에게 일임할 것.

3. 본 발기인의 지주持株[17]를 결정하고 기명날인記名調印할 것.

4. 조선 및 일본의 일반주주 모집방법은 일본 발기인을 확정한 후 위원장이 신문에 광고를 발표해 주주를 권유하는 방식으로 할 것.

5. 「상법」제122조 및 조선총독부 「설립인가요령」에 따라 금전 이외의 재산을 지주로 할 경우 기존 경영자의 소유재산 중 필요한 만큼 「정관」에 다음과 같이 추가 기재할 것.

   1) 오이케 츄스케 ○엔이다. 이는 지주 ○주

   1) 요시다 히데지로 ○엔이다. 이는 지주 ○주

   단, 앞의 재산 제공자는 전문 평가인 몇 명의 관선官選을 요청해 평가하도록 하고, 또 이해관계가 없는 발기인 또는 대리자의 입회 희망을 수용한다. 만약, 평가한 결과 지주 금액에 부족함이 있을 경우 현금을 불입한다.

6. 창립위원장에 오이케 츄스케 씨, 부위원장에 호리 리키타로 씨를 추천해 선정한다.

7. 창립사무소 상무위원은 이시가키 고지 씨, 우카이 쓰네사부로 씨를 추천해 선정하고, 서기를 아자카미 마코토安座上眞로 한다.

8. 앞의 선정위원은 업무 진행에 따라 필요한 경우 서기를 증원할 것.

9. 본 상무위원 및 서기의 수당금액, 증여금액 결정의 건[이는 두 위원장에게 일임할 것].

10. 창립비 중 5,000엔 이내의 금액을 중요 발기인 가운데에서 대신 지불

---

16 도쿄(東京)와 오사카(大阪) 두 도시를 아울러 일컫는 말이다.
17 주주가 소유한 주식 수를 일컫는다.

하도록 한다.

단, 이 입체금立替金[18]은 각 발기인의 지주에 대한 제1회 주금株金 불입액 중에서 공제한 후 불입하도록 한다.

11. 「정관」[별책과 같다]

12. 각 발기인의 지주는 다음과 같다.

나카무라 다츠고로中村辰五郎	200주
나카무라 세시치로中村精七郎	300주
아소 오토히麻生音波	500주
오이케 츄스케大池忠助	12,000주
호리 리키타로堀力太郎	5,000주
요시다 히데지로吉田秀次郎	8,000주
이시가키 고지石垣孝治	500주
가메야 아이스케龜谷愛介	200주
나카무라 구니타로中村國太郎	200주
니시지마 류조西島留藏	100주
오이케 기사부로大池喜三郎	3,000주

[앞서 게재한 1911년 7월 30일 제1회 발기인 내협의회에서의 결의를 토대로 당시 확정한 발기인에게 30,000주를 할당한 것]

별책 「정관」은 이곳에 게재하지 않는다.

---

18 금전·재화 등을 다른 사람을 대신해 일시 지불한 금액을 일컫는 용어이다.

제2관 성립

앞의 제1회 발기인회의 결의로 선정된 오이케 츄스케 외 두 사람은 데라우치 총독의 내시에 따라 바로 상경하였다. 곤도 일본우선주식회사 사장과 교섭한 결과 일본우선주식회사와 그 계통에 속한 사람이 남아 있는 주식 전부를 인수하기로 승낙받았다. 동시에 오사카상선주식회사 나카바시中橋 사장으로부터 일본우선주식회사와 같은 수의 주식 인수를 승낙받았다. 이에 비로소 설립의 희망이 보이기 시작했다. 사무소를 도쿄東京 일본우선주식회사 내에 두고, 곤도 일본우선주식회사 사장을 창립위원장으로 추대했으며, 주식 인수자 전부를 발기인으로 하였다. 이렇게 모든 주식의 인수를 확정한 후「회사령會社令」에 의거해 조선총독에게 아래의「회사설립허가원」을 제출하였다.

회사설립허가원會社設立許可願

우리 모두 발기인이 되어 조선우선주식회사를 설립하려 하니 허가해 주시기 바랍니다.「회사령」제1조 및「회사령시행규칙」제1조에 따라 별책의 설립사항 및 사업목록견서를 첨부해 청원합니다.

1912년 1월 17일

발기인 총대

도쿄시東京市 우시고메구牛込區 이치가야다마치市ヶ谷田町 1정목 8번지

곤도 렌페이近藤廉平

도쿄시東京市 아자부쿠麻布區 이쿠라마치飯倉町 5정목 56번지

하라다 긴노스케原田金之祐

조선 원산부元山府 원산元山 히가시마치東町 2정목 42번지

요시다 히데지로吉田秀次郞

조선 인천부仁川府 인천仁川 혼마치本町 1호지

호리 리키타로堀力太郞

조선 부산부釜山府 부산釜山 벤텐쵸辨天町 1정목 26번지

오이케 츄스케大池忠助

조선총독 백작 데라우치 마사다케寺內正毅 앞

1. 회사의 목적　　　　　해운업

2. 회사의 종류　　　　　주식회사

3. 회사의 상호 또는 명칭 조선우선주식회사

4. 자본금 총액　　　　　3,000,000엔

5. 발기인 성명, 주소, 인수한 주식 수

大池忠助	朝鮮 釜山府 辨天町 1丁目 26番地	9,000주
吉田秀次郞	朝鮮 元山府 元山 東町 2丁目 42番地	6,000주
堀力太郞	朝鮮 仁川府 本町 第1號地	5,000주
大池喜三郞	大阪市 西區 南堀工通 4丁目	2,000주
麻生音波	朝鮮 鎭南浦府 鎭南浦	800주
植竹龍三郞	朝鮮 淸津府 淸津	500주
中村精七郞	朝鮮 鎭南浦府 鎭南浦	500주
龜谷愛介	朝鮮 元山府 元山 東町 1丁目	300주
福田有造	朝鮮 木浦府 木浦	250주
山野瀧三	朝鮮 木浦府 木浦	250주
石垣孝治	朝鮮 元山府 元山 東町 1丁目	500주
中村辰五郞	朝鮮 鎭南浦府 鎭南浦	300주
荒木菊藏	朝鮮 江原道 江陵郡 江陵	200주
中柴萬吉	朝鮮 群山府 群山	200주

西島留藏	朝鮮 元山府 元山 春日町	200주
中村國太郎	朝鮮 元山府 本町 2丁目	200주
迫間房太郎	朝鮮 釜山府 釜山 本町	200주
五島甚吉	朝鮮 釜山府 釜山 西町	200주
坂田文吉	朝鮮 釜山府 釜山 本町	200주
大野育二	朝鮮 慶尙南道 三千浦	200주
蓮井藤吉	朝鮮 全羅南道 麗水	200주
下田吉太郎	朝鮮 群山府 群山	100주
安部榮太郎	朝鮮 群山府 群山	100주
辻川忠八	朝鮮 群山府 群山	100주
鵜飼恒三郎	朝鮮 釜山府 釜山 辨天町 1丁目	100주
右近權左衛門	大阪市 西區 長堀北通 5丁目	500주
原田十次郎	大阪市 西區 阿波堀 5丁目	500주
大倉喜八郎	東京市 赤坂區 葵町 3番地	500주
男爵 近藤廉平	東京市 牛込區 市ヶ谷田町 1丁目 8番地	500주
原田金之祐	東京市 麻布區 飯倉町 5丁目 56番地	500주
福島浪藏	東京市 麴町區 1番町 39番地	1,000주
村上太三郎	東京市 日本橋區 坂本町 34番地	1,000주
小池國三	東京市 日本橋區 兜町 2番地	1,000주
日本郵船株式會社 社長 男爵 近藤廉平	東京市 麴町區 有樂町 1丁目 1番地	10,000주
大阪商船株式會社 社長 中橋德五郎	大阪市	10,000주
李王職長官 閔丙奭	京城府 桂洞 2統 11戶	5,000주
趙鎭泰	京城府 中部貫洞 31統 9戶	500주
韓相龍	京城府 桂洞	500주
深尾隆太郎	大阪市 南區 天王寺 鳥ヶ辻 5699番地	200주
堀啓次郎	大阪市 西區 江戶堀北通 4丁目 3番戶	300주
松崎文六	大阪市 東成郡 天王寺村 大字阿倍野 151番-1	200주
福田增兵衛	朝鮮 釜山府 釜山 大廳町	200주

6. 회사가 부담할 설립비는 금 20,000엔 이내

7. 본점 및 지점 소재지

본점   조선 경기도 경성

지점   조선 경상남도 부산

지점   조선 함경남도 원산

8. 발기인이 수령할 특별이익 및 보수액, 금전 이외에 출자를 목적으로 한
   재산은 없음.

조선우선주식회사 사업목록견서

자본금 계산서	
금 750,000엔	총 자본금 3,000,000엔의 1/4 불입
내역	
금 663,000엔	사용선박 24척, 소증기선 3척 구입대금
금 50,000엔	운용자금
금 37,000엔	해상과 육상의 설비 준비금
합계 금 750,000엔	

이외에 5년의 기간에 대한 총 손익예산서 및 내역서는 생략한다.

이상의 출원에 대해 이튿날인 18일 아래의 「허가서」를 교부받았다.
그 후 회사의 목적을 변경하였고, 그해 2월 25일 변경신청을 하였다. 이
에 대해 그 이튿날인 26일 아래와 같은 「허가서」를 교부받았다.

농農제303호

1912년 1월 17일 신청한 조선우선주식회사 설립 건을 허가한다.

단, 역원의 선임은 총독의 허가를 받아야 한다.

1912년 1월 18일

조선총독 백작 데라우치 마사타케寺內正毅

회사설립 목적변경 허가신청

금년 1월 18일 허가받은 조선우선주식회사 설립의 건 중 목적을 다음과 같이 변경하려는 바, 허가해 주시기를 청원합니다.

1912년 2월 25일

조선우선주식회사 설립 발기인 총대

하라다 긴노스케原田金之祐

요시다 히데지로吉田秀次郞

조선총독 백작 데라우치 마사다케寺內正毅 앞

1. 본 회사는 조선 연안에서 운송업을 경영하는 것을 목적으로 한다. 단, 필요에 따라서는 부업艀業, 창고업倉庫業, 대리업代理業, 상업商業, 제 증권證券의 할인 및 하환荷爲替, 기타 운송업과 관련된 업무, 그리고 조선 연안 이외의 항로에서 운송업을 경영할 수 있다.

농農제1184호

조선우선주식회사 설립 발기인 총대

하라다 긴노스케原田金之祐 외 1명

1912년 2월 25일 신청한 조선우선주식회사 설립사항 중, 목적변경의 건을 허가한다.

1912년 2월 26일

조선총독 백작 데라우치 마사다케寺內正毅

이어 2월 25일 「회사령시행세칙」 제5조에 의거해 회사의 성립을 신고하였고, 3월 1일 전체 주식 60,000주에 대한 제1회 1/4 불입을 마친 후 조선총독에게 신고하였다. 이튿날인 2일 발기인회를 열어 취체역,[19] 감사역,[20] 상담역[21] 등의 선거를 집행하였다. 취체역에는 하라다 긴노스케, 요시다 히데지로, 오이케 츄스케, 호리 리키타로, 후가오 류타로深尾隆太郎, 감사역에는 아소 오토하, 마츠자키 분로쿠松崎文六, 상담역에는 남작 곤도 렌페이를 선임하였다. 다시 취체역회에서 하라다 긴노스케를 사장으로, 요시다 히데지로를 전무취체역으로 선임하고 바로 조선총독의 취임 허가를 요청하였다. 발기인회에서 가결한 「정관」을 수정하는 한편 「상법」제124조에 따라 검사역 선임을 재판소에 청구해 3월 4일 검사역에 대한 검사를 받았다. 그 보고서와 필요한 서류를 첨부해 3월 7일 주식회사 설립 등기를 신청, 완료하였다. 여러 우여곡절 끝에 드디어 완전한 성립을 보게 된 것이다.

우리 회사의 설립 방법은 제1회 발기인 내협의 및 제1회 발기인회에서 결정한 주식공모[22] 및 선박출자의 승인이라는 방침하에 창립을 진전시켜 왔다. 그러나 창립을 위한 사무는 뜻대로 진행되지 않았고, 총독은 4월 1일부터 개업하기를 희망하였다. 때문에 발기설립[23]의 형태로 변경했는데, 합동자가 소유한 선박은 매수하기로 하고 현금출자로 변경한 것이다.

---

19 지금의 '이사(理事)'와 같은 직함으로, 주식회사의 업무집행기관인 이사회의 구성원을 일컫는다.
20 지금의 '감사(監査)'와 같은 직함으로, 주식회사의 회계감사 및 업무감사를 직무로 하는 사람이다.
21 지금의 '고문(顧問)'과 같은 직함으로, 주식회사 경영 과정에서 발생하는 여러 문제에 대한 적절한 조언 또는 조정 등을 직무로 하는 사람이다.
22 주식회사 설립의 한 형태로, 발기인이 설립 당시 발행하는 주식의 전부를 인수하지 않고, 남은 주식에 대해 주주를 모집하는 방식이다.
23 주식회사 설립의 한 형태로, 설립 당시 발행하는 주식 전부를 발기인이 인수하는 방식이다.

회사성립신고서

1912년 1월 18일 설립이 허가된 본 회사는 1월 19일 발기인이 모든 주식을 인수해 성립했으며, 본점을 아래 장소에 설치했음을 「회사령시행세칙」 제5조에 의거해 신고합니다.

경성 남대문통南大門通 3정목

1912년 1월 28일

조선우선주식회사 설립 발기인 총대

하라다 긴노스케原田金之祐

요시다 히데지로吉田秀次郎

조선총독부 백작 데라우치 마사다케寺內正毅 앞

주식회사 설립등기 신청

1. 상호   조선우선주식회사

1. 본점   조선 경기도 경성

1. 등기의 목적   주식회사 설립 등기

1. 등기의 사유   조선총독의 허가에 따라 1912년 1월 19일 발기인
                 이 주식 몇 주를 인수해 주식회사를 설립하였으며,
                 1912년 3월 5일 「상법」 제124조에서 정한 조사를
                 완료하였음. 이에 따라 등기할 사항은 다음과 같다.

      상 호   조선우선주식회사

      본 점   조선 경기도 경성

      지 점   조선 경상남도 부산

| 목 적 | 조선 연안에서 운송업을 경영하는 것을 목적으로 한다. 단, 필요에 따라 부업, 창고업, 대리업, 상업, 제증권의 할인 및 하환, 기타 운송업과 관련된 사무, 그리고 조선 연안 이외의 항로에서 운송업을 경영할 수 있다. |

설립연월일　　　　1912년 1월 19일

존립기간　　　　　설립한 날로부터 만 20년

자본의 총액　　　　금 3,000,000엔

1주의 금액　　　　금 50엔

각 주에 대해 불입한 금액　금 12엔 50전

공고 방법　　　　　본점 소재지 관할 등기소가 공고를 게재하는 신문지에 공고한다.

취체역 성명·주소

하라다 긴노스케原田金之祐	도쿄시東京市 아자부쿠麻布區 이쿠라마치飯倉町 5정목 56번지
요시다 히데지로吉田秀次郎	조선 원산부元山府 원산元山 히가시마치東町 2정목 42번지
호리 리키타로堀力太郎	조선 인천부仁川府 인천仁川 테라마치寺町 2정목 26-1번지
오이케 츄스케大池忠助	조선 부산부釜山府 부산釜山 벤텐쵸辨天町 1정목 26번지
후가오 류타로深尾隆太郎	오사카시大阪市 미나미구南區 덴노지天王寺 가라스가쓰지烏ヶ辻 5699번지

감사역 성명 · 주소

아소 오토히麻生音波	조선 진남포부鎭南浦府 진남포鎭南浦 니시西 7정목 5번지
마츠자키 분로쿠松崎文六	오사카시大阪市 히가시나리군東成郡 덴노지무라天王寺村 오오아자大字 아베노阿部野[24] 151-1번지

1. 과세표준가격   금 750,000엔

1. 등기세   금 900엔

1. 첨부서류

정관	1통
조선총독 허가서	1통
조선총독 역원취임 허가서	1통
주식 인수를 증명하는 서면	42통
발기인 보고서	1통
발기인회 결의록(決議錄)	1통
감사역[25] 조사보고서	1통
위임장	1통

이상 등기해 주시기를 신청합니다.

1912년 3월 7일

조선 경기도 경성부 남대문통 3정목

조선우선주식회사

이하 취체역, 감사역 전원의 성명과 주소를 나란히 기재함

---

24 원문에는 '字阿部野'라고 되어 있으나 '大字阿部野'의 오기로 보인다.
25 원문에는 '검사역(檢査役)'으로 되어 있으나 '감사역'의 오기로 보인다.

대리자

　　경성부京城府 고도부키마치壽町 2정목 4번지 요시다 히데지로吉田秀次郎 측

　　　　　　　고와다 요시카즈小和田嘉一

경성구재판소京城區裁判所 귀중

제2장

창업시대

제1절 개업

회사가 사용할 선박은 처음에는 합동한 각 선박업자가 제공하도록 하였다. 그러나 중간에 변경해 현물출자를 중지하는 대신 이를 전부 매수買收하기로 하였다. 이에 조선총독부로 요청해 선박 매수가격 감정인으로 기노시타木下와 야다矢田 두 명의 조선총독부 기사技師가 파견되었고, 별도로 일본우선주식회사 선박감독장 후지시마 노리히라藤島範平 씨를 위촉해 함께 하도록 하였다. 이 세 사람의 감정평가에 기초해 매수를 순조롭게 진행하는 한편 조선총독부 항해보조 명령에 따라 명령항로 사용선박에 대한 검열을 받았다. 4월 1일 명령항로의 정기항해를 개시하였다. 회사가 제1기 상반기 중에 매수한 선박은 아래의 표와 같이 기선 26척이었는데, 개업 당일까지 매수를 완료한 선박은 부산기선주식회사 소유선박 11척, 합자회사요시다선박부 소유선박 3척, 오사카상선주식회사 소유선박 2척, 목포항운합명회사 소유선박 1척 외 개인 선주의 소유선박 2척 등 모두 19척이었다.

명령항로 영일만迎日灣 – 울릉도鬱陵島선에 사용할 범선[보조기관 부착]은 적합한 배가 없어 바로 새로 건조하였고, 그해 7월 19일 준공해 취항하도록 하였다. 그리고 회사의 사장社章을 정해 조선총독부의 인가를 받았는데, 소유한 선박의 연통煙筒에는 모두 사장을 그려 넣도록 하였다.

제1기 상반기 매수 · 건조 선박

선박명	선박재	톤수(톤)		공칭마력(馬)[28]	개요
		총톤수[26]	등부톤수[27]		
黃海丸	鋼	803.28	498.03	75.00	1912.5.31. 中村合資會社에서 매입 [원 명칭 福星丸]
咸鏡丸	鋼	802.31	497.43	64.00	1912.3.11. 澤口庄助에게 매입 [원 명칭 第五勢至丸]
江原丸	鐵骨 木皮	762.31	472.63	86.00	1912.3.15. 合資會社吉田船舶部에서 매입
忠清丸	鋼	762.27	472.60	65.00	1912.4.6. 合資會社原田商行에서 매입 [원 명칭 第十盛運丸]
三浦丸	木	386.17	239.43	36.00	1912.4.1. 釜山汽船株式會社에서 매입
海州丸	鋼	281.45	174.50	35.00	1912.3.6. 多賀鹿藏에게 매입 [원 명칭 草薙丸]
宗信丸	木	216.33	134.12	28.00	1912.4.1. 釜山汽船株式會社에서 매입
慶興丸	木	210.26	130.36	30.30	1912.4.16. 田中末雄에게 매입 [원 명칭 福生丸]
江陵丸	木	201.79	125.11	30.00	1912.5.25. 庥田榮三에게 매입 [원 명칭 第三凌波丸]
公州丸	木	196.70	121.98	28.00	1912.4.15. 吉田秀次郎에게 매입 [원 명칭 正成丸]
統營丸	鋼	193.88	120.21	30.00	1912.5.25. 大家善太郎에게 매입 [원 명칭 海國丸]
慶寶丸	木	182.50	105.80	33.00	1912.4.1. 合資會社吉田船舶部에서 매입
晋州丸	木	174.18	102.30	33.00	1912.3.30. 大阪商船株式會社에서 매입

					[원 명칭 龍潤丸]
麗水丸	木	158.58	93.35	30.00	1912.3.30. 大阪商船株式會社에서 매입 [원 명칭 土陽丸]
光陽丸	木	127.75	79.20	24.00	1912.4.1. 釜山汽船株式會社에서 매입
順天丸	木	113.04	70.09	19.00	1912.4.1. 釜山汽船株式會社에서 매입
宮前丸	木	98.77	56.75	18.00	1912.4.1. 釜山汽船株式會社에서 매입
南陽丸	木	90.49	52.44	10.00	1912.4.1. 釜山汽船株式會社에서 매입
長興丸	木	76.44	41.50	17.00	1912.4.1. 釜山汽船株式會社에서 매입
榮江丸	木	66.46	36.78	16.00	1912.4.1. 釜山汽船株式會社에서 매입
金海丸	木	65.77	35.51	13.00	1912.4.1. 釜山汽船株式會社에서 매입
錦工丸	木	65.14	37.20	16.00	1912.4.1. 釜山汽船株式會社에서 매입
寶城丸	木	61.46	33.19	16.00	1912.4.1. 釜山汽船株式會社에서 매입
第三 運勢丸[29]	木	55.78	30.12	17.00	1912.3.29. 木浦航運合名會社에서 매입
長承丸	木	52.63	28.42	15.00	1912.5.16. 大林芳五郎에게 매입 [원 명칭 雜賀丸]
永興丸	木	30.55	16.50	11.00	1912.3.15. 合資會社吉田船舶部에서 매입
계 26		6,236.33	3,805.55	795.00	이상 기선
迎日丸	木	81.57	45.44	11.00	1912.7.19. 松崎造船所에서 新造·落成, 보조기 부착 범선
합계 27		6,317.90	3,850.99	806.00	

* 이외에 부선용(艀用) 서양형 범선 3척, 부선용 일본형 범선 5척, 서양형 부선(艀船) 3척, 전마선 (傳馬船) 2척, 합계 13척을 본 기간 중에 매수함.

개업 당시 개설한 항로는 조선총독부 명령항로 9개 노선, 11개 항로 [다음 절에서 상세하게 설명함]와 사영항로私營航路 모지―웅기선, 원산―영흥 永興선, 부산―통영統營선, 부산―벌교筏橋선, 부산―거제도巨濟島선, 목포―

---

26 총톤수(Gross Tonnage)는 배의 크기를 표시하는 단위로, 배 전체의 용적 크기를 나타낸다.
27 등부톤수(登簿ton數)는 화물을 실제로 실을 수 있는 배의 용적을 일컫는 것으로, 총톤수에서 선 실·기관실 등의 용적을 제외한 것이다. 순톤수(Net Tonnage)라고도 한다.
28 마력(馬力, Horse Powe)은 보통 짐마차를 부리는 말이 단위시간에 하는 일을 실측하여 1마력 으로 삼은 데서 유래한 것으로, 선박의 엔진이 단위시간당 낼 수 있는 힘을 일컫는다.
29 원문에는 '第三勢運丸'으로 되어 있으나 '第三運勢丸'의 오기이다.

영산포榮山浦선, 인천–해주海州선의 7개 노선, 모두 16개 노선이었다. 전자에 사용한 선박은 16척, 후자에 사용한 선박은 11척이었다. 항로는 연안 각지의 요구에 촉발되어 조금씩 확장해 갔는데, 사영항로 원산–웅기선, 부산–영덕盈德선, 목포–줄포茁浦선 등 3개 노선의 정기항로와 부산–원산선, 목포–제주도濟州島선 등 2개 노선의 임시항로를 추가로 개설하였다. 제1기 상반기 말 개설된 항로는 사영 정기항로 10개 노선과 임시항로 2개 노선, 명령 정기항로 9개 노선 등 모두 21개 노선이었다. 여기에 사용한 선박은 33척, 총톤수 7,250톤에 달했다. 개업 후 제1기 기간 동안 항해한 거리는 총연장 285,575해리,[30] 수송한 화물은 75,073톤, 선객은 96,927명이었다.

개업과 동시에 아래 지역에 지점, 출장소, 대리점을 설치하였다. 또 일본과 조선 각지에 순차적으로 취급점을 설치하였다. 제1기 상반기 말 하객취급점 소재지는 다음과 같다.

지점·출장소 및 대리점 위치

부산지점	경상남도 부산부釜山府 부산釜山 사토마치佐藤町
목포출장소	전라남도 목포부木浦府 목포木浦 해안통海岸通
원산출장소	함경남도 원산부元山府 원산元山 히가시마치東町
인천대리점	경기도 인천부仁川府 인천仁川 가이간쵸海岸町 호리회조부堀回漕部

---

30 해상의 거리 단위로, 1해리는 약 1,852m이다.

하객취급점 소재지

국외	일본	후쿠오카현(福岡縣) 모지시(門司市)
국내	경상남도	대변(大邊), 울산(蔚山)[장생포(長生浦)], 방어진(方魚津),[31] 가덕(加德), 웅천(熊川), 행암(行巖), 신마산(新馬山), 구마산(舊馬山), 통영(統營), 삼천포(三千浦), 선진(船津), 진교(辰橋), 노량진(露梁津), 송진포(松眞浦), 미에무라(蜂谷村), 성포(城浦), 당동(塘洞), 거제부(巨濟府), 장승포(長承浦), 지세포(知世浦), 하청면(河淸面), 구조라(舊助羅)
	경상북도	울릉도(鬱陵島), 감포(甘浦), 구룡포(九龍浦), 영일만(迎日灣)[포항(浦項)], 영덕(盈德), 축산포(丑山浦)
	강원도	죽변(竹邊), 삼척(三陟), 강릉(江陵), 양양(襄陽), 간성(杆城), 장전(長箭), 통천(通川)
	함경남도	영흥(永興), 서호진(西湖津), 전진(前津), 신포(新浦), 신창(新昌), 차호(遮湖), 단천(端川)
	함경북도	성진(城津), 명천(明川), 어대진(漁大津), 독진(獨津), 청진(淸津), 이진(梨津), 웅기(雄基)
	전라남도	여수(麗水), 순천(順天), 벌교(筏橋), 거문도(巨文島), 우도(牛島), 성산포(城山浦), 조천(朝天), 산지(山地), 추자도(楸子島), 우수영(右水營), 완도(莞島), 장흥(長興), 흥양(興陽), 나로도(羅老島), 몽탄포(夢灘浦), 사포(沙浦), 중촌포(中村浦), 구진포(九津浦), 영산포(榮山浦), 지도(智島), 법성포(法聖浦)
	전라북도	줄포(茁浦), 군산(群山)
	충청남도	가로림만, 안흥(安興), 오천(鰲川), 어청도(於靑島)
	경기도	강화도(江華島)
	황해도	해주(海州), 용호도(龍湖島), 옹진(甕津), 조포(潮浦), 구미포(九味浦), 덕동(德洞), 몽금포(夢金浦)
	평안남도	진남포(鎭南浦)
합계		86개 장소

개업 당시 다음의 역원과 직원이 사무에 종사하였다.

---

31 원문에는 '魚津'으로 되어 있으나 '方魚津'의 오기이다.

취체역 5명	감사역 2명	
부장심득部長心得 1명	지점장 1명	주임 1명
주임심득主任心得 6명	계원係員 20명	고원雇員 9명
견습 1명		
선장 29명	1등 운전사 14명	2등 운전사 4명
기관장 29명	1등 기관사 10명	사무원 30명
사무원견습 1명		

개업 당시 우리 회사의 사무소는 경성부 남대문통 3정목에 있었다. 광통관廣通館이라 불리던 관유건물官有建物을 사용했는데, 조선총독부로 청원해 대여한 것이었다.

제2절 항해보조금 교부

1. 조선총독부 명령

조선총독부는 우리 회사가 성립되고 1912년도 예산 또한 확정되자 서둘러 보조금액을 사정하였다. 1912년 3월 28일 제1회 항해보조금 명령서를 교부하였고, 우리 회사는 개업한 4월 1일부터 명령항로에 종사하였다. 명령서는 다음과 같다. 명령항로 노선은 부산-웅기선 외 8개 노선, 명령기간은 1915년 3월 31일까지 만 3년, 보조금은 연 261,991엔[3년 평균]이었다.

명령서 비秘 제1117호

조선우선주식회사

제1조 본 회사는 1912년 4월 1일부터 1915년 3월 31일까지 3년 동안 조선 연안에서 운수·교통의 편리를 도모할 목적으로 본 명령서에 따라 항해에 종사해야 한다.

제2조 본 명령의 항해노선, 항해횟수 및 기항지는 다음과 같다.

1. 부산-웅기선

본 노선은 부산을 기점으로 출항하며, 월 3회 이상, 연 36회 이상 왕복 항해해야 한다.

각 왕복 항해 모두 울산[장생포], 영일만[포항], 축산포, 죽변, 삼척, 강릉, 양양, 간성, 장전, 원산, 서호진, 신포, 성진 및 청진에 기항해야 한다. 여객·화물 수송상 필요한 경우에는 조선총독의 인가를 받아 앞 항목의 기항지 이외에 전진, 신창, 단천 혹은 명천에 기항할 수 있다.

2. 원산-웅기선

본 노선은 원산을 기점으로 출항하며, 월 6회 이상, 연 72회 이상 왕복 항해해야 한다.

각 왕복 항해 모두 서호진, 전진, 신포, 신창, 차호, 단천, 성진, 명천, 어대진, 독진, 청진 및 이진에 기항해야 한다.

3. 영일만-울릉도선

본 노선은 영일만[포항]을 기점으로 출항하며, 월 2회 이상, 연 24회 이상 왕복 항해해야 한다.

본 선박은 운수상 접속을 위해 소정의 항해횟수를 줄이지 않는 범위 내에서 조선총독의 인가를 받아 노선을 부산까지 연장할 수 있다.

4. 부산-방어진선

본 노선은 부산을 기점으로 출항하며, 월 20회 이상, 연 240회 이상 왕복 항해해야 한다.

각 왕복 항해 모두 장생포에 기항해야 한다.

5. 부산-목포 내회內廻·외회外廻선

내회선 중 부산-여수 구간은 부산을 기점으로 출항하며, 월 20회 이상, 연 240회 이상, 내회선 중 목포-여수 구간은 목포를 기점으로 출항하며, 월 10회 이상, 연 120회 이상 항해해야 한다. 외회선은 부산을 기점으로 출항하며, 월 8회 이상, 연 96회 이상 왕복 항해해야 한다.

각 왕복 항해 모두 내회선 중 부산-여수 구간은 행암, 마산, 통영, 삼천포 및 노량진에, 내회선 중 목포-여수 구간은 우수영, 완도, 장흥, 나로도 및 흥양에, 외회선은 거제도[장승포], 여수, 거문도, 우도, 제주도[조천 및 산지] 및 추자도에 기항해야 한다. 단, 추자도는 조선총독의 인가를 받아 격항隔航으로 기항할 수 있다.

내회선 중 부산-여수 구간에서 여객·화물의 수송상 필요한 경우에는 조선총독의 인가를 받아 앞 항목의 기항지 외에 선진 또는 진교에 기항할 수 있다.

6. 목포-군산선

본 노선은 목포를 기점으로 출항하며, 월 6회 이상, 연 72회 이상 왕복 항해해야 한다.

각 왕복 항해 모두 지도, 법성포 및 줄포에 기항해야 한다.

7. 인천-군산선

본 노선은 인천을 기점으로 출항하며, 월 5회 이상, 연 60회 이상 왕복 항해해야 한다.

각 왕복 항해 모두 영흥도靈興島, 가로림만, 안흥安興, 안면도安眠島, 오천 및 비인庇仁에 기항해야 한다.

앞 항목의 기항지 외에 필요하다고 인정될 때는 어청도에 기항시킬 수 있다.

8. 인천-진남포선

본 노선은 인천을 기점으로 출항하며, 월 4회 이상 왕복 항해해야 한다. 단, 결빙 때문에 항해가 불가능한 기간은 제외한다.

각 왕복 항해 모두 해주, 강령康翎, 옹진, 조포, 구미포, 덕동 및 몽금포에 기항해야 한다.

앞 항목의 기항지 외에 필요하다고 인정될 때는 소청도小靑島에 기항시킬 수 있다.

9. 인천-해주선

본 노선은 인천을 기점으로 출항하며, 월 10회 이상, 연 120회 이상 왕복 항해해야 한다.

각 왕복 항해 모두 강화도 및 교동도喬桐島에 기항해야 한다.

제3조 앞 조항의 항해에 사용할 선박은 회사에 전속된 선박으로 다음의 조건을 구비해야 한다.

1. 부산-웅기선　　총톤수 800톤 이상·최대속력 1시간 10해리 이상의 기선 2척. 단, 강철제鋼製 또는 철제鐵製 기선으로 한정한다.

2. 원산-웅기선　　총톤수 200톤 이상·최대속력 1시간 9해리 이상의 기선 2척.

3. 영일만-울릉도선　총톤수 50톤 이상·최대속력 1시간 5해리 이상의 보조기 부착 범선 1척.

4. 부산–방어진선　　총톤수 100톤 이상·최대속력 1시간 8해리 이상의 기선 1척.

5. 부산–목포　　　　내회선은 총톤수 100톤 이상·최대속력 1시간 8해 내회·외회선　　　리 이상의 기선 4척, 외회선은 총톤수 200톤 이상· 최대속력 1시간 9해리 이상의 기선 2척.

6. 목포–군산선　　　총톤수 80톤 이상·최대속력 1시간 8해리 이상의 기선 1척.

7. 인천–군산선　　　총톤수 200톤 이상·최대속력 1시간 9해리 이상의 기선 1척.

8. 인천–진남포선　　총톤수 200톤 이상·최대속력 1시간 9해리 이상의 기선 1척.

9. 인천–해주선　　　총톤수 60톤 이상·최대속력 1시간 7해리 이상의 기선 1척.

앞 항목 각 호에 게재한 것 이외에 총톤수 300톤 이상·최대속력 1시간 9해리 이상, 총톤수 200톤 이상·최대속력 1시간 9해리 이상, 총톤수 100톤 이상·최대속력 1시간 8해리 이상, 총톤수 80톤 이상·최대속력 1시간 8해리 이상의 예비기선 각 1척 이상을 갖추고 있어야 한다.

앞 두 항목의 선박은 본 명령이 실시되는 시점에 선령船齡이 15년 미만이고, 검사관리의 검사에 합격한 것으로 한정한다. 단, 앞 조항 예비선의 경우 조선총독의 인가를 받아 선령 18년 미만의 것을 사용할 수 있다.

제4조 본 회사는 제3조의 사용선박을 정해 조선총독의 인가를 받아야 하며, 이를 변경할 때 또한 동일하다.

앞 항목의 인가 신청서에는 그 선박의 약도를 첨부해야 한다.

제1항의 인가를 신청하려 할 때는 그 선박을 부산항 또는 인천항으로 회항시켜 검열받을 준비를 해야 한다.

제1항에 따라 이미 사용 인가를 받은 선박의 노선을 변경하려 할 경우 이

전 두 항목의 규정을 적용하지 않는다. 단, 조선총독이 필요하다고 판단하는 경우에는 예외로 한다.

제5조 조선총독은 담당 관리로 하여금 수시로 사용선박을 검열하게 하고, 그 성적에 따라 수선을 명령하거나 혹은 인가를 취소할 수 있다.

제6조 본 회사가 사용 중인 선박을 상실 혹은 불가피한 사유로 사용할 수 없게 된 경우에는 그에 상당하는 대체선박代船으로 보충해야 한다. 단, 조선총독의 인가를 받은 경우에는 예외로 한다.

앞 항목의 경우에 한정해서 조선총독의 인가를 받아 제3조의 조건에 적합하지 않는 선박을 사용할 수 있다.

대체선박 보충 인가에 대해서는 제4조의 예例에 준하여 수속해야 한다. 단, 대체선박을 사용하는 기간이 단기간일 경우에는 동 조항 제3항의 검열 수속을 생략할 수 있다.

제7조 본 회사는 기항순서 및 발착일시를 정해 조선총독의 인가를 받아야 하며, 이를 변경할 때 또한 동일하다.

조선총독이 필요하다고 판단될 때는 기항순서 또는 발착일시를 변경시킬 수 있다.

본 회사가 날씨, 기타 불가피한 사고로 인하여 임시로 기항순서 혹은 발착일시를 변경할 경우에는 조선총독의 인가를 받아야 한다. 단, 사전에 인가를 받을 겨를이 없을 때는 그 사유를 사후에 지체없이 보고하고 조선총독의 추인을 받아야 한다.

앞 항목 단서의 경우 그 사유와 관련해서 우편국소郵便局所, 우편국소가 없는 지역에서는 세관관서 혹은 경찰관서의 증명을 받아 이를 신청서에 첨부해야 한다.

제8조 본 회사는 여객·화물 운임표를 준비해 조선총독의 인가를 받아야 하며, 이를 변경할 때 또한 동일하다.

조선총독이 필요하다고 판단될 때는 종류를 지정해 여객·화물 운임의 정액을 낮출 수 있다.

제9조 우편물은 무임으로 체송遞送해야 한다. 본 선박과 우편물 인도장소 사이의 체송에 대해서도 동일하다.

우편물의 보호, 선적船積, 육양陸揚에 관한 비용은 회사가 부담한다.

사용선박이 항해 중 조난, 기타 사유로 우편물을 지정한 장소까지 체송할 수 없는 경우에는 적당한 방법으로 회사가 비용을 부담해 체송해야 한다.

우편물이라 칭하는 것은 법령 또는 조약에 따라 우편물로 취급하는 것 및 그것의 운반에 필요한 기구를 일컫는다.

제10조 사용선박에는 도난, 습기, 화재, 쥐로 인한 피해鼠害, 기타 어떤 손해의 우려가 없는 안전한 장소를 선정한 후, 상당한 용적의 공간에 손해 예방상 적당한 장치를 갖춘 우편실을 설치해 체송을 명령받은 우편물을 보관해야 한다.

우편물은 그 선박의 선장, 1등 운전사 또는 사무장이 취급해야 한다.

본 회사는 체송 중이거나, 선적 혹은 육양 중인 것에 상관없이 우편물을 분실 혹은 훼손한 경우에는 책임을 져야 한다.

사용선박이 각 항구에 출입할 때는 우편기장郵便旗章을 게양해야 한다.

본 명령서에서 규정한 이외의 우편물 인도장소 및 취급에 관한 사항은 조선총독부 체신국의 명령에 따라야 한다.

제11조 본 회사는 제2조 노선의 각 항구에 지점, 출장소 및 대리점을 설치하고, 그 점명店名, 소재한 장소 및 업무 담당자의 족적族籍·성명과 그 권

한을 조선총독에게 신고해야 한다. 이를 변경할 때 또한 동일하다.

본 회사가 전속 회조점回漕店을 설치한 경우에는 앞의 항목에 준해서 수속해야 한다.

조선총독은 본점, 지점 또는 출장소의 사무원 및 사용선박의 선원이 직무 또는 사무 취급상 부적합하다고 판단될 경우 교체를 명령할 수 있다.

조선총독이 대리점 또는 전속 회조점의 업무 담당자가 앞의 항목에 해당되는 행위가 있다고 판단될 때는 대리점 또는 전속 회조점의 변경을 명령할 수 있다.

제12조 사용선박이 각 항구에 도착한 때는 우편국소, 우편국소가 없는 지역에서는 세관관서 혹은 경찰관서로부터 그 발착에 대한 증명을 받아야 한다. 이는 1개월 단위로 정리해 항해일지 발췌표拔萃表를 첨부해서 조선총독에게 제출해야 한다.

항해일지 발췌표 양식은 조선총독의 인가를 받아야 한다.

제13조 사용선박은 제2조의 기항지 이외에 기항할 수 없다. 만약 본 회사가 기항지 증감 혹은 변경이 필요하다고 판단될 때는 조선총독의 인가를 받아야 한다.

조선총독이 필요하다고 판단될 때는 기항지를 증감 혹은 변경시킬 수 있다.

제14조 조선총독은 필요한 경우 제2조 노선 부근의 등대 소재지에 사용선박의 임시 기항을 명령할 수 있다.

사용선박이 등대로부터 기항 요구를 받았을 때는 항해상의 위험이 없다면 그에 응해야 한다.

제15조 조선총독은 공용을 위해 명령을 내리고 상당한 금액을 지급하며 제3조의 선박을 매수 또는 사용할 수 있다.

앞의 항목에 따라 선박을 사용할 경우 정부는 실비實費를 지급하고 선박 내 구조를 변경시킬 수 있다.

조선총독은 비상사태에 즈음하여 제3조 선박과 함께 선원을 사용할 수 있다. 이 경우에는 상당한 사용료를 지급한다.

제1항 혹은 제3항의 경우 조선총독은 제3조의 선박 보충을 명령할 수 있다.

제16조 제3조 선박에는 조선총독의 인가를 받은 신고부申告簿를 비치해야 한다. 이는 선장 혹은 1등 운전사가 보관하며, 여객의 청구가 있을 때는 언제라도 제출해야 한다.

신고부 보관자의 직명과 성명 및 여객의 청구에 따라 이를 제출한다는 사실을 선박 내 잘 보이는 장소에 게시해야 한다.

신고부는 1년에 적어도 4회 조선총독의 검열을 받아야 한다.

제17조 조선총독은 담당 관리를 파견해 본 명령에 따른 업무와 본 회사에 대한 일반 업무를 감독하도록 할 수 있다.

앞 항목의 관리가 본 회사의 본점, 지점, 출장소, 대리점 또는 선박을 검열할 때는 그 질문에 응하여 업무상의 모든 사항을 보고하고, 금궤와 장부 및 물건을 검열에 제공해야 한다. 또 감사상 필요한 편의를 제공해야 한다.

제18조 본 회사는 매년 10월 및 4월 중에 이전 6개월 동안의 업무 실황 및 수지 계산을 조사해 조선총독에게 보고해야 한다.

조선총독은 제1조의 취지에 기초해서 본 회사로 하여금 각 노선 부근의 운수·교통 상황에 대해 임시로 특별 조사하도록 명령할 수 있다.

제19조 본 회사는 조선총독의 인가 없이 본 명령서가 정한 의무를 타인에게 이전하거나 혹은 선박을 양도할 수 없다.

제20조 조선총독은 본 명령서 유효기간 중 각 노선에 대해 다음의 비율로

항해보조금을 지급한다.

	1912년	1913년	1914년
1. 부산–웅기선	金	金	金
2. 원산–웅기선	金	金	金
3. 영일만–울릉도선	金	金	金
4. 부산–방어진선	金	金	金
5. 부산–목포 내회·외회선 부산–여수간(내회)	金	金	金
목포–여수간(내회)	金	金	金
부산–목포간(외회)	金	金	金
6. 목포–군산선	金	金	金
7. 인천–군산선	金	金	金
8. 인천–진남포선	金	金	金
9. 인천–해주선	金	金	金

앞 항목의 보조금은 3개월마다 이전 3개월 동안의 항해를 대상으로 지급한다. 단, 해당 기간의 항해를 수행하는 중에는 그것이 종료되기를 기다렸다가 지급한다.

제2조에서 규정한 항해횟수를 줄인 경우에는 왕항往航 혹은 복항復航 1회에 대해 다음의 비율로 보조금을 줄인다. 단, 조선총독이 필요하다고 인정하는 경우에는 보조금을 감액하는 대신 이것을 보충하는 항해를 명령할 수 있다.

1. 부산 – 웅기선   金

2. 원산 – 웅기선   金

3. 영일만 – 울릉도선   金

4. 부산 – 방어진선   金

5. 부산 – 목포
   내회 · 외회선

부산 – 여수간(내회)	金
목포 – 여수간(내회)	金
부산 – 목포간(외회)	金

6. 목포 – 군산선   金

7. 인천 – 군산선   金

8. 인천 – 진남포선   金

9. 인천 – 해주선   金

제2조에서 규정한 각 항구를 기항하지 않아 항해거리가 단축된 경우에는 1해리마다 다음의 비율로 보조금을 줄인다. 단, 조선총독이 정당한 사유로 인정하는 경우에는 특별히 보조금을 줄이지 않을 수 있다.

1. 부산 – 웅기선   金

2. 원산 – 웅기선   金

3. 영일만 – 울릉도선   金

4. 부산 – 방어진선   金

5. 부산 – 목포
   내회 · 외회선

부산 – 여수간(내회)	金
목포 – 여수간(내회)	金
부산 – 목포간(외회)	金

6. 목포 – 군산선   金

7. 인천 – 군산선   金

8. 인천-진남포선   金

9. 인천-해주선   金

제3조의 조건에 부적합한 대체선박을 사용한 경우에는 조선총독이 적당하다고 판단되는 금액을 제1항의 보조금에서 줄일 수 있다.

제13조에 따라 기항지를 증감 변경하더라도 이로 인해 제1항의 보조금을 늘이지 않는다. 이 경우 항해거리가 단축되었을 때는 제4항의 규정에 따라 보조금을 줄인다.

제21조 본 회사가 본 명령서 혹은 본 명령서에 기초해서 내린 명령을 위반한 경우에는 1회마다 행위의 경중에 따라 1,000엔 이내의 위약금을 징수한다.

동일한 노선에서 1년 동안 3회 이상 정당한 이유 없이 본 명령서에서 정한 항해를 하지 않는 경우, 혹은 제19조를 위반한 경우에는 본 명령을 해제하고 보조금 지급을 폐지하며, 그해에 이미 집행한 항해보조금을 반납하도록 한다.

동일한 행위로 1년에 3회 이상 제1항의 처분을 받은 경우 조선총독은 앞 항목의 처분을 할 수 있다.

제22조 위약금은 항해보조금에서 공제하며, 부족할 때는 이를 징수한다.

제23조 조선총독이 필요하다고 판단될 때는 다시 명령을 추가하거나 혹은 변경할 수 있다.

제24조 본 회사는 본 명령의 의무이행과 관련해서 선원 및 기타 고인雇人, 그리고 대리점의 행위에 대해서도 그 책임을 면할 수 없다.

제25조 본 명령서에서 1년이라고 칭하는 것은 그해 4월 1일부터 다음해 3월 31일까지의 1년 기간을 말한다.

제26조 본 명령서의 유효기간은 1912년 4월 1일부터 1915년 3월 31일

까지로 한다.

부 칙

제27조 본 회사는 조선총독의 인가를 받아 제3조의 자격을 가진 선박을 취
득하기까지 상당한 기간 동안 동 조항의 자격이 되지 않는 선박을 사용할
수 있다. 이 경우 제20조 제5항을 준용한다.

이상을 명령한다.

1912년 3월 28일
조선총독 백작 데라우치 마사타케寺內正毅

조선의 본도本島 연안은 우리 회사가 창립과 동시에 제1회 명령 노선
을 확실하게 운항하면서 운수·교통상의 불리·불편이 크게 해소되었
다. 하지만 외딴섬 제주도 방면의 운수·교통은 여전히 불편하였다. 또
한 본도 연안에서도 조선 동북지역과 일본을 연락하는 항로 및 조선 서
해 연안과 동북지역을 연락하는 항로를 개발할 필요가 있었다. 이에 따
라 조사를 진행한 후, 1912년 8월 15일 아래의 명령항로 신설 청원서
를 조선총독에게 제출하였다.

부산-청진선	진남포-청진선
목포-제주도선	제주도 주회선周廻線
목포-다도해선	

조선총독부도 이상의 청원에 기초해 조사·연구를 진행하였고, 이듬해인 1913년 4월 1일부터 본도와 외딴섬 간을 연락하는 아래의 2개 노선을 명령항로에 추가하였다. 이 보조금은 연 64,199엔이었다. 이날 이후 명령항로는 11개 노선이 되었다.

목포-제주도 동회東廻·서회西廻선　　　목포-다도해 남도南島·북도北島선

제2회 항로보조명령은 1915년 4월 1일 교부되었는데, 명령 노선은 다음과 같다. 앞서 명령한 영일만-울릉도선을 부산-울릉도선으로, 부산-방어진선을 부산-포항선으로, 부산-목포 내회·외회선을 부산-여수선과 목포-여수선으로, 목포-군산선과 인천-군산선을 인천-목포선으로, 목포-제주도 동회·서회선과 목포-다도해 남도·북도선을 목포-제주도·다도해선으로 바꾸었고, 별도로 웅기-모지선을 신설한 정도였다. 이외에는 이전의 명령 노선과 동일하였다. 보조금은 232,927엔이었다. 그런데 제국의회가 해산되면서 1915년도 예산이 확정되지 않았다. 이 때문에 본 명령기간은 1915년 12월까지 9개월로 되었다.

원산-웅기선	부산-울릉도선
부산-포항선	부산-여수선
목포-여수선	인천-목포선
인천-진남포선	인천-해주선
부산-제주도선	목포-제주도·다도해선

웅기-모지선

웅기-모지선은 예전에 우리 회사가 조선과 일본을 연락하는 필요항로로서 그 신설을 요청한 적이 있다. 조선총독부도 그 필요성을 인식하고 이번 갱신기에 신설한 것이다. 조선총독부 명령항로의 일본 진출은 무릇 이것을 효시로 한다.

임시 제국의회에서 1915년도 예산이 확정되자 조선총독부는 제3회 명령을 내렸다. 이전 명령이 시행 중인 1915년 6월 19일부터 항해보조 명령을 갱신한 본 명령의 노선은 다음과 같다. 기존 명령 노선인 인천-해주선을 폐지한 외에는 거의 동일하며, 웅기-모지선은 웅기-간몬 갑·을선으로 바꾸었다. 명령기간은 1920년 3월까지 4년 9개월 남짓이며, 보조금은 1915년 424,675엔, 이후에는 연 538,229엔이었다.

원산-웅기선	부산-울릉도선
부산-포항선	부산-여수선
목포-여수선	인천-목포선
인천-진남포선	목포-제주도·다도해선
부산-제주도선	웅기-간몬 갑·을선

조선 서해 연안과 북중국北支那[32]을 연결하는 항로 및 조선 동북지역과

---

32 원문에는 '북지나(北支那)'로 되어 있다. '지나'는 중국을 일컫는 호칭 중 하나로, 중국 최초의 통일국가였던 진나라(秦國)에서 유래한 것으로 알려져 있다. 일본에는 9세기경 한문으로 된 불경(佛經)이 전해지면서 '지나'라는 호칭도 같이 전해졌다고 하는데, 메이지유신(明治維新) 이후 일본인들이 중국을 경멸하고 차별하는 뉘앙스로 널리 사용하였다. 본고에서는 '지나' 대신 '중국'으로 번역하였으며, 항로명에서만 고유명사로 간주해 '지나'를 그대로 두었다

우라니혼을 연결하는 소위 동해횡단항로東海橫斷航路[33]의 개설 필요성은 예전부터 수차례 당국으로 피력했으나 이때까지 실현되지 않았다. 하지만 시대적 상황은 이를 서둘러 개설하도록 요구하고 있었다. 우리 회사는 1917년 5월 31일 북선北鮮-쓰루가선, 인천-산둥山東선의 명령항로 개설을 청원하였다. 조선총독부도 그 필요성을 인정하면서 청원한 노선 중 1개 노선을 1918년 4월부터 명령항로에 포함시켰고, 보조금 연 290,252엔을 추가하였다. 이날 이후 제3회 명령기간 중 경영한 명령항로는 11개 노선이 되었다.

청진-쓰루가선

제4회 항해보조명령에 따라 1920년 4월 1일부터 명령이 갱신되었다. 본 명령에서는 원산-웅기선, 부산-포항선을 폐지하였고, 부산-여수선, 목포-여수선을 폐지하는 대신 부산-목포선을 신설하였다. 기존 명령하에서 경영하던 웅기-간몬 갑·을선을 웅기-간몬선으로 바꾸었으며, 별도로 부산-블라디보스토크-간몬선, 신의주-오사카선, 부산-원산선을 신설했다. 부산-블라디보스토크-간몬선은 대외항로이고, 신의주-오사카선은 조선 서해 연안과 일본 한신 지역을 연락하는 최초의 명령항로였다. 본 명령으로 아래와 같이 11개 노선을 경영하였다. 명령기간은 처음에는 1920년 12월까지 9개월이었으나 그해 10월 1일 1925년 3월까지 만 5년으로 개정되었다. 보조금은 연

---

33 원문에는 '일본해횡단항로(日本海橫斷航路)'라고 기록하고 있다. 동해는 서태평양의 연해로서 우리나라와 러시아, 일본열도 및 사할린섬으로 둘러싸인 바다로, 과거부터 지금까지 일본인들은 '일본해(日本海)'로 칭하고 있으나, 본고는 '동해'로 칭한다.

434,005엔이었다.

부산-울릉도선	부산-목포선
인천-목포선	인천-진남포선
목포-제주도·다도해선	부산-제주도선
부산-블라디보스토크선	청진-쓰루가선
웅기-간몬선	신의주-오사카선
부산-원산선	

본 명령기간 중 1922년 4월 1일부터 조선과 북중국을 연결하는 노선과 원산과 청진을 직항하는[기항은 성진 1개 항구] 노선으로 아래의 2개 노선을 신규 명령항로로 개설하라는 추가 명령이 내려졌다. 전자는 1917년 5월, 후자는 경성-원산 간 철도 개통 직전인 1914년 5월 우리 회사가 이미 개설을 청원했던 노선이었다. 후자는 특히 1917년 12월 청진-회령 간 철도가 개통됨에 따라 청진-원산 간[철도 미개통 구역] 속달항로速達航路[34]의 필요성이 제기되면서 이때 같이 신설한 것이다. 이 2개 노선이 추가되면서 본 기간의 명령항로는 13개 노선이 되었다. 추가된 보조금은 연 223,666엔이었다. 한편 본 명령기간 중인 1924년 8월 1일 청진-쓰루가선의 미야즈宮津, 마이즈루舞鶴 기항을 명령받았다. 보조금은 3,332엔이었다.

조선-북지나선	원산-청진선

제5회 항해보조명령으로 1925년 4월 1일부터 명령이 갱신되었다.

---

34 원문에는 '즉달항로(卽達航路)'라고 되어 있으나 '속달항로'의 오기이다.

본 명령에서는 이전 명령 노선 중 부산-목포선은 폐지하였고, 부산-블라디보스토크-간몬선은 연장해 부산-블라디보스토크-오사카선으로 변경하였다. 이와는 별도로 조선-상하이선, 조선-나가사키-다롄선 및 부산-제주도-간몬선의 3개 노선을 신설해 아래와 같이 15개 노선이 되었다. 이 가운데 조선-나가사키-다롄선은 오사카상선주식회사와의 공동경영으로 명령받은 노선으로, 두 회사가 각각 1척씩 선박을 운항하였다. 본 명령기간은 1930년 3월까지 만 5년이며, 보조금은 연 770,500엔이었다.

부산-울릉도선	인천-목포선
인천-진남포선	목포-제주도·다도해선
부산-제주도선	부산-원산선
원산-청진선	부산-블라디보스토크-오사카선
웅기-간몬선	청진-쓰루가선
신의주-오사카선	조선-북지나선
조선-상하이선	조선-나가사키-다롄선
부산-제주도-간몬선	

이 가운데 원산-청진선은 원산-청진 간 철도가 개통되고 교통·운수상 그 필요성이 줄어들면서 1928년 9월 폐지하였다. 이후 본 기간의 명령항로는 14개 노선이 되었다.

우리 회사의 명령항로는 1915년 4월 웅기-모지선을 처음 명령받기까지는 모두 연안항로뿐이었다. 이후 매년 근해항로로 진출하였고, 연안항로는 다른 경영자에게 위탁하며 조금씩 정리해 나갔다. 본 기간의 명령에서는 총 15개 노선 중 과반수가 근해항로였는데, 1925년 10월[35] 부터는 연안항로 7개 노선, 근해항로 8개 노선이 되었다.

조선 서·남해 연안 주요 항구와 도쿄를 연결하는 항로는 우리 회사가 체신성遞信省[36]의 명령을 받아 1920년 10월부터 개항했지만, 조선 동북지역과 제국의 수도를 연결하는 항로는 이때까지 개설되지 않았다. 1928년 8월 조선총독부가 추가 명령을 발령함에 따라 우리 회사는 10월 1일부터 아래의 명령 노선을 개항하였다. 이 보조금은 연 39,000엔이었다.

북선-도쿄선

1930년 4월 1일부터 실시하는 제6회 갱신 명령이 발령되었다. 본 명령에서는 이전 명령이었던 부산-제주도-간몬선을 폐지하고, 북선-도쿄선을 신설해 아래와 같이 연안항로 6개 노선, 근해항로 8개 노선, 합계 14개 노선이 되었다. 명령기간은 이 해부터 바뀌어 만 1년의 기간으로 단축되었다. 보조금은 연 740,500엔이었다.

부산-울릉도선	인천-목포선
인천-진남포선	목포-제주도·다도해선
부산-제주도선	부산-원산선
웅기-간몬선	부산-블라디보스토크-오사카선
청진-쓰루가선	신의주-오사카선

---

35 원문에는 '1915년 10월'로 되어 있으나 '1925년'의 오기로 보인다.
36 일본 중앙관청의 하나로, 우편과 전신·전화, 해사(海事) 등을 관할하는 부서였다. 내각 창설 직후부터 1949년까지 존속했으며, 현재는 총무성(總務省)이 관련 업무를 보고 있다.

조선 – 북지나선	조선 – 상하이선
조선 – 나가사키 – 다롄선	북선 – 도쿄선

제7회 명령은 1931년 4월 1일 갱신되었다. 부산 – 울릉도선과 인천 –목포선, 인천 – 진남포선을 폐지하였고, 목포 – 제주도·다도해선은 목포 – 제주도선으로, 웅기 – 간몬선 및 부산 – 블라디보스토크 – 오사카선은 북선 – 도쿄선 중 한 항로로 변경하였다. 또한 오사카상선주식회사와 공동으로 경영해 온 조선 – 나가사키 – 다롄선은 이 명령으로 우리 회사가 단독 경영하게 되었다. 그 결과 연안항로는 3개 노선에 불과하였고, 근해항로 6개 노선까지 합하면 아래와 같이 9개 노선, 11개 항로를 경영하였다. 보조금은 연 664,000엔이었다.

목포 – 제주도선	부산 – 제주도선
부산 – 원산선	청진 – 쓰루가선
신의주 – 오사카선	조선 – 북지나선
조선 – 상하이선	조선 – 나가사키 – 다롄선

북선 – 도쿄선
  웅기 – 도쿄 간
  부산 – 블라디보스토크 – 오사카 간
  웅기 – 오사카 간

조선 연안항로는 우리 회사가 오랫동안 키워오면서 상당히 발전했는데, 그 결과 소회사小會社 혹은 개인 경영자가 출현하게 되었다. 1925년 2월 우리 회사 또한 솔선해서 조선기선주식회사朝鮮汽船株式會社를 부산에 설립하였다. 연안항로를 조선기선주식회사에 양도한 지 이미 7년이 경과 했는데, 이후 연안항로는 조선기선 또는 소경영자가 맡아 경영하였다. 제8회, 즉 1932년 4월 1일 명령이 갱신되면서 우리 회사가 경영하는 명령항로는 처음으로 연안을 벗어나 근해항로만을 경영하게 되었다. 곧이전 명령이었던 목포-제주도선, 부산-제주도선, 부산-원산선의 3개 연안항로를 폐지하고, 전년도까지 체신성 명령으로 운항하던 서선西鮮 - 도쿄선을 조선총독부 명령항로로 신설하였다. 그 결과 아래와 같이 근해항로 7개 노선, 9개 항로가 되었다. 보조금은 연 570,000엔이었다.

청진-쓰루가선	조선-상하이선
조선-북지나선	북선-도쿄선
조선-나가사키-다롄선	웅기-도쿄 간
서선-도쿄선	부산-블라디보스토크-오사카 간
신의주-오사카선	웅기-오사카 간

제9회 1933년도 갱신 명령은 전년도 명령을 개정하는 형식으로 발령되었다. 그 명령항로는 이전 명령, 즉 1932년과 동일했는데, 근해항로 7개 노선, 9개 항로였으며, 보조금은 연 570,000엔이었다.

제10회 1934년도 갱신 명령은 1934년 4월 1일 발령되었다. 명령 노선은 이전 명령과 동일하였으나 서선-도쿄선을 신의주-오사카 구간과 신의주-도쿄 구간으로 분리하였고, 이전 명령인 신의주-오사카선을 삭제하였다. 이렇게 해서 아래와 같이 6개 노선, 9개 항로가 되었다. 보조금은 연 560,000엔이었다.

청진-쓰루가선	조선-북지나선
조선-상하이선	조선-나가사키-다롄선
북선-도쿄선	서선-도쿄선
웅기-도쿄 간	신의주-오사카 간
부산-블라디보스토크-오사카 간	신의주-도쿄 간
웅기-오사카 간	

제11회 1935년도 갱신 명령은 1935년 4월 1일을 기해 하명되었다. 이전에 명령한 6개 노선에 새로 북선-니가타선을 추가해 근해항로 7개 노선, 10개 항로가 되었다. 보조금은 연 579,000엔이었다.

제12회 1936년도 갱신 명령은 1936년 4월 1일 발령되었는데, 지금 현재 실행 중이다. 전년도 청진-쓰루가선을 북선-쓰루가선으로 바꾸었을 뿐으로, 이 외의 증감이나 변경이 없이 근해항로 7개 노선, 10개 항로이다. 보조금은 연 545,000엔이다.

앞에서 제1회 보조명령서를 제시하며 명령조건 등을 이해하는 데 참고하도록 하였다. 이후 지금까지 조건 등에 약간의 변경은 있었지만 대체적으로는 첫 명령과 큰 차이가 없었다. 때문에 중간 명령서는 생략하고 아래와 같이 현행 명령서만 참고삼아 제시해 둔다.

명령서

제1조 본 회사는 1936년 4월 1일부터 1937년 3월 31일까지의 기간 동안 조선 근해에서 운수·교통의 편리를 도모할 목적으로 본 명령에 따라 항해에 종사해야 한다.

제2조 본 명령의 항해노선, 항해횟수 및 기항지는 다음과 같다.

1. 북선−쓰루가선

　본 노선은 웅기를 기점으로 하며, 나진, 청진, 성진, 원산, 쓰루가, 신마이즈루新舞鶴, 마이즈루, 미야즈, 사카이, 원산, 성진, 청진 및 나진을 경유해 웅기로 귀항한다. 2,000톤급 선박은 월 2회 이상, 연 24회 이상, 1,500톤급 선박은 11월부터 이듬해 3월까지 월 2회 이상, 해당 기간 중 10회 이상 항해하여야 한다. 단, 두 선박 모두 격항으로 사카이에서 청진까지 직항할 수 있다.

　본 회사가 여객·화물 수송 및 연료 보급상 필요한 경우에는 소정의 항해횟수를 줄일 수 있다. 또한 정기 수행상 현저한 지장이 없는 범위 내에서 어대진, 신포, 서호진 및 장전에 임시 기항할 수 있다.

2. 북선−도쿄선

　본 노선은 다음의 각 노선으로 구별하며, 각각 다음과 같이 항해해야 한다.

(1) 웅기−도쿄선

　웅기를 기점, 도쿄를 종점으로 하며, 월 2회 이상, 연 28회 이상 왕복할 것.

(2) 부산−블라디보스토크−오사카선

　부산을 기점으로 하여 부산과 블라디보스토크 구간을 왕복하고, 다시 부산과 오사카 구간을 왕복할 것. 월 2회 이상, 연 30회 이상으로 할 것.

(3) 웅기−오사카선

　웅기를 기점, 오사카를 종점으로 월 2회, 연 28회 이상 왕복할 것.

앞의 각 호에서 규정한 항해는 매 항해마다 왕복 모두 다음의 기항지에 기항한다. 웅기-도쿄선는 청진, 성진, 원산, 부산, 모지[또는 시모노세키], 나고야名古屋 및 요코하마橫濱에, 부산-블라디보스토크-오사카선의 경우 원산, 성진, 청진, 웅기, 모지[또는 시모노세키] 및 고베에, 웅기-오사카선의 경우 청진, 어대진, 성진, 여해진汝海津, 차호, 신창, 신포, 전진, 서호진, 원산, 통천, 장전, 거진巨津, 주문진, 포항, 부산, 모지[또는 시모노세키] 및 고베에 기항해야 한다. 단, 웅기-도쿄선의 경우에는 연 14회 왕복하는 범위 내에서 성진, 부산 및 모지[또는 시모노세키]의 기항을, 부산-블라디보스토크-오사카선의 경우 연 15회 왕복하는 범위 내에서 블라디보스토크, 성진, 부산 및 모지[또는 시모노세키]의 기항을 생략할 수 있다.

본 회사가 여객·화물 수송 및 연료 보급상 필요한 경우에는 소정의 항해횟수를 줄일 수 있다. 또한 정기 수행상 현저한 지장이 없는 범위 내에서 웅기-도쿄선은 나진, 신포, 서호진, 장전, 히로시마廣島, 고베, 오사카, 욧카이치四日市, 다케토요武豊 및 시미즈淸水에 임시 기항할 수 있다. 부산-블라디보스토크-오사카선의 경우 욧카이치 및 나고야까지 연장하거나 또는 나진, 어대진, 서호진, 신포, 하카다博多, 와카마츠若松, 츠구미津久見, 히로시마 및 오노미치尾道에 임시 기항할 수 있다. 웅기-오사카선의 경우 나진, 사포泗浦, 삼호三湖, 여조呂潮, 군선群仙, 양양, 삼척, 하기萩, 하카다, 히로시마, 오노미치 및 쇼도시마小豆島에 임시 기항할 수 있다.

3. 조선-북지나선

본 노선은 인천을 기점으로 하며, 진남포[유빙 혹은 결빙 중에는 제외], 신의주[유빙 또는 결빙 중에는 제외], 다롄, 잉커우營口, 즈푸 및 칭다오靑島를 경유해 인천으로 귀항한다. 월 2회, 연 28회 이상 주항周航해야 한다. 단, 잉커우 기항은 연 8회까지 할 수 있다.

본 회사가 여객·화물 수송 및 연료 보급상 필요한 경우에는 소정의 항해횟수를 줄일 수 있다. 또한 정기 수행상 현저한 지장이 없는 범위 내에서 웨이하이웨이威海衛에 임시 기항할 수 있다.

4. 서선－도쿄선

본 노선은 다음의 각 노선으로 구별하며, 각각 다음과 같이 항해해야 한다. 단, 결빙 또는 유빙 때문에 신의주를 출입할 수 없는 경우에는 진남포를, 신의주 및 진남포를 출입할 수 없는 때는 인천을 기점으로 할 수 있다.

(1) 신의주－도쿄선

신의주를 기점, 도쿄를 종점으로 월 2회 이상, 연 26회 이상 왕복할 것.

(2) 신의주－오사카선

신의주를 기점, 오사카를 종점으로 월 2회 이상, 연 40회 이상 왕복할 것.

앞의 각 호에서 규정한 항해는 매 항해마다 왕복 모두 다음의 기항지에 기항한다. 신의주－도쿄선은 진남포, 인천, 군산, 목포, 모지[또는 시모노세키], 나고야 및 요코하마에, 신의주－오사카선의 경우 진남포, 인천, 군산, 목포, 부산, 모지[또는 시모노세키] 및 고베에 기항해야 한다. 단, 본 명령 수행상 현저한 지장이 없는 범위 내에서 신의주－도쿄선은 신의주 및 진남포 혹은 군산, 목포 및 모지[또는 시모노세키]의 기항을, 신의주－오사카선의 경우 신의주 및 진남포 혹은 군산, 목포, 부산 및 모지[또는 시모노세키]의 기항을 생략할 수 있다.

본 회사가 여객·화물의 수송 및 연료 보급상 필요한 경우에는 소정의 항해횟수를 줄일 수 있다. 또한 정기 수행상 현저한 지장이 없는 범위

내에서 신의주-도쿄선은 겸이포兼二浦, 해주[용당포龍塘浦], 부산, 기노
에木ノ江, 기미시마神島, 고베, 오사카 및 시미즈에 임시 기항하고, 신의주
-오사카선은 겸이포, 해주[용당포], 말도末島, 줄포, 하카다, 히로시마,
요시우라吉浦, 나오시마直島, 하라시타原下, 기노에 및 기미시마에 임시 기
항할 수 있다.

5. 조선-상하이선

본 노선은 인천을 기점으로 하며, 진남포[유빙 또는 결빙 중에는 제
외], 군산, 목포, 부산, 상하이 및 칭다오를 경유해 인천으로 귀항한
다. 월 1회 이상, 연 20회 이상 주항해야 한다. 단, 군산 및 목포 기항
은 격항으로 할 수 있다

본 회사가 여객·화물의 수송 및 연료 보급상 필요한 경우에는 소정의 항
해횟수를 줄일 수 있다. 또한 정기 수행상 현저한 지장이 없는 범위 내에
서 겸이포, 신의주, 청진, 나진 및 웅기까지 연장해서 운항할 수 있다.

6. 조선-나가사키-다롄선

본 노선은 갑선과 을선으로 구별하며, 두 노선은 각 월 1회 이상, 연
16회 이상 다음과 같이 항해해야 한다.

갑선은 매 항해 인천을 기점으로 다롄까지 운항하고, 다시 진남포
[유빙 또는 결빙 중에는 제외], 인천, 군산, 목포 및 부산을 경유해
나가사키까지 갔다가 인천으로 직항 귀항한다. 을선은 매 항해 인천
을 기점으로 진남포[유빙 또는 결빙 중에는 제외]를 경유해 다롄까
지 갔다가 다시 인천을 경유해 나가사키로 직항하며, 부산, 목포 및
군산을 경유해 인천으로 귀항해야 한다. 단, 갑선의 경우 군산, 목포
및 부산 기항은 연 10회까지 할 수 있다.

본 회사가 여객·화물 수송 및 연료 보급상 필요한 경우에는 소정의 항해횟수를 줄일 수 있다. 또한 정기 수행상 현저한 지장이 없는 범위 내에서 미스미三角 및 가고시마鹿兒島까지 수시로 연장하며, 신의주, 하카다 및 미이케三池에 기항하거나 또는 앞 항목의 규정과 상관없이 군산, 목포 및 부산에 기항할 수 있다.

7. 북선-니가타선

본 노선은 웅기를 기점으로 나진, 청진, 니가타, 원산, 서호진, 성진, 청진 및 나진을 거쳐 웅기로 귀항하며, 월 2회 이상, 연 24회 이상 주항해야 한다. 단, 서호진의 기항은 연 12회까지 할 수 있다.

본 회사가 여객·화물의 수송 및 연료 보급상 필요한 경우에는 소정의 항해횟수를 줄일 수 있다. 또한 정기 수행상 현저한 지장이 없는 범위 내에서 임시로 어대진 및 신포에 기항하거나 사카다酒田 및 후나가와船川까지 연장해서 운항할 수 있다.

제3조 앞 조항에서 규정한 항해에 사용할 선박은 다음의 조건을 구비해야 한다.

1. 북선-쓰루가선

총톤수 2,000톤 이상·최대속력 1시간 12해리 이상의 강철제 기선 1척 이상 및 총톤수 1,500톤 이상·최대속력 1시간 10해리 이상의 강철제 기선 1척 이상. 단, 1,500톤급 선박은 화물선으로 할 수 있다.

2. 북선-도쿄선

(1) 웅기-도쿄선 : 총톤수 2,000톤 이상·최대속력 1시간 10해리 이상의 강철제 기선 2척 이상. 단, 화물선으로 할 수 있다.

(2) 부산-블라디보스토크-오사카선 : 총톤수 1,200톤 이상·최대속력 1시간 11해리 이상의 강철제 기선 2척 이상.

(3) 웅기-오사카선 : 총톤수 1,000톤 이상·최대속력 1시간 10해리 이상의 강철제 기선 2척 이상.

3. 조선-북지나선

총톤수 1,000톤 이상·최대속력 1시간 11해리 이상의 강철제 기선 1척 이상.

4. 서선-도쿄선

(1) 신의주-도쿄선 : 총톤수 2,500톤 이상·최대속력 1시간 10해리 이상의 강철제 기선 2척 이상. 단, 화물선으로 할 수 있다.

(2) 신의주-오사카선 : 총톤수 1,200톤 이상·최대속력 1시간 10해리 이상의 강철제 기선 2척 이상. 단, 화물선으로 할 수 있다.

5. 조선-상하이선

총톤수 1,500톤 이상·최대속력 1시간 12해리 이상의 강철제 기선 1척 이상.

6. 조선-나가사키-다롄선

총톤수 1,200톤 이상·최대속력 1시간 10해리 이상의 강철제 기선 2척 이상. 단, 화물선으로 할 수 있다.

7. 북선-니가타선

총톤수 2,000톤 이상·최대속력 1시간 10해리 이상의 강철제 기선 1척 이상. 단, 화물선으로 할 수 있다.

앞 항목에서 규정한 선박은 회사가 단독으로 소유한 것이며, 선령船齡 25년 미만으로, 검사관리의 검사에 합격한 것으로 한정한다.

제4조 본 회사는 앞의 조항에서 규정한 사용선박을 정해 조선총독의 인가를 받아야 하며, 그것을 변경하려 할 때 또한 동일하다.

앞 항목에서 규정한 인가 신청서에는 그 선박의 약도를 첨부해야 한다.

제1항에서 규정한 인가를 신청하려 할 때는 미리 그 선박을 조선총독부 체신국장이 지정한 항구로 회항시켜 검열받을 준비를 해야 한다.

제1항의 규정에 따라 이미 사용 인가를 받은 선박에 대해 사용 노선을 변경하려 할 경우, 또는 종전에 명령항로 사용선박으로 검열받은 선박에 대해서는 이전 두 항목의 규정을 적용하지 않는다. 단, 조선총독이 필요하다고 판단하는 경우에는 예외로 한다.

제5조 조선총독은 담당 관리로 하여금 수시로 사용선박을 검열하게 하고, 그 성적에 따라 수선을 명령하거나 혹은 사용 인가를 취소할 수 있다.

제6조 본 회사는 사용 중인 선박을 상실하거나 혹은 불가항력, 기타 불가피한 사유로 그것을 사용할 수 없게 된 경우, 또는 제4조의 인가를 취소당한 경우에는 그에 상당하는 대체선박으로 보충해야 한다. 단, 조선총독의 인가를 받은 경우에는 예외로 한다.

앞 항목의 규정에 따라 대체선박을 사용할 경우에는 조선총독의 인가를 받아 제3조의 조건에 적합하지 않은 선박으로 보충할 수 있다.

대체선박 보충 인가에 대해서는 제4조의 예에 준하여 수속해야 한다.

단, 대체선박을 사용하는 기간이 단기간일 경우에는 동 조항 제3항의 검열 수속을 생략할 수 있다.

제7조 본 회사는 제2조에서 규정한 항해에 대해 기항순서 및 발착일시를 정하여 조선총독의 인가를 받아야 한다. 이를 변경하려 할 경우 또한 동일하다.

조선총독이 필요하다고 판단될 때는 기항순서 또는 발착일시를 변경시킬 수 있다.

본 회사가 날씨불량, 기타 불가피한 사유로 인하여 임시로 결항하거나 기항지를 생략할 경우, 또는 기항순서 혹은 발착일시를 변경하려 할 경우에는 조선총독의 인가를 받아야 한다. 단, 사전에 인가를 받을 겨를이 없을 때는 그 사유를 사후에 지체없이 보고하고 조선총독의 추인을 받아야 한다.

제8조 제2조에서 규정한 항해횟수를 줄였을 경우에는 조선총독의 인가를 받아 보충 항해를 할 수 있다.

조선총독이 필요하다고 판단될 때는 보충 항해를 명령할 수 있다.

제9조 본 회사는 여객·화물 운임표를 제작해 조선총독의 인가를 받아야 하며, 이를 변경할 때 또한 동일하다.

조선총독이 필요하다고 판단될 때는 종류를 지정해 여객·화물 운임을 인하시킬 수 있다.

제10조 본 회사는 본 명령을 수행하면서 사용하는 선박으로 조선총독부 체신국장이 정한 바에 따라 우편물을 무임 체송해야 한다. 본 선박과 우편물 인도장소 사이의 체송에 대해서 또한 동일하다.

사용선박이 항해 중 조난, 기타 사유로 우편물을 지정한 장소까지 체송할 수 없는 경우에는 적당한 방법으로 회사가 비용을 부담해 체송해야 한다.

제11조 사용선박에는 도난, 습기, 화재, 쥐로 인한 피해, 기타 어떤 손해의 우려가 없는 안전한 장소를 선정한 후, 상당한 용적의 공간에 손해 예방상 적당한 장치를 갖춘 우편실을 설치해 체송을 명령받은 우편물을 보관해야 한다.

우편물의 보호, 선적 및 육양에 필요한 비용은 회사가 부담해야 한다.

본 회사는 체송 중이거나, 선적 또는 육양 중인 것에 상관없이 우편물을 분실 또는 훼손한 경우에는 그 손해를 배상해야 한다.

우편물은 그 선박의 선장, 1등 운전사 또는 사무장이 취급해야 한다.

제12조 본 명령에서 우편물이라고 칭하는 것은 법령 또는 조약에 따라 우편물로 취급하는 물품 및 그것의 운반에 필요한 기구를 일컫는다.

제13조 사용선박이 우편물을 탑재하고 각지로 출입할 때는 우편기장을 게양해야 한다.

제14조 본 회사가 「정관」을 변경하려 할 때는 조선총독의 인가를 받아야 한다.

제15조 본 회사의 사장, 취체역 및 감사역이 취임할 때는 조선총독의 인가를 받아야 한다.

조선총독이 필요하다고 판단될 때는 사장, 취체역 및 감사역의 교체를 명령할 수 있다.

제16조 본 회사의 사무원 및 제3조에서 규정한 선박의 선원은 조선총독의 인가를 받지 않으면 외국인을 사용할 수 없다. 단, 외국에서 선원에 결원이 생긴 경우에는 그 선박이 제국의 항구에 도착할 때까지 외국인을 사용할 수 있다.

제17조 본 회사는 제2조에서 규정한 노선의 기점, 종점 및 기항지에 회사의 지점, 출장소 또는 대리점을 설치하고, 그 점명, 장소와 업무 담당인의 주소, 성명 및 권한을 조선총독에게 신고해야 한다. 이를 변경할 때 또한 동일하다. 외국인에게 대리점을 경영하도록 할 경우에는 조선총독의 인가를 받아야 한다.

조선총독은 본점, 지점 혹은 출장소의 사무원 또는 사용선박의 선원이 직무상 또는 사무 취급상 부적합하다고 판단될 경우 교체를 명령할 수 있다.

대리점 사무 담당인의 행위에 부적합한 점이 있다고 판단될 경우 또한 동일하다.

제18조 본 회사는 제2조에서 규정한 노선의 기점, 종점 및 기항지에 부선解

船을 갖추고, 그것을 여객 또는 화물의 적사積卸에 사용하도록 제공해야 한다. 단, 특별한 사유로 조선총독의 인가를 받았을 때는 예외로 한다.

제19조 사용선박이 각 항구를 발착할 때는 내국에서는 그 지역 우편국소, 우편국소가 불편한 곳에서는 다른 관공서, 외국에서는 제국 영사관[다롄에서는 우편국]에서 그 발착에 대한 증명을 받아야 한다. 이는 1개월 단위로 정리해 명령항로 실적표를 첨부해서 조선총독부 체신국장에게 제출해야 한다.

제20조 사용선박은 제2조에서 규정한 기항지 이외의 장소에 기항할 수 없다. 본 회사가 기항지를 증감 변경할 필요가 있는 경우, 또는 기항지 이외의 장소에 그 사용선박을 임시로 기항시키려 할 경우에는 조선총독의 인가를 받아야 한다.

조선총독이 필요하다고 판단될 때는 항로의 연장 또는 기항지의 증감 변경을 명령하거나, 또는 기항지 이외의 장소에 사용선박의 임시 기항을 명령할 수 있다.

제21조 조선총독이 필요하다고 판단될 때는 제2조에서 규정한 노선 부근의 등대 소재지에 사용선박의 임시 기항을 명령할 수 있다.

사용선박이 등대로부터 기항 요구를 받았을 때는 항해상의 위험이 없다면 그에 응해야 한다.

제22조 조선총독은 제3조에서 규정한 선박에 선박당 2명 이내의 항해 수업생을 승선시켜 회사의 비용으로 실지實地 연습을 시키도록 명령할 수 있다.

제23조 조선총독이 공용을 위해 필요하다고 판단되는 경우에는 명령을 내리고 상당한 금액을 지급하며 제3조에서 규정한 선박을 매수 또는 사용할 수 있다.

앞 항목의 규정에 따라 선박을 사용할 경우 조선총독은 실비를 지급하고 선박 내 구조를 변경시킬 수 있다.

조선총독은 필요에 따라 제3조에서 규정한 선박 및 선원을 사용할 수 있다. 이 경우에는 상당한 사용료를 지급한다.

제1항 또는 제3항의 규정에 따라 선박을 매수 또는 사용하거나, 선박 및 선원을 사용한 경우에는 제3조에서 규정한 선박의 보충을 명령할 수 있다.

제24조 제3조에서 규정한 선박에는 각 여객실마다 조선총독부 체신국장이 지정한 신고함을 비치해 두어야 한다.

신고함의 개폐 및 신고서 검열은 담당 관리가 수시로 한다.

제25조 조선총독은 담당 관리를 파견해 제2조에서 규정한 노선에 관한 업무 및 본 회사에 대한 일반 업무를 감독하도록 할 수 있다.

앞 항목에서 규정한 관리가 본 회사의 본점, 지점, 출장소, 대리점 또는 선박을 검열할 때는 그 질문에 응하여 업무상의 모든 사항을 보고하고, 금궤와 장부 및 물건을 검열에 제공해야 한다. 또한 감사상 필요한 편의를 제공해야 한다.

제26조 본 회사는 매 영업기 업무 실황 및 수지 계산을 조사해 해당 분기가 경과한 후 2개월 이내에 조선총독에게 보고해야 한다.

제27조 본 회사는 제2조에서 규정한 항해의 하객 탑재 실적을 한 항해마다 조사해 조선총독부 체신국장에게 보고해야 한다.

제28조 조선총독은 제1조에서 규정한 취지에 기초해서 본 회사로 하여금 각 노선 부근의 운수·교통 상황에 대해 임시로 특별 조사하도록 명령할 수 있다.

제29조 본 회사가 조선총독부 체신국장이 지정한 상사계약商事契約을 별도로 체결하려 할 경우에는 계약조항을 갖추어 조선총독의 인가를 받아야 한다. 이를 변경할 때 또한 동일하다.

제30조 본 회사는 조선총독의 인가를 받지 않으면 본 명령의 의무를 이전하거나, 또는 제3조의 선박을 양도 혹은 저당권의 목적물로 할 수 없다.

제31조 조선총독은 본 명령이 정한 항해에 대해 다음의 비율로 보조금을 지급한다.

1. 북선–쓰루가선	2,000톤급 선박	金
	1,500톤급 선박	金
2. 북선–도쿄선	웅기–도쿄선	金
	부산–블라디보스토크–오사카선	金
	웅기–오사카선	金
3. 조선–북지나선		金
4. 서선–도쿄선	신의주–도쿄선	金
	신의주–오사카선	金
5. 조선–상하이선		金
6. 조선–나가사키–다롄선		金
7. 북선–니가타선		金

앞 항목에서 규정한 보조금은 1개월마다 분할해 지급한다. 단, 해당 기간의 항해를 수행하는 중에는 그것이 종료되기를 기다렸다가 지급한다.

제32조 정당한 사유없이 제2조에서 규정한 항해횟수를 줄이거나 또는 기항지를 생략함으로서 항해거리가 단축되었을 때는 다음의 비율로 보조금을 감액한다.

앞의 항목에서 규정한 보조금 감액과 관련해서 제8조의 보충 항해는 제2조의 항해로 간주한다.

노선명		항해횟수 축소 1항해당	항해거리 단축 1해리당
1. 북선-쓰루가선	2,000톤급 선박	金	金
	1,500톤급 선박	金	金
2. 북선-도쿄선	웅기-도쿄선	金	金
	부산-블라디보스토크-오사카선	金	金
	웅기-오사카선	金	金
3. 조선-북지나선		金	金
4. 서선-도쿄선	신의주-도쿄선	金	金
	신의주-오사카선	金	金
5. 조선-상하이선		金	金
6. 조선-나가사키-다롄선		金	金
7. 북선-니가타선		金	金

제33조 제2조에서 규정한 조건에 부적합한 선박으로 대체선박을 보충하였을 경우에는 한 항해에 대해 다음의 비율로 보조금을 감액할 수 있다.

노선명		톤수 부족 총톤수 1톤당	속력 부족 최대속력 1해리당	선령 초과 1년당
1. 북선-쓰루가선	2,000톤급 선박	金	金	金
	1,500톤급 선박	金	金	金
2. 북선-도쿄선	웅기-도쿄선	金	金	金
	부산-블라디보스토크-오사카선	金	金	金
	웅기-오사카선	金	金	金
3. 조선-북지나선		金	金	金
4. 서선-도쿄선	신의주-도쿄선	金	金	金
	신의주-오사카선	金	金	金
5. 조선-상하이선		金	金	金
6. 조선-나가사키-다롄선		金	金	金
7. 북선-니가타선		金	金	金

제34조 제31조에서 규정한 보조금은 제20조 제3항의 명령에 따라 항해거리가 단축되었을 경우 제32조의 규정에 따라 그것을 감액한다.

제35조 본 회사가 본 명령 또는 본 명령에 기초해서 내린 명령을 위반한 경우에는 1회마다 행위의 경중에 따라 6,000엔 이내의 위약금을 징수한다. 동일한 노선에서 1년 동안 3회 이상 정당한 사유 없이 본 명령에서 정한 항해를 하지 않은 경우, 제23조의 규정에 따른 매수 또는 사용을 거부하였을 경우, 또는 조선총독의 인가를 받지 않고 본 명령에서 정한 의무를 이전하거나 혹은 제3조에서 규정한 선박을 양도, 혹은 이를 저당권의 목적물로 한 경우에는 본 명령을 해제하고 보조금 지급을 폐지할 수 있다. 동일한 행위에 대해 1년에 3회 이상 제1항에서 규정한 처분을 받은 경우에는 조선총독이 앞 항목에서 규정한 처분을 할 수 있다.

제36조 위약금은 보조금에서 공제한다. 만약 부족할 경우에는 부족액에 상당하는 금액을 징수한다.

제37조 조선총독이 필요하다고 판단될 때는 본 명령을 추가 또는 변경할 수 있다.

제38조 본 회사는 본 명령에 따른 의무 이행과 관련해서 선원, 기타 사용인 및 대리점의 행위에 대해서도 그 책임을 면할 수 없다.

제39조 본 명령에서 1년으로 칭하는 것은 4월 1일부터 다음 해 3월 31일까지의 기간을 말한다.

이상을 명령한다.

1936년 4월 1일

조선총독 우가키 가즈시게宇垣一成

2. 체신성 명령

1920년 체신성 명령항로인 조선서안선朝鮮西岸線이 개설되기 전에는 조선과 요코하마를 연락하는 정기항로가 없었다. 조선미鮮米의 경우 대부분 부정기선에 의지해 수송할 수밖에 없었는데, 이들 부정기선은 보통 출곡기出穀期에만 운항했다. 그것도 한신행뿐으로, 간토 방면의 도쿄, 요코하마까지 가는 것은 매우 적었다. 조선의 미곡이 중앙시장까지 원활하게 공급되지 않다 보니 상거래는 매우 불안정했는데, 실로 유감스러운 상황이었다. 우리 회사는 1920년 8월 체신성으로 당시 상황을 상세히 보고하며 조선 서해 연안-요코하마 간 명령항로 개설을 청원하였다. 정부에서도 그 필요성을 인정하고 그해 10월 1일부터 노선을 개설하라는 명령을 내렸다. 이것이 우리 회사의 조선-도쿄 간 직통항로의 효시이다. 명령기간은 1923년 3월 31일까지 2년 6개월이며, 보조금은 연 100,000엔이었다.

1923년 4월 1일 제2회 갱신 명령이 발령되었다. 기간은 1926년 3월까지 3년이며, 보조금은 연 90,000엔이었다. 그 얼마 뒤인 1923년 9월 1일 간토 지역에 미증유의 대지진이 발생하였고, 게이힌京濱[37] 및 그 부근 지역이 특히 심각한 피해를 입었다. 우리 회사는 조선서안선의 취항선인 쇼후쿠마루昌福丸를 투입해 바로 이재구조품罹災救助品 수송을 준비하였다. 인천과 군산 두 항구에서 미곡 1,700톤과 기타 식료, 잡화를 가득 싣고 도쿄로 직항했는데, 도쿄에는 12일에 도착했다. 이후 미곡과 식료, 잡화 수송에 전력을 기울이며 본 항로의 사명에 최선을 다했고, 구호사

---

37 도쿄와 요코하마를 아울러 부르는 명칭이다.

업의 진전에 크게 기여하였다. 당시 도쿄도東京都 내 신문은 우리 회사의 이 기민한 행동을 호외로 보도하며 칭찬했는데, 재해지역 관민의 갈망에 얼마나 잘 부응했는지 이야기했던 것이다.

본 항로에 대한 보조명령은 1926년 4월 1일 갱신되어 제3회 명령을 받았다. 명령기간은 1929년 3월 말일까지 만 3년이며, 보조금은 연 40,000엔이었다. 제4회 갱신은 1929년 4월 1일 발령되었다. 명령기간은 1932년 3월 말일까지 만 3년이며, 보조금은 연 30,000엔이었다. 이것이 체신성 명령으로는 마지막이었다.

이상 본 항로는 1920년 10월부터 1932년 3월까지 11년 6개월이라는 오랜 기간 동안 체신성의 두터운 보호를 받으며 운항을 계속하였다. 다행스럽게도 두 지역 간의 상거래는 해를 거듭할수록 발달하였다. 경영상의 손실이 한 해 한 해 줄어든 것은 보조금이 감액된 사실을 보아도 명확히 알 수 있다. 그렇지만 여전히 사영항로로서 채산을 맞출 수 있는 상황은 아니었다. 조선총독부도 이러한 상태를 인정하였고, 체신성 명령을 계승해 1932년 4월 1일부터 거의 동일한 노선의 서선—도쿄선을 명령항로로 개설하였다. 우리 회사가 그 명령을 받아 항로를 계속해서 경영하고 있다.

3. 일본과 조선의 지방청 및 기타 보조

교토부京都府

1918년 4월 조선총독부 명령항로로 개항한 청진—쓰루가선[현재의 북선—쓰루가선]의 일본 측 항구는 쓰루가 한 항구뿐이었다. 그러나 이 항로의 가치가 조금씩 알려지면서 교토부 내 미야즈, 마이즈루 지역에서도 본 항로의 기항을 요망하는 여론이 형성되었다. 이에 조선총독부의 승인을 받아 1923년 4월 1일부터 앞의 두 항구에 대한 기항을 개시하였다. 이 기항에 대해 교토부로부터 보조금 연 3,750엔을 받았고, 1925년부터는 연 5,000엔으로 증액되었다. 1926년 신마이즈루를 기항지에 추가한 후 지금까지 운항을 계속하고 있다. 신마이즈루쵸新舞鶴町는 1925년 5월부터 9월까지 5개월분 보조금으로 1,000엔을 교부하였다.

돗토리현鳥取縣

앞의 청진−쓰루가선에 대해서는 돗토리현 사카이미나토境港에서도 기항해 줄 것을 요구하였다. 이에 조선총독부 승인하에 1930년부터 사카이미나토에 대한 기항을 개시하였고, 돗토리현으로부터 보조금 연 3,000엔을 받았다. 본 기항 또한 지금까지 유지하고 있다.

구마모토현熊本縣

1925년 4월 1일부터 조선총독부 명령하에 조선−나가사키−다롄선을 개설했는데, 구마모토현 미스미미나토三角港에서 본 항로의 기항을 요구해 왔다. 이에 조선총독부의 승인을 받아 1925년 4월 1일부터 그 기항을 개시하였다. 구마모토현은 본 항로에 대한 보조금으로 1925년 이후 1930년까지 연 2,500엔[오사카상선과 공동경영하였으므로 연 5,000엔의 반액], 1931년에는 연 4,000엔[1931년부터 단독으로 경영], 1932년 및 1933년에는 연 3,400엔, 1934년 이후에는 연 2,890엔을 교부하였다. 지금까지 명령항로로 유지하고 있다.

가고시마현鹿兒島縣

조선－나가사키－다롄선에 대해서는 가고시마현에서도 가고시마까지 연장해 줄 것을 요청하였고, 조선총독부 승인하에 1925년 4월 1일부터 그 기항을 개시하였다. 가고시마현은 보조금으로 1925년부터 1929년까지 연 2,500엔[오사카상선과 공동경영하였으므로 연 5,000엔의 반액], 1930년에는 연 2,000엔[전년과 마찬가지로 연 4,000엔의 반액], 1931년에는 연 4,000엔[1931년부터 단독으로 경영], 1932년에는 연 3,400엔, 1933년에는 연 3,700엔, 1934년에는 연 3,000엔, 1935년 이후에는 연 2,500엔을 교부하였다. 지금까지 명령항로로 유지하고 있다.

후쿠오카현福岡縣

후쿠오카현·시의 요망에 따라 조선총독부 승인하에 1927년 4월부터 부산－블라디보스토크－오사카선, 웅기－오사카선 및 신의주－오사카선[이후의 북선－도쿄선과 서선－도쿄선]의 하카다항 기항을 개시하였다. 이에 대해 후쿠오카시로부터 연 10,000엔의 보조금을 교부받았다. 1928년부터는 이와는 별도로 후쿠오카현에서도 보조금을 교부했는데, 1928년 연 5,000엔, 1929년과 1930년에는 연 7,000엔이었다. 1931년부터는 앞에서 언급한 항로 이외에 조선－나가사키－다롄선까지 추가해 1931년 이후 1933년까지 연 7,800엔, 1934년 이후에는 연 7,000엔의 보조금을 받았다. 지금도 계속해서 유지 중이다.

경기도

경기도 인천항과 황해도 해주를 잇는 기선항로로, 1912년 우리 회사가 개업했을 당시에는 조선총독부 제1회 명령항로인 인천－해주선이 있었다. 이 노선은 제2회 명령 기간까지 유지하다가 제3회 명령이 시작되는 1915년 6월 19일부터 폐지하였다. 이후 소경영자가 경영했는데, 항로가 통제되지 않고 예비선이 준비되지 않는 등 운수·교통상 불편함이 적지 않았다. 이에 우리 회사가 다시 경영해 주기를 바라는 요망이 있었고, 1921년 4월 1일 경기도, 황해도 보조하에 해주－인천선을 개설하였다. 이 노선에 대한 경기도의 보조금은 1922년 이후 1924년까지는 연 3,000엔, 1925년 이후 1927년까지는 연 5,000엔, 1928년 이후 1929년까지는 연 3,000엔이었다. 이후 본 항로는 우리 회사 관계회사인 조선기선주식회사가 경영하도록 이관하였다.

한편 1922년에는 인천－칭다오－다롄선을 자영항로로 개시하였다. 이것을 군산까지 연장하며 전라북도에 기항 보조금을 요청하였고, 이듬해 1923년에는 목포까지 연장하며 전라남도의 기항 보조를 받았다. 이 항해는 계속 유지했으나, 조선과 남중국 방면을 잇는 항로는 이때까지 개설하지 못했다. 그 무렵 조선 남·서해안과 상하이 방면의 무역은 해마다 발전하는 추이에 있었고, 상하이항로 개설에 대한 요구도 높아지고 있었다. 우리 회사는 조선총독부로 상하이항로 개설을 청원하는 한편 앞의 자영항로인 인천－칭다오－다롄항로를 폐지하는 대신 조선－상하이항로를 신설하기로 결정하였다. 이에 따라 경기도와 평안남도[진남포항], 경성부, 인천부, 전라남도[목포항], 전라북도[군산항] 등 관계 지방청으로 각각 응분의 손실 보조를 신청하였다. 1924년 경기도로부터 보조금 10,000엔을 받으며 조선－상하이항로를 자영항로로 개설했는데, 이는 이듬해인 1925년 조선총독부 명령항로가 되었다.

황해도

경기도 부분에서 서술한 인천-해주선에 대해서는 황해도에서도 보조금을 교부했는데, 1921년 이후 1924년까지 연 3,000엔, 이듬해 1925년 이후 1928년까지는 연 5,000엔, 1929년에는 연 1,400엔이었다.

강원도

강원도 금강산金剛山이 관광지로 세상 사람들에게 알려지기 시작하면서 이곳을 왕래하는 사람도 차츰 증가하였다. 당시는 육상 교통기관이 여전히 불완전한 상태로, 해상으로 원산항에서 장전항으로 올라가 관광지역으로 들어가는 것이 가장 편리하였다. 그런데 이 방면의 연안항로라 하면 겨우 부산-원산선이 있을 뿐이었는데, 그것도 원산-장전 간의 연락은 매우 적었다. 때문에 관광 왕래를 목적으로 이용하기에는 충분하지 못했다. 이에 따라 원산-장전 간 연락항로를 개설해 달라는 요청이 생겨났다. 우리 회사는 강원도 및 함경남도로 보조를 요청하며 1922년 6월 원산-장전항로를 개설하였고, 이후 1929년 11월까지 계속해서 운항했다. 금강산 전철이 연장되고 강원도 동해선 철도가 개통되는 등 육상 교통이 조금씩 편리해지자 본 항로의 필요성은 약해졌고, 결국 폐항하게 되었다.

본 항로는 오로지 관광 왕래객을 위한 노선으로, 매년 6월부터 9월까지 운항하였을 뿐, 그 이외의 기간에는 휴항하였다. 이 노선에 대한 강원도의 보조금은 1922년 이후 1924년까지는 연 5,000엔, 이듬해인 1925년 이후 1927년까지는 연 3,000엔, 1928년 및 1929년에는 연 2,000엔이었다.

함경남도

강원도 부분에서 서술한 원산-장전선에 대해 함경남도로부터 받은 보조금은 1922년과 1923년에 연 5,000엔, 1924년 이후 1927년까지는 연 3,000엔, 1928년 2,000엔, 1929년 1,500엔이었다.

함경북도

조선총독부 명령항로 부분 제4회 갱신 명령 신설항로에서 언급한 항로인데, 철도 미개통 구역인 원산-청진을 연결하는 항로, 즉 원산-청진선은 조선총독부로부터 보조금을 받기는 했으나 손실은 여전히 클 것으로 전망되었다. 이를 보충하기 위해 개설 직후부터 폐지할 때까지, 즉 1922년부터 1924년까지 3년 동안 함경북도로부터 연 30,000엔의 보조금을 받았다.

간도間島, 훈춘揮春 방면에서 두만강豆滿江을 따라 웅기까지 가는 육상 교통기관이 철도, 자동차 등에 의해 조금씩 개척되면서 웅기로 나오는 하객이 점차 증가하였다. 때문에 웅기-청진 구간에서 원산-청진선[실질적으로는 철도 연락선]과 연락할 항로를 개설해 달라는 요구가 높아졌다. 우리 회사 또한 원산-청진선을 발전시키는 한편 사외선社外船의 진입을 방지한다는 차원에서 그 개설이 필요할 것으로 판단하였고, 1925년 4월 자영항로를 개시하였다. 그러나 얼마 동안은 손실이 커 경영이 곤란하였다. 이에 함경북도로 보조금 교부를 신청해 1926년부터 연 4,000엔을 받았다. 이는 이듬해 1927년까지 계속되었다.

전라북도

우리 회사의 자영항로인 서선-칭다오-다롄선을 군산까지 기항시키며 1922년 4월 전라북도청으로 보조금 교부를 청원하였다. 그해부터 연 8,800엔이 교부되었고, 이듬해인 1923년에도 계속해서 연 8,000엔이 교부되었다. 1924년에는 조선-상하이선 개통의 필요성을 느끼며 조선총독부로 명령항로 개설을 청원했는데, 이와 동시에 바로 자영항로를 개항하였다. 조선-상하이선 관계 각 지방청으로 상당한 보조금 교부를 청원했던 일은 경기도 부분에서 상하이항로 보조금에 대해 설명하면서 이미 서술하였다. 전라북도에서도 회사의 청원을 수용해 1924년 보조금 8,000엔을 교부하였다.

전라남도

자영항로 조선-칭다오-다롄선은 경기도 부분에서 서술한 것처럼 1923년 4월부터 항로를 목포까지 연장하였고, 전라남도 역시 전라북도와 동일하게 보조금 8,000엔을 교부하였다. 1924년에는 조선-칭다오-다롄선 대신 자영 조선-상하이선에 대해 마찬가지로 연 8,000엔을 보조하였다.

전라남도 남부 평야지대의 곡물 등 물자의 수송과 여객의 왕래는 그동안 내륙의 교통기관이 발달하지 않아 매우 불리·불편한 형세였다. 남조선철도회사南朝鮮鐵道會社가 광주光州를 기점으로 여수까지 철도를 건설하자 우리 회사는 이 지역을 개발하기 위해서는 여수와 일본을 직접 연결하는 항로를 개설해야 한다고 보았다. 지역 내에서도 이것을 요구하고 있어 1924년 3월 자영 여수-오사카선을 개설하기로 결정하였다. 이에 대한 손실 보조를 전라남도청으로 청원해 허가를 받았다. 여수－오사카선은 1924년 개항해 1926년까지 3년 동안 경영하였으나, 남선철도南鮮鐵道[38] 전 구간이 개통되고 가와사키기선주식회사川崎汽船株式會社가 여수－간몬 간 연락항로를 개항하면서 우리 회사는 결국 손을 떼고 말았다. 본 노선에 대해서는 전라남도로부터 연 6,000엔의 보조금을 받았다.

평안남도, 경상남도, 부산부, 인천부, 경성부

앞의 경기도 부분에서 자영 조선－상하이선에 대해 이미 서술한 것처럼 평안남도와 경상남도, 부산부, 인천부, 경성부에서도 자영 조선－상하이선에 대한 우리 회사의 보조 청원을 수용하였다. 1924년 평안남도와 경상남도는 각 10,000엔, 부산부는 금 7,000엔, 인천부는 금 3,600엔, 경성부는 금 2,400엔을 보조하였다.

나가사키시長崎市

구마모토현, 가고시마현 부분에서 서술한 조선－나가사키－다롄선에 대해서는 조선총독부 명령항로 개설 당시 나가사키시에서도 그 기항을 간절히 요청하였다. 본 노선에 대해 어느 정도의 손실 보조를 아끼지 않겠다는 의사를 전해와 결정하게 되었는데, 조선총독부 양해하에 공동경영자인 오사카상선과 함께 나가사키 시장에게 보조를 청원해 허락을 받았다. 1925년 이후 1930년까지 연 7,500엔[두 회사에 대해 연액 15,000엔], 1931년부터 1933년까지 연 10,000엔[1931년부터 우리 회사 단독 경영으로

---

38 남조선철도주식회사가 부설한 광주－여수 간 노선을 일컫는다.

됨], 1934년부터는 연 5,000엔의 보조금을 교부받았다. 지금까지도 여전히 명령항로로 경영하고 있다.

후쿠오카시福岡市

앞서 후쿠오카현 부분에서 서술한 부산-블라디보스토크-오사카선, 웅기-오사카선, 신의주-오사카선[현재의 서선-도쿄선 및 북선-도쿄선]의 하카다항 기항에 대한 손실 보조를 청원해 승낙받았다. 1927년 및 1928년 연 10,000엔, 1929년과 1930년 연 13,000엔, 1931년부터는 조선-나가사키-다롄선까지 추가해 1933년까지 연 15,500엔, 1934년 이후에는 연 13,950엔의 보조금을 교부받았다. 지금도 계속해서 운항 중이다.

하기시萩市

현지 야마구치현山口縣 하기항에서 기항을 요청하므로 조선총독부 승인하에 1934년부터 하기시로 보조를 청원하였다. 보조금으로 연 2,500엔을 받았는데, 지금까지도 계속해서 운항 중이다.

파도를 헤치며

해질녘 바람이 멈춘 고요한 항구

제2편

항로

119쪽에서 190쪽까지
경성헌병대의 검열을 완료하였다.
(원문은 99쪽에서 152쪽에 해당한다)

제1장

연혁과 항로 개황

1912년 4월, 창립 직후 경영한 항로는 조선총독부 명령항로 10개 노선과 자유항로 12개 노선이었다. 조선 – 일본 간 항로는 겨우 모지門司 – 웅기雄基선 1개 노선에 그쳤다. 그마저도 강원도와 함경남·북도 연안의 20여 개 항구를 기항하는 연안항로의 성격이 짙은 것으로, 근해항로라 할 만한 것이 못되었다. 당시 조선의 산업·경제는 대부분 한반도 내에 한정되어 있었으므로 우리 회사의 경영방침 또한 연안 개발에 매진하는 것을 원칙으로 하였다.

우리 회사가 경영한 연안항로의 연혁을 보자. 창립 첫해부터 1916년까지는 명령항로의 확실한 수행을 도모하는 동시에 우리 회사가 부여받은 특수한 사명에 부합하고자 연안 교통의 충실을 기하였다. 이에 많은 희생을 감내하면서도 자유항로 10여 개 노선을 개설해 조선 전 연안을 왕래하는 교통망을 완성하려 노력하였다. 그러나 이는 사용선박 및 항로의 개선·개폐와 함께 대부분 폐항하였다. 1913년 거제마루트濟丸[총톤수 173톤]와 창평마루昌平丸[총톤수 311톤], 1914년 온성마루穩城丸와 경성마루鏡城丸[동형의 자매선 372톤]가 건조되자 이들 우수한 강철선을 추가로 배치하며 항로를 합리적으로 개폐하였다. 그 결과 조선 연안항로도 점차 개선되었다. 그해 1,000톤급의 경기마루京畿丸와 전라마루全羅丸가 준공되자 웅기-모지 항로에 배치하는 등 소유선박의 선형船型도 쇄신해 갔다.

1917년부터 1921년까지 5년 동안은 우리 회사의 연안항로가 가장 번성한 시대였다. 그 이전 5년 동안의 여객 수송량은 연간 겨우 200,000명 대에 지나지 않았으나 1918년에는 340,000명, 1919년에는 370,000명으로 증가하는 등 기록적인 약진을 달성했다. 수송화물 또한 갑자기 급증하는 등 제1차 세계대전 경기의 여파가 조선 연안까지 밀려왔다. 그러나 이 호조는 얼마 뒤 남해 연안 일대를 강타한 발동기선發動機船 발호시대跋扈時代의 싹을 배태한 것이었다. 전후 불황이 닥치자 무수히 많은 군소 선주가 서로 할거하며 치열한 경쟁을 벌였고, 회사의 선박은 이들에게 대부분의 하객을 빼앗기며 차츰 곤경에 빠졌다. 발동기선을 경영하는 업자들끼리도 채산을 무시한 격렬한 경쟁을 이어갔다. 제휴나 협조 따위는 꿈도 꿀 수 없는 상태였다.

우리 회사는 이 경쟁의 소용돌이 속에서도 가능한 '중정中正'을 유지하면서 '대동大同'으로 나아갈 방법을 모색하였다.[1] 우선 시설 투자에 적극적으로 임했다. 우수한 선박을 건조해 안전한 항해와 개량된 시설을 제공하고자 노력했는데, 1924년에는 고베제강소神戶製鋼所에서 디젤Diesel 쾌속선快速船 2척을 건조하였다. 이것은 조선에서 운항되었던 디젤선의 시초였을 뿐만 아니라 우리 나라 철공조선계에서도 디젤 내연기Diesel-內燃機

---

1   여기서 '대동'은 큰 세력을 하나로 모은다는 뜻으로, 군소 선주들을 모아 통합할 준비를 하고 있었다는 의미로 해석된다.

를 제작했다는 업적으로 기록되었다. 그 이름을 하토마루はと丸와 하야후사마루はやぶ丸라 붙였다. 총톤수 100톤, 평균시속 12해리의 화려한 객실 설비를 갖춘 우수한 자매선이 출현하자 업자들은 차츰 앞날에 대한 불안한 생각을 품기 시작했다. 동시에 무익한 경쟁에 시달리는 연안항로를 통일적으로 경영할 새로운 회사를 설립하려는 움직임으로 크게 요동쳤다. 우리 회사는 솔선수범 그 지도적 위치에 서서 신예新銳 디젤선 2척과 기타 소형 기선을 제공하면서 1925년 2월 자본금 1,000,000엔의 조선기선주식회사朝鮮汽船株式會社를 설립하였다. 본사는 부산釜山에 두었다.

초대 사장은 우리 회사의 취체역取締役이자 영업과장인 이시가키 고지石垣孝治 씨가 겸임하였고, 전무취체역專務取締役에는 우리 회사 인천출장소仁川出張所 소장인 우즈하시 미야埋橋美也 씨를 보냈다. 또한 상무취체역常務取締役에는 당시 통영해운주식회사統營海運株式會社을 이끌고 있던 후쿠시마 아이치로福島彌市良 씨가 취임했다. 회사의 주식 20,000주 중 우리 회사가 과반수를 점유하며 지배권을 장악하였다.

합동에 참가한 선주는 아래와 같이 여섯이었다.

1. 부통기선주식회사釜統汽船株式會社
2. 주식회사 오이케회조점大池回漕店
3. 야마나시회조점山利回漕店
4. 스노우치 츠네타로須之內常太郎
5. 통영해운주식회사統營海運株式會社
6. 조선우선주식회사朝鮮郵船株式會社의 남해 연안항로

조선기선주식회사의 설립과 함께 우리 회사는 남해 연안항로를 모두 이 회사가 경영하도록 이관하였다. 부산-원산元山선 및 울릉도鬱陵島 · 제주도濟州島와 육지를 연결하는 명령항로만 남겨 두었는데, 이후 1932년 3월까지 이를 경영하였다. 그런데 강원도 연안의 경우, 육상 교통망이 차츰 완비되면서 승합자동차의 왕래가 왕성해졌다. 해상 교통도 소형발동기선의 정박이 가능한 소규모 항만수축港灣修築 공사가 곳곳에서 이루어지면서 발동기선의 운항이 더욱 빈번해졌다. 이에 본 항로 또한 조선기선주식회사로 이관하고 오로지 근해항로 진출만을 계획하게 되었다.

우리 회사의 근해항로를 보면, 제1차 세계대전을 계기로 점차 새로운 항로 개척에 힘써 간토대지진關東大地震[2] 전후까지 비약적인 발전을 보였다. 곧, 1915년 대외항로로 진출하기 시작해 모지-블라디보스토크浦鹽 항로를 개시하였고, 인천仁川-즈푸芝罘선을 신설했다. 1917년 블라디보스토크 항로를 한신阪神까지 연장한 데에 이어, 1920년 신의주-오사카大阪선, 조선서안朝鮮西岸-요코하마橫濱선을 개시하였다. 이어 1922년에는 조선-북지나北支那선, 1925년에는 조선-상하이上海선, 조선-나가사키長崎-다롄大連선의 개설 명령을 받았다. 한편 이와는 별개로 자영항로 오사카-제주도선, 육군어용항로 웅기-오사카선 등을 개시하였다. 당시 일본 재계의 상황은 전후 공황恐慌으로 무역상, 해운업자 가운데서도 도산하는 자가 속출하고 있었다. 조선까지 영향이 미치지 않을까 우려되었으나, 우리 회사는 이상과 같이 착착 근해항로 확장에 노력해 건실한 영업상태를 유지할 수 있었다.

---

2 1923년 9월 1일 일본의 간토지역에서 발생한 대지진을 일컫는다.

다이쇼大正 말기 조선미 수송을 담당하는 관계 선주가 협조기관인 선항회鮮航會를 결성하였다. 선항회는 조선곡물상조합연합회朝鮮穀物商組合聯合會와 수송계약을 체결하며 조선 주요 산업의 하나인 조선미의 판로 확장과 거래 조장에 다대한 공헌을 하였다. 이후 우리 회사의 근해항로에서의 비상과 조선미 수송 문제는 선주단체 선항회와의 관계에서 중요한 문제로 되었다.

1927년 초 무렵부터 업계는 점점 침체·쇠락기로 들어갔다. 우리 회사의 영업 또한 부진했는데, 1928년에는 결국 배당을 할 수 없는 지경으로 되었다. 당시 일반 해운계의 형세를 보면, 각국은 모두 세계대전의 깊은 창상創傷으로 긴축 디플레이션deflation 정책을 다투어 강행하고 있었다. 물가는 하락하였고 공업생산은 위축·침체되었으며 해외무역 또한 매우 부진하였다. 간토대지진으로 선박 수요가 잠깐 증가하기는 했으나 재해로 인한 손실은 불황을 한층 심각하게 만들었다. 근해와 원양에서의 운임 성적이 부진하자 조선으로 향해 오는 사외선社外船이 속출하였다. 이에 조선미 운임이 갑자기 폭락하는 시대가 되었다. 지금까지 100석에 100엔을 부르던 인천·군산群山 – 한신 간 운임도 30엔대를 밑돌게 되었다. 우리 회사는 이후에도 쭉 무배당을 계속할 수밖에 없는 상황에 직면하였다.

그렇지만 또 한편으로 조선의 산업·경제계는 우리 회사의 적극적인 시설 확장을 필요로 하였다. 1928년 3,500톤급 중형선 3척을 새로 건조해 북선北鮮 – 게이힌京濱 간 직통항로를 개시하는 등 고난한 경영을 이어갔지만, 예의 주시하며 사업의 발전을 위해 최선을 다했다.

이처럼 심각한 불황 중에 선항회는 회원 간에 협조하려는 성의조차 보이지 않았다. 협정 운임은 자연스럽게 깨졌고, 하주와의 분쟁도 끊이지 않았다. 각 회사 모두 무익한 경쟁으로 받은 타격이 매우 컸다. 결국 1927년 봄 소속 8개 회사인 오사카상선大阪商船, 사와야마기선澤山汽船, 오카자키기선岡崎汽船, 아마가사키기선尼ヶ崎汽船, 가와사키기선川崎汽船, 야마시타기선山下汽船, 근해우선近海郵船, 조선우선이 배선협정을 체결했다. 선박 수를 할당하고 선형을 지정하자 분쟁은 차츰 소강상태로 되었다.

그러나 그해 가을 다쓰우마기선辰馬汽船이 군산과 부산을 중심으로 배선하면서 조선미 수송진輸送陣은 다시 혼란에 빠졌다. 선항회와 다쓰우마기선의 적취 · 운임경쟁은 그대로 해를 넘겼고, 쌍방은 맹렬하게 싸웠다. 우여곡절 끝에 선항회가 다쓰우마기선의 가입을 승인하면서 반년 동안 이어진 적취전積取戰도 종말을 고했다. 곧이어 시마타니기선島谷汽船과 나카무라기선中村汽船도 선항회에 가입했다. 해운계는 원양과 근해 모두 여전히 불황 속에 있었고, 우리 회사의 업적 또한 호전되지 않았다. 무배당 시대는 결국 1933년 상반기까지 이어졌다.

1930년 전후부터 불황은 더욱 심각해졌다. 당시 주요한 수송화물이었던 조선미, 어유魚油, 지게미締粕의 경우 모두 시세가 크게 하락하였다. 조선미는 풍작으로 시세가 하락해 물류 이동이 극도로 부진했다. 조선 동해안 일대의 온유비鰮油肥 제조업자도 매우 안타까운 상황에 처했는데, 어유 1관罐의 시세가 50전을 호가하는 양상을 보이자 선박이 남아돌게 되었다. 우리 회사 또한 일찍이 겪어보지 못한 곤경에 봉착하였고, 다른 회사 역시 곧 숨이 끊어질 것 같은 간당간당한 형세였다. 업자들 사이에서는 의외로 풀Pool을 결성해 이 난관을 타파하자는 희망을 가지게 되었다. 결국 1930년 11월 풀이 결성되었다.[3] 우리 회사도 조선총독부의 인가를 받아 여기에 참가하였다.

선항동맹회鮮航同盟會을 조직할 당시 가입한 기선회사는 아래와 같다.

오사카상선주식회사大阪商船株式會社

합명회사아마가사키기선부合名會社尼ヶ崎汽船部

주식회사사사와야마형제상회株式會社澤山兄弟商會

야마시타기선주식회사山下汽船株式會社

가와사키기선주식회사川崎汽船株式會社

근해우선주식회사近海郵船株式會社

오카자키기선주식회사岡崎汽船株式會社

다쓰우마기선주식회사辰馬汽船株式會社

주식회사나카무라구미株式會社中村組

다롄기선주식회사大連汽船株式會社

시마타니기선주식회사島谷汽船株式會社

조선우선주식회사朝鮮郵船株式會社

이상 12개 회사

또한 부산을 중심으로 배선하는 기선회사인 오사카상선, 사와야마상회, 다쓰우마기선[4] 및 우리 회사의 4개 회사는 남선동맹회南鮮同盟會를 조직하였다. 이후 선항동맹회의 한 기관으로서 조선 남해 연안의 특수한

---

3 풀협정(pool agreement)은 동일한 항로에 취항 중인 개개 기선회사들 간에 미리 배선비율을 정한 후 운임을 공동으로 계산하고, 할당된 배선비율에 따라 분배하는 해운동맹의 한 형태이다.

4 원문의 '다쓰야마기선(辰山汽船)'은 다쓰우마기선의 오기이다.

사정에 대응하였다. 당시 운임은 각 회사마다 달라서 조절이 곤란했지만, 하주단체荷主團體·곡물상조합연합회穀物商組合聯合會와 계약한 운임율은 일단은 표면적 운임 시세보다 20% 정도를 인하한 금액으로 발표하였다. 선항동맹회와 남선동맹회 성립 전후 조선 동북지역 항로에서도 아래의 3개 회사가 북선항로동맹北鮮航路同盟을 결성, 운임과 수송을 제휴·협조하기로 하였다.

오사카상선주식회사大阪商船株式會社

도치기상사주식회사栃木商事株式會社

조선우선주식회사朝鮮郵船株式會社

한편 온유비 제조업에 대해서도 조선총독부가 적극적으로 궁리하며 난관을 타개해 나갈 방도를 강구하였다. 1931년 봄 업자들을 설득해 제조와 판매, 수송에 대한 통제를 도모했는데, 어유魚油는 합동유지글리세린회사合同油脂グリセリン會社, 지게미는 미쓰비씨상사주식회사三菱商事株式會社가 독점 판매하도록 하였다. 그리고 그 수송은 우리 회사에 위탁해 타당한 가격의 유지, 원활한 수송으로 사업의 건전한 발달을 지원하도록 하였다. 이렇게 새로운 상황이 전개되면서 우리 회사는 어유, 지게미의 해상 수송을 독점 인수하게 되었다. 우리 회사는 사명감을 가지고 성의껏 이들 수송에 만전을 기했는데, 운임율은 시세가 하락했기 때문이기도 했지만 조선총독부 방침에 따라 더욱 큰 폭으로 인하하였다.

조선미, 온유비 등 주요 화물의 운임 하락은 일반화물에도 영향을 미쳤다. 조선미 적취풀의 결성, 온유비 수송 독점계약 등으로 수송체제 건전화에 착수했지만 영업성적은 여전히 부진한 상태를 벗어나지 못했다. 조선의 농촌·산촌·어촌이 여러 해에 걸쳐 피폐해진 결과 구매력은 급격히 감소하였고, 일본에서 들어오는 화물도 현저하게 줄어들었다. 이렇게 해서 1927년 수송화물 1,010,000톤, 선객 230,000명이던 영업성적은 1930년 910,000톤, 94,000명으로 줄어들었다. 1931년 또한 마찬가지 상황으로, 부진 속에서 마감했다. 1931년 11월 조선미 운임 개정기를 맞이해 이이노기선飯野汽船이 배선하기 시작했다. 이로 인해 안정적이었던 운임이 다시 흔들리면서 10% 정도 인하되었다. 조선 동북지역 운임 역시 이 영향을 받았다.

이러한 와중에 1932년 가을 무렵부터 재계가 호전될 조짐이 보였다. 1931년 말 금수출 재금지 이후 약 1년 만에 인플레이션inflation 물결이 서서히 일어났는데, 근해와 원양의 운임 모두 조금씩 앙등하였다. 오랫동안 1엔 이내에서 오르내리던 와카마쓰若松와 요코하마의 석탄 운임도 1엔 50전을 넘겼다. 용선료 또한 중량톤수 2,000톤급 3엔 50전, 3,500톤급 3엔 30전, 5,000톤급 2엔 60전을 호가해 각 선형 모두 실로 1엔 이상 앙등하는 상황이 연출되었다. 이에 조선미 운임도 인상될 조짐을 보였다. 일반화물의 이동이 활발해진 가운데서도 1932년 하반기에 무배당을 이어가 90,000엔의 이익을 올렸다.

1932년 4월 신징新京과 투먼圖們 사이를 연결하는 철도 경도선京圖線이 완성되었다. 이에 따라 조선 동북지역 세 항구[웅기, 청진淸津, 나진羅津]를 경유하는 북만주-일본 간 무역은 조선을 발판으로 해서 장래 괄목할 만한 발전을 이룰 것으로 기대되었다. 우리 회사는 그 종단항終端港이 된 나진항으로 재빨리 회사 선박을 기항시켰다.

만주국滿洲國[5]의 출현, 경도선의 완성, 신징과 조선 동북지역 세 항구를 잇는 직통 연락의 개시에 이어 경도선 라파拉法에서 우창五常을 경유해 빈장濱江까지 이어지는 납빈선拉濱線이 개통되었다. 또한 투먼에서 무단장牡丹江을 경유해 1937년 중에는 쑹화강松花江 자무쓰佳木斯까지 연결하는 도가선圖佳線과 도가선 린커우林口에서 미산密山까지 연결하는 밀산선密山線을 개통하려는 건설 공사도 착착 진척되고 있다. 이들 새 노선이 개통되면 동만주 일대는 물론 멀리 쑹화강 유역을 출입하는 물자가 조선 동북지역 세 항구까지 수송될 것이다. 다롄과 함께 왕년에 매우 번성했던 블라디보스토크항의 지위를 조선 동북지역 세 항구가 획득하면서 진정한 국제무역항으로 거듭나려 하고 있다. 조선은 운수·교통상 획기적인 시대에 직면해 있었다.

1933년 봄, 곡물 운임 조정, 어유·지게미 운임 개정과 함께 화물의 이동이 활발해지면서 운임의 흐름이 순조로워지자 배당 부활의 시기가 곧 다가올 것으로 기대되었다.

10월 조선총독부 철도국은 국책적 견지에서 투먼 동부선과 서부선의 경영을 남만주철도주식회사南滿洲鐵道株式會社[이하 만철][6]에 위탁하였다. 만철은 북선철도관리국北鮮鐵道管理局을 개설하며 오지奧地 만주국 노선과의 연락을 긴밀히 했는데, 종래 우리 회사가 이 위임선과 맺었던 연대수송계약도 이와 동시에 만철로 이관되었다. 이와 같이 만철이 위임 경영하면서 북선철도北鮮鐵道[7]와 경도선의 직통 연락이 개시되었다. 그에 따라 국

---

5 만주사변(滿洲事變) 이후 만주 전역을 점령한 일제가 1932년 3월 만주에 수립한 괴뢰 정권이다.
6 1906년에 설립되어 1945년까지 중국 동북지역에 존재했던 일제의 국책기업으로, 남만주 지역의 다롄-창춘(長春) 간 철도와 그에 부속된 지역을 관리할 목적으로 설립되었다.
7 일제강점기 조선 함경북도 지역에 부설된 철도를 통칭하는 것으로, 동해안의 항구도시인 청진과

제운수주식회사國際運輸株式會社[8]와는 하얼빈哈爾濱 지대를 출발, 조선 동북지역 세 항구를 경유해 일본 내 여러 항구들을 연결하는 북만특산직통운임北滿特産直通運賃을 설정하였다. '통행증권'에 기초한 새로운 수송체계가 완성된 것이다.

해운계가 호전되자 조선항로 또한 그 영향을 받기 시작했는데, 햇곡식 출하기로 들어가면서 곡물 운임이 인상되었다. 그러나 또 한편으로는 물가가 오르면서 연료탄 가격도 인상되었고, 각 조선소가 선박 수선을 위한 협정을 결성하는 등 제반 경비도 늘어나 업적은 낙관할 수 없었다. 때문에 1933년 하반기에 겨우 연 3%의 배당을 부활시켰다. 우리 회사가 불황의 영향으로 1928년 무배당을 결정한 이래 고난한 경영을 이어온 것이 벌써 5년. 그동안 난국을 극복하기 위해 밤낮으로 노력했는데, 일양래복一陽來復, 겨울이 가고 봄이 온 것처럼 배당을 부활시킬 여건이 비로소 조성된 것이다.

재계의 호황으로 일반 운임시장의 가격이 상승하면서 조선미 운임도 1932년 이후 여러 차례 인상되었다. 간몬關門, 츄고쿠中國 방면과 부산을 중심으로 한 남해 연안 제 항구 간에는 소형발동기선의 운항이 용이했는데, 이 방면으로 발동기선이 모여들기 시작했다. 이들 소형선은 대형선에 대항해 하주에게 여러 편리를 제공하면서 화물 적취에 분주하였다. 부산 방면의 간몬·츄고쿠행 곡물은 대부분 선항동맹회의 선편에 실리지 않았다. 하주들은 오로지 소형발동기선만을 이용하고 있었다.

나진에서 출발해 두만강 연안에서 북만주 철도와 접속하는 전체 노선을 일컫는다.
8 1923년 설립된 소운송업 회사로, 남만주철도주식회사의 자회사이다. 본사는 다롄에 두었으며, 만주뿐만 아니라 연해주(沿海州), 중국, 타이완(臺灣)까지 세력을 넓히며 영업망을 확장하였다. 조선으로는 1923년 진출해 조선 내 소운송업자의 합동을 주도하기도 하였다.

때마침 수년 동안 계속되어 온 불황이 끝나고 경기는 서서히 상승하기 시작했다. 이에 직면한 업자들 사이에서는 갑자기 조선造船 열기가 고조되었다. 하주들 내에서도 비교적 소액을 투자해 단기간에 준공할 수 있는 발동기선 운영에 흥미를 가지는 자들이 있었다. 시모노세키下關와 구레吳 등의 하주 가운데에는 자영운반自營運搬을 계획한 자도 적지 않았다. 소위 '발동기선sea track 시대'가 시작되고 있었다.

동해東海를 횡단해 동만주 및 조선 동북지역과 혼슈本州를 잇는 항로는 1933년 경도선이 개통될 무렵부터 적극적으로 개척되기 시작했다. 북일본기선北日本汽船, 일본해기선日本海汽船, 호쿠리쿠기선北陸汽船, 시마타니기선과 우리 회사의 5개 회사가 상응하며 사용선박의 충실, 신항로 실현을 위해 노력했다. 소위 '동해 호수화시대'[9]가 도래한 것이다. 각 회사는 화물수집과 운임율을 경쟁했는데, 화려하게 약진한 반면 모두 그것의 경영에 대해 고심했다. 조선 동북지역 세 항구를 경유하는 북만주 통과 화물의 경우 철도가 개통된 지 얼마 되지 않은 상황이다 보니 항만 및 거래상의 시설들이 이를 따라가지 못했다. 각 회사 모두 희생을 감수하면서 배선할 수밖에 없었다. 이러한 장세 속에서 상호 제휴하자는 기운이 무르익었다. 1935년 초 다음의 5개 회사가 '일본해동맹日本海同盟'을 결성, 운임 협정과 원활한 수송을 도모하였다.

북일본기선주식회사北日本汽船株式會社

---

[9] 이는 일제가 조선의 동해안과 북일본 사이에 있는 '바다'인 동해를 '호수'처럼 사용하려 한 시도로, 1930년 전후 북만주 및 조선 동북지역에 철도가 부설되자 동해를 횡단하는 정기항로를 개설해 일본과 만주를 최단거리로 연결시키고자 했던 시대를 일컫는다.

일본해기선주식회사日本海汽船株式會社

호쿠리쿠기선주식회사北陸汽船株式會社

시마타니기선주식회사嶋谷汽船株式會社

조선우선주식회사朝鮮郵船株式會社

1935년 봄, 조선미 적취를 둘러싼 발동기선 문제는 더욱 심각해졌다. 4월 선항동맹회와 하주 간의 하계운임 협정회의에서는 이 문제에 대한 어떠한 협조도 끌어내지 못했고, 관청 측의 조정도 끝내 효과를 내지 못했다. 1930년 이후 6년 동안 이어진 조선곡물상조합연합회와 선항동맹회 간 운임계약도 결렬될 수밖에 없었다. 각 항구에서는 조선미 등을 자유롭게 적취할 수 있게 되었다.

운임교섭이 결렬된 후 조선 해운계는 모든 통제를 상실한 채 분규를 거듭하였고, 하주 내부에서는 맹외선盟外船[10]을 유치하기 위해 움직이는 이가 점점 증가하였다. 선항동맹회는 이에 대한 구축책으로 맹외선과 계약한 하주단荷主團에게 신운임을 적용하며 그들의 분열을 획책하는 등 사태는 더욱 혼란에 빠졌다. 수차례 운임을 인하했지만 맹외선의 선적은 여전히 많았다. 1935년 7월 18일 아마가사키기선이 선항동맹회 탈퇴를 표명하자 이것이 도화선으로 되어 이이노기선의 탈퇴설도 전해졌다. 맹외선은 이 기회를 놓치지 않으려 하였다. 채산을 무시한 추가 배선을 감행하였고, 선항동맹회는 더욱 궁지에 빠졌다. 선항동맹회의 해산을 제창하는 자도 속출하였다. 국면을 타개할 방도를 모두 소진한 선

---

10 선항동맹회에 참여하지 않은 기선회사의 선박을 일컫는다.

항동맹회는 8월 1일 결국 그 기능을 정지하게 되는데, 공동계산 제도를 폐지하고 각 회사가 독자적인 입장에서 자유롭게 적취하도록 한 것이다. 이것으로 모든 풀이 해산하였다.

이렇게 해서 조선미 적취는 더욱 혼란에 빠졌고, 수습할 방도가 없어졌다. 1935년 10월 오사카상선, 아마가사키, 다쓰우마, 나카무라, 사와야마, 이이노, 도우와東和와 우리 회사의 8개 회사가 원활한 배선과 적취를 도모하며 새로운 협정운임을 제정하였다. 그동안 그토록 분규를 거듭하던 조선미 적취 문제도 이에 안정되었다. 운임이 조정되자 선항회 붕괴의 원인이었던 소형발동기선의 채산도 여의치 않게 되었는데, 조선 남해 연안 방면에서 활약하던 이들 발동기선의 배선도 갑자기 감소하였다.

같은 해 조선 동북지역에서는 정어리어업鰮漁이 전례 없는 풍어였고, 시세 또한 높아 선박에 대한 수요가 매우 증대되었다. 우리 회사는 각 도道 수산조합과 수송계약을 체결한 책임감으로 회사의 선박 외에 항로용 선계약trip charter[11] 등의 수단까지 동원하며 그것의 원활한 수송을 도모하였다. 한편 동청철도東淸鐵道[12] 매수와 관련해서 소비에트 러시아Soviet Russia가 일본으로부터 구입하는 대상품代償品의 수송경로를 블라디보스토크항으로 선택하면서 이들 물자의 블라디보스토크항 수출도 격증하였다.[13]

이와 같이 서쪽에서는 조선미 적취, 동쪽에서는 온유비 수송 등이 모

---

[11] 특정 항해구간을 정해 선박을 대여 또는 차용하는 계약으로, 일정 기간을 정하여 용선하는 기간 용선계약(time charter)과 상대되는 개념이다.

[12] 원문에는 '동지철도(東支鐵道)'라고 되어 있다. 하얼빈을 중심으로 만저우리(滿洲里)와 쑤이펀허(綏芬河), 그리고 다롄을 잇는 철도 노선이다.

[13] 1931년 만주사변이 발발하고, 1932년 일본에 의해 만주국이 수립되자 소련(蘇聯, Union of Soviet Socialist Republic)은 일본과의 무력 충돌을 피하기 위해 동청철도에 관한 권리를 만주국 정부에게 팔았다. 일본은 그에 대한 대가로 상품을 블라디보스토크항을 경유해 소련으로 보냈다. 동청철도를 판 소련은 1935년 3월 만주에서 철수하였다.

두 우리 회사와 오사카상선을 중심으로 이루어지면서 정기항로 경영자로서의 수송 임무는 더욱 과중해졌다. 우리 회사가 가진 자본과 선박으로는 모처럼 약진 중에 있는 조선 산업의 발전에 기여하지 못하는 점이 매우 많았다. 선박을 확충하고 자본을 증가시키려는 적극적인 움직임이 회사 내외에서 고조되고 있었다.

정어리와 지게미 통제는 계속해서 3년 연장하기로 결정하다.

정어리와 지게미 통제는 1936년 3월로 제1기 5년 기한이 종료되었으나, 향후 3년 동안 계속해서 통제하기로 결정하였다. 이와 동시에 종래 도 단위 판매 기구에 대한 통제를 더욱 강화할 목적으로 경성에 조선온유비제조업수산조합연합회朝鮮鰮油肥製造業水産組合聯合會를 설치하였다. 또한 지게미의 일부를 유비연합회油肥聯合會에 직매하는 것 외에는 기존처럼 미쓰비시상사에 위탁해 판매하기로 결정하였다. 그 해상수송은 미쓰비시 위탁판매 및 유비연합회 직매 모두 계속해서 우리 회사가 독점 수송하는 것으로 계약을 체결했다.

우리 회사의 증자는 조선총독부 지도하에 모든 일이 착착 진행되어, 1935년 4월 30일 제48회 정시주주총회에서 3,000,000엔을 10,000,000엔으로 증자하기로 결정하였다. 임기가 만료된 모리森 사장은 중임하고, 새로 전무취체역으로 히로세 히로시廣瀬博 씨가 취임했다. 우리 회사의 증자는 실로 오랜 현안으로, 지금에서야 적절한 때를 만나 그 실현을 보게 되었다. 우리 조선의 관민 모두가 산업의 발흥을 과시하는 시대에 조선의 유일한 해운기관인 기선회사만이 여기에 동참하지 못하는 감이 있었으나, 이번 증자로 인해 우리 회사도 그 존재의의를 달성하게 되었다.

바로 아래와 같이 새 선박의 건조를 발주해 선대船隊를 확충함으로써 약진하는 조선의 해운 부문에 찬란한 광채를 발산하기에 이른 것이다.

선박명	중량톤수[14]	조선소
大興丸	4,300톤	三陵重工業株式會社 橫濱船渠
金泉丸	4,800톤	播磨造船所
興東丸	5,100톤	三陵重工業株式會社 橫濱船渠
興西丸	5,100톤	三陵重工業株式會社 橫濱船渠
安州丸	4,100톤	浦架船渠株式會社
定州丸	4,100톤	浦賀船渠株式會社

이로써 우리 회사가 소유한 선박은 20척, 54,000톤에서 일약 26척, 82,000톤으로 증대되었다.

조선미 수송계약이 성사되다

1936년 6월 조선미 수송 기선회사 8개 회사와 조선과 일본 측 하주단 3자가 경성에 모여 조선총독부 입회하에 운임과 적취 관계에 대한 협의를 진행하였다. 하주 측에서도 일반 해운시장 상황이 상승세인 것을 잘 알고 운임 개정에 동의해 수송계약이 성사되었다. 오사카-고베神戶 관계 선주인 오사카상선, 다쓰우마, 아마가사키, 이이노, 도우와, 나카무라기선, 사와야마, 조선우선의 8개 회사는 선미수송협회鮮米輸送協會를 설립해 오사카미곡회大阪米穀會, 고베미곡문옥상업조합神戶米穀問屋商業組合 및 조선곡물협회연합회朝鮮穀物協會聯合會 간의 계약을 성사시켰다. 이어 나고야名古屋에 양륙揚陸할 것에 대해서는 오사카상선, 다쓰우마, 사와야마, 조선

---

14 중량톤수(Deadweight Tonnage)는 선박에 적재할 수 있는 화물의 중량을 나타내는 톤수이다. 순수한 화물 무게에 항해에 필요한 연료, 청수, 식량 등의 중량을 포함한 무게이다.

우선의 4개 회사 대 나고야선곡동맹회名古屋鮮穀同盟會 간에, 또한 게이힌에 양륙할 것에 대해서는 오사카상선, 다쓰우마, 사와야마, 근해우선, 구사카베日下部, 조선우선의 6개 회사 대 도쿄회미문옥조합東京廻米問屋組合 간에 각각 별개의 수송계약을 체결했다. 조선의 중요 산업인 조선미는 이에 수송의 안정을 기하며 발전 일로를 걷게 되었는데, 향후 우리 회사의 책무는 더욱더 중요해졌다.

조선의 산업은 최근 여러 분야에 걸쳐 현저하게 발전하는 과정에 있다. 왕년의 농업, 수산업, 산림업 외에 근래에는 광업의 진전이 두드러지게 보이는데, 풍부한 공업자원 및 수력을 이용한 화학공업의 발흥과 함께 장차 비약적인 발전을 이룰 좋은 기회를 잡은 것이다. 되돌아보면 예전의 조선 무역은 '질 낮은 상품粗製品' 내지는 원료품을 일본으로 이출하고, 일본으로부터는 주로 생활필수품을 이입하였다. 때문에 무역의 수지결산은 항상 이입초과 상태였다. 유감스럽지만 일본에 의존하기만 했던 것이다. 그러나 1933년경부터 조선은 앞서 서술한 장세 속에서 공업이 발흥하기 시작했다. 특히 1934년부터 공장이 잇따라 건설·확장되면서 건설재료 내지는 기계류 등 일본으로부터 이입하는 물자가 급격하게 증가하였다. 1935년 조선-일본 간 무역은 미증유의 이입초과를 보였고, 이듬해 1936년에는 1,300,000,000엔을 돌파하면서 과거 최고기록을 보였다.

이러한 경향은 물론 최근 수년간 이어지며 점점 더 증대되는 추이에 있다. 이미 설립된 공장의 제품으로 흥남興南을 중심으로 한 유안硫安, 경화유硬化油, 나트륨曹達, 비누, 염산 및 영안공장永安工場의 액화석탄, 오노다계小野田係 평양平壤 천내리川內里 고무산古茂山 공장의 시멘트, 기타 원산의 조선석유朝鮮石油 제품, 길주吉州 북선제지北鮮製紙 제품의 시장 출현, 혹은 부산의 도기와 법랑철기 등, 일본제철日本製鐵의 겸이포兼二浦 제품, 일본곡산日本穀産의 전분과 사료 등이 있는데, 그 대부분은 해상으로 수송되었다. 여기에 더해서 조선 산업의 중심인 조선미와 온유비는 해마다 생산액이 증가해 선박에 대한 수요는 더욱더 증대되기만 하였다. 이처럼 조선 전역에 걸친 산업의 획기적 약진은 조선의 해운에 평소와는 다른 파문을 초래하였다. 우리 회사는 때맞추어 증자를 실현시켰고, 새 선박 건조계획에 따라 수송진을 확충하는 등 산업의 발전에 걸맞은 교통·운수의 충실을 착착 진행하고 있다. 앞서 우리 회사가 건조 주문한 선박은 모두 1937년 중 준공될 예정이다.

이와 같이 우리 회사는 창립한 지 25년, 자본금 10,000,000엔에 총 26척, 82,000톤의 선박을 이끌며 이제 막 날개를 크게 펼치려 하는 시점에 서 있다. 조선 내 각지에서 폭발적으로 생산된 공업생산품은 조선 내에서는 물론이고, 판로를 개척해 멀리 해외로까지 진출하려는 형세에 있다. 우리 회사는 방향을 바꾸어 대외항로 개척에 크게 노력하라는 조선총독부의 취지를 몸소 실천하는 한편 회사 내 상하 모두가 일치·협력하여 장차 사운社運의 발전에도 더욱더 매진할 것이다.

부기

이상의 사반세기에 걸친 우리 회사 발전의 역사와 조선 개항장의 개항은 서로 상관성이 있다. 조선 해운의 흥륭興隆을 보여주는 하나의 지침으로 생각되므로, 여기에 개항한 연월을 기재해 둔다.

조선 내 개항장 개항 연월

부산	1876년
원산	1880년
인천	1883년
진남포	1897년
목포	1897년
군산	1899년
성진	1899년
마산	1899년
청진	1908년
신의주	1910년
웅기	1921년
나진	1935년

제2장

연안항로

제1관 조선 남해 연안항로南鮮航路

명령항로

○ 부산 - 목포선〔1925년 폐항〕

1912년 창립한 해에 발령된 조선총독부 제1차 명령은 본 항로를 내회선內迴線과 외회선外迴線 2개로 분할하였다. 이에 다음과 같이 운항하였다.

내회선

부산 - 여수 구간

항해횟수   월 20회, 연 240회 이상

기항지   부산, 행임行巖, 마산馬山, 통영統營, 삼천포三千浦, 노량진露梁津, 여수麗水

목포 - 여수 구간

항해횟수   월 10회, 연 120회 이상

기항지   목포木浦, 우수영右水營, 완도莞島, 장흥長興, 나로도羅老島, 흥양興陽, 여수

외회선

항해횟수	월 8회, 연 96회
기항지	부산, 거제도巨濟島, 여수, 거문도巨文島, 우도牛島, 제주도濟州島[조천朝天, 산지山地], 추자도楸子島, 목포

1920년 내회선과 외회선을 하나로 합치고 다음과 같이 기항지를 변경하였다.

항해횟수	월 20회, 연 240회 이상
기항지	부산, 진해, 구마산舊馬山, 마산, 통영, 삼천포, 선진船津, 진교辰橋, 노량진, 여수, 나로도, 고흥高興, 수문포水門浦, 완도, 우수영, 목포

본 항로는 1925년 조선기선주식회사 경영으로 이관하기까지 실로 14년이라는 오랜 기간 동안 남해 연안 일대의 교통에 편의를 제공하였다. 기항지가 조선에서 인구밀도가 가장 조밀한 경상남도와 전라남도 두 도에 걸쳐 있다 보니 하객의 왕래도 자못 많았다. 회사 선박 이외에 군소 발동기선까지 몰려와 격렬한 하객 쟁탈전이 지속적으로 연출된 것은 어쩌면 당연한 일이었다.

○ **부산 - 제주도선**〔1932년 폐항〕

본 항로는 1915년 4월 명령을 받아 매월 4회, 연 48회의 횟수로 운항하였다. 1920년에는 월 5회, 연 60회로 변경하였다.

기항지	장승포長承浦, 여수, 거문도, 성산포城山浦, 조천, 한림翰林, 모슬포摹瑟浦, 서귀포西歸浦, 표선리表善里

이상은 명령을 받은 당시의 기항지였다. 그 후 장승포 기항을 폐지하고, 김녕金寧과 협재리挾才里 등 제주도 내 기항지를 추가했으나 1932년 봄 조선기선주식회사에 양도하였다. 본 항로는 1924년 오사카-제주도 직항선이 개설되기 전까지는 일본으로 도항하는 최단거리 경로로 하객의 왕래가 빈번하였다. 하지만 일본 직항선이 개설된 후에는 강원도 방면으로 출가하는 해녀들이 왕래하는 시기에 일시적으로 번성하였을 뿐으로, 다이쇼 말기부터 하객의 왕래가 급격히 줄어들었다. 이것이 회복되지 않으면서 몇 년 후 폐항하였다.

○ **목포-제주도선**〔1932년 폐항〕

○ **목포-다도해선**〔1931년 폐항〕

두 항로는 1913년 명령을 받은 노선으로, 기항지는 다음과 같았다.

목포-제주도선

항해횟수 　월 4회, 연 48회

기항지	동회선東廻線	목포, 소안도所安島, 산지, 조천, 김녕, 성산포, 표선리
	서회선西廻線	목포, 조도鳥島, 추자도, 산지, 한림, 모슬포

목포-다도해선

항해횟수 　월 3회, 연 36회

기항지	남도선南島線	목포, 우이도牛耳島, 대흑산도大黑山島, 매가도梅加島, 태도苔島
	북도선北島線	목포, 임자도荏子島, 안마도鞍馬島, 위도蝟島, 고군산도古群山島

1915년 두 항로를 합하여 목포－제주도－다도해선으로 개칭하고, 기존의 목포－다도해선 중 북도선을 폐지하였다. 본 항로는 1932년 3월 조선기선주식회사가 경영하도록 이관하기까지 20년 동안 경영한 명령항로로, 육지와 제주도·다도해 각 도서 간을 정기적으로 운항하였다. 육지에서 떨어진 외딴섬의 교통 편의를 도모하고 그것의 발달을 위해 개설한 노선이었다.

자유항로

부산－벌교筏橋선	1912년 개시, 1914년 폐항
부산－거제도선	1912년 개시, 1914년 폐항
목포－영산포榮山浦선	1912년 개시, 1914년 폐항
부산－마산선	1912년 개시, 1913년 폐지
목포－진도珍島선	1912년 개시, 1915년 폐지
부산－통영선	1912년 개시, 1915년 폐지
여수－순천順川선	1914년 개시, 1914년 폐지
부산－선진선	1914년 개시, 1914년 폐지

제2관 조선 서해 연안항로西鮮航路

명령항로

○ **인천－진남포鎭南浦선**〔1931년 폐항〕

본 항로는 1912년 우리 회사의 창립과 동시에 명령을 받은 노선이다. 월 4회, 연 30회의 횟수로 다음의 각 항구에 기항했다.

| 기항지 | 인천, 해주海州, 강령康翎, 옹진瓮津, 조포潮浦, 구미포九味浦, 덕동德洞, 몽금포夢金浦, 진남포 |

1915년에는 용호도龍湖島를 기항지에 추가하였다. 본 항로는 1930년 명령 갱신기까지 황해도 연안과 진남포-인천 간 여객·물자 수송에 편의를 제공했는데, 내륙의 철도와 자동차망이 발달·보급되면서 항로를 폐지하였다.

○ 인천-해주선[1929년 폐항]

1912년 월 10회, 연 120회로 운항하라는 항해명령을 받았다. 당시 교통이 불편해 '육지의 섬'이라 불리던 해주-경인京仁 구간을 바닷길을 통해 연결하고자 개설한 노선이었다. 1921년 이후 조선총독부가 명령을 철회하자 황해·경기도 두 지방의 명령으로 1척을 운항하였다. 1925년부터는 선박 수를 다시 2척으로 늘렸고, 보조금도 증액되었다. 그러나 그 무렵부터 발동기선의 활동이 활발해져 기선 경영에 많은 어려움이 있었다. 2척을 운항하는 데 따른 결손이 많아지자 선박을 발동기선으로 변경하며 항로의 갱생을 도모하기도 했지만, 결국에는 조선기선주식회사에 이양하고 말았다. 1929년 2월 이후 조선기선주식회사가 발동기선을 운항하며 항로의 재흥에 노력하고 있다.

우리 회사가 본 항로를 명령항로로 경영하면서 기울인 희생은 굉장히 컸다. 훗날 발동기선의 발호, 내륙 교통로의 발달로 인하여 결손을 보전할 기회를 잡지 못한 채 항로를 폐지하고 만 것은 실로 유감스러운 일이다.

| 기항지 | 직항선 | 인천－해주 간 직항 |
| | 기항선 | 인천, 강화江華, 교동喬桐, 해주 |

○ **인천－목포선**〔1931년 폐항〕

본 항로는 1912년 목포－군산선, 인천－군산선의 2개 노선으로 분할 경영하도록 명령받았는데, 다음과 같이 기항하였다.

목포－군산선

| 항해횟수 | 월 6회, 연 72회 |
| 기항지 | 목포, 지도智島, 법성포法聖浦, 줄포茁浦, 군산 |

인천－군산선

| 항해횟수 | 월 5회, 연 60회 |
| 기항지 | 인천, 영광도靈光島, 가로림만, 안흥安興, 안면도安眠島, 오천鰲川, 비인庇仁, 군산 |

1915년 앞의 두 노선을 합하여 인천－목포선으로 하였다. 월 6회, 연 72회의 횟수로 운항하면서 기항지를 다음과 같이 변경하였다.

인천, 구도舊島, 안흥, 오천, 군산, 줄포, 법성포, 목포

그 후 육지 교통이 발달하면서 1920년 이후로는 운항횟수를 절반으로 줄였다. 또한 하객도 해마다 감소해 1932년 봄 항로를 폐지하였다.

창립 당시의 군산항

현재의 군산항

자유항로

인천-백석포白石浦선   1912년 개시, 1914년 폐지

인천-태호지太湖芝선   1912년 개시, 1913년 폐지

인천-구도선   1912년 개시, 1913년 폐지

제3관 조선 동해 연안항로東鮮航路

명령항로

○ 부산-울릉도鬱陵島선〔1931년 폐항〕

본 항로는 처음에 영일만迎日灣-울릉도선으로 개설되었는데, 1912년 개설 명령을 받아 경상북도 포항浦項과 울릉도 간을 월 2회 왕복하였다. 1915년 부산-울릉도선으로 변경되었고, 월 3회, 연 36회의 횟수로 다음과 같이 기항하였다.

부산, 포항, 영덕盈德, 영해寧海, 죽변竹邊, 울릉도

그 후 월 1회 증편되었고, 평해平海, 축산포丑山浦, 구룡포九龍浦, 감포甘浦, 방어진方魚津, 장생포長生浦를 임시 기항지로 추가하였다.

동해의 한 외딴섬인 울릉도의 교통기관이라고 하면 우리 회사의 명령선命令船이 기항할 뿐이었다. 본 선박의 정기기항은 날씨 때문에 지연되는 일이 현저하게 많았는데, 이 경우 섬 내에서는 갑자기 식량의 부족을 호소하기도 하였다. 주요 생산품은 고등어鯖, 말린 오징어鰮 등의 해산물이었으며, 이외에 소량의 대두를 생산하고 있었다. 또 약간의 생우生牛도 이출하였다. 하지만 전반적으로 자원이 부족했기 때문에 우리 회사의 명령선 이외에는 임시로 왕래하는 선박이 전무한 실정이었다. 1932년 봄 우리 회사가 항로를 조선기선주식회사에 양도할 때 조선총독부는 명령·보조를 지속적으로 유지할 필요가 있다고 판단하였다. 이에 따라 명령항로인 채로 항로를 인계하였다.

○ **부산 - 방어진선**[1915년 폐항]

1912년 개설 명령을 받았으나, 1915년 봄 항로를 폐지하였다.

항해횟수   월 24회, 연 240회
기항지   부산, 장생포, 방어진

○ **부산 - 포항선**[1919년 폐항]

1915년 부산-방어진선을 대체해 개설한 명령항로로, 1919년 항로를 폐지하였다.

항해횟수   매일 운항
기항지   부산, 울산, 방어진, 감포, 구룡포, 포항

○ **부산 - 원산선**[1932년 폐항]

1920년 명령항로로 개설해 매월 7회, 연 84회의 횟수로 운항하였다.

기항지   부산, 장생포, 방어진, 감포, 구룡포, 포항, 영덕, 영해, 평해, 죽변, 삼척三陟, 강릉江陵, 양양襄陽, 간성杆城, 장전長箭, 고저庫底, 원산

당시 강원도에는 웅기-모지선이 월 3회 기항하였을 뿐으로, 본 항로가 신설되면서 개발 도상에 있던 강원도 일대의 교통이 갑자기 번성하였다. 1925년에는 월 9회, 연 108회로 운항횟수를 늘렸다. 1931년부터는 부산-울릉도선 대신 죽변-울릉도 간을 월 4회 왕복했다.

오랫동안 내륙 교통의 불편함을 한탄해 왔던 강원도에도 차츰 철도가 완비되었고, 한편으로는 발동기선이 활약하기 시작했다. 여객은 기선편보다는 자동차편을 선택하는 자가 많았고, 화물 또한 운임이 저렴한 발

동기선을 이용하게 되었다. 이에 따라 우리 회사의 선박 경영은 점점 곤란해졌다. 하지만 강원도 일대는 산악이 중첩되어 있는 데다가 해안선에 가까워 눈·비가 내리는 시기에는 갑자기 도로가 붕괴·손상되는 상황을 면하지 못했다. 일반 사람들은 해상 교통기관이 여전히 중요한 역할을 하고 있다고 인식하였고, 우리 회사는 우수 디젤선을 매개로 한 고속화 speed up 전략과 경비 절감을 통해 항로의 갱생을 도모할 수 있다는 확신을 가지게 되었다. 1932년 봄 명령항로 폐지와 함께 우리 회사는 그 항권航權을 조선기선주식회사에 양도하며 재생의 열매를 거두도록 하였다.

○ **원산 – 장전선**〔1929년 폐항〕

본 항로는 1916년 이후 금강산金剛山 탐방을 위한 유람항로로 개설한 노선으로, 강원도와 함경남도의 지방 보조를 받으며 매 여름 금강산 탐방 기간 중에 취항하였다. 철도국과는 여객 연락수송 방법을 강구하기도 하였다. 1929년 가을 동해북부선[15]이 흡곡역歙谷驛[16]까지 개통되자 항로를 폐지하였다.

자유항로

부산–영덕선　　　　1912년 개시, 1915년 폐지
원산–강릉선　　　　1913년 개시, 1914년 폐지

---

15 일제강점기 부산에서 원산까지 동해안을 따라 부설하려 한 동해선 철도의 북쪽 구간으로, 1929년 9월 함경남도 안변-강원도 흡곡 구간이 개통된 것을 시작으로 1937년까지 양양까지 연결되었으나 광복과 함께 공사가 중단되었다.
16 흡곡은 강원도 통천(通川)의 옛 지명이다.

제4관 조선 동북지역 연안항로北鮮航路

명령항로

○ 원산-웅기선[1920년 폐항]

1912년 개설 명령을 받은 후, 1920년 봄 항로를 폐지하였다.

항해횟수	월 6회, 연 72회
기항지	원산, 서호진西湖津, 전진前津, 신포新浦, 신창新昌, 차호遮湖, 단천端川, 성진城津, 명천明川, 어대진漁大津, 독진獨津, 청진淸津, 이진梨津

본 항로는 철도가 개통되지 않은 시절 함경남도 명천 연안을 기항하며 연안 하객 수송에 편의를 제공하였다. 1920년 명령항로가 폐지된 후에는 근해항로 배양선培養線으로 크게 활용되었다.

○ 원산-청진선

1922년 개설을 명령받아 함경철도 본선이 개통되는 1928년 8월까지 경영한 철도연락선으로, 함경북도, 간도間島와 경부京釜 · 경의京義 · 경원京元 각 노선과의 연락을 책임졌다. 처음에는 함경마루咸鏡丸와 평양마루平壤丸 2척을 사용하였다. 그 후 조선총독부가 사용하던 선박인 광제마루光濟丸을 차입해 함경마루와 교체하였고, 평양과 광제 2척의 선박으로 여객 수송에 편의를 제공했다. 격일 출범, 연 180회로 운항했으며, 원산-성진-청진 간을 직항으로 연락하였다. 본 항로는 당시 함경북도, 간도 방면으로 가는 유일한 여객선으로 대단히 번성하였다.

○ **청진 – 웅기선** 〔1930년 폐항〕

1926년 원산–청진선 여객 연락에 편의를 주고자 신설한 항로로, 청진–웅기 간을 격일로 운항하였다. 이후 함경북도청의 지방 보조를 받으며 두 지역의 연락을 담당하였다. 일시적으로 원산–청진선을 운항하던 선박이 청진에 정박했을 때를 이용해 웅기까지 연장하여 본 항로를 겸하도록 한 적도 있었다. 본 항로는 1930년 사용선박인 함북마루咸北丸와 함께 국제통운주식회사國際通運株式會社에 양도하였다.

자유항로

원산–웅기선	1912년 개시, 1930년 폐지	
원산–영흥永興선	1912년 개시, 1916년 폐지	

제3장

근해항로 近海航路

제1관 조선 동북지역—우라니혼裏日本 항로

명령항로

○ 북선 – 쓰루가敦賀선

1917년 우리 회사의 선박 평양마루[총톤수 1,127톤]를 운항해 동해를 처음으로 시험횡단했는데, 북선–쓰루가 간 정기선의 배선은 이것으로

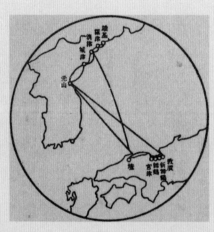

기선을 잡았다. 종래 동해항로라고 하면 조선 동북지역에서 홋카이도北海道와 우라니혼 각 항구를 경유해 조선 동해안으로 돌아오는 순환선循環線으로, 회사선 이외에 부정기선이 있을 뿐이었다. 때문에 조선 동북지역 및 간도 방면과 [쓰루가 경유]오모테니혼表日本[1]의 중요 도시를 최단거

리로 연결하는 횡단항로를 개시한 것은 우리 회사가 처음이었다.

　본 항로는 이듬해 1918년부터 조선총독부의 명령을 받아 청진―쓰루가선이라는 명칭으로 개설했는데, 월 2회 이상, 연 30회의 횟수로 다음 각 항구를 기항하였다.

　　청진, 성진, 원산, 쓰루가

　사용선박은 평양마루에서 다테가미마루立神丸[총톤수 2,483톤]로 변경하였고, 1925년부터는 새로 건조한 게이안마루慶安丸[총톤수 2,091톤]를 투입했다. 다시 그해 이후 동계 기간인 11월부터 3월까지는 중량 2,000톤급 화물선을 추가로 배선하라는 명령이 있었는데, 두 선박을 합한 항해횟수는 연 34회였다. 기존의 기항지는 일본 측의 경우 쓰루가 한 항구뿐이었으나 이후 미야즈宮津, 마이즈루舞鶴, 신마이즈루新舞鶴를 추가하였고, 이에 대한 교토부京都府의 기항보조를 받았다.

쓰루가항에서의 생우(生牛) 하역

　1933년 4월 신징―투먼 간을 연결하는 철도 경도선 전 구간이 개통

17　일본 혼슈의 태평양에 면한 지역으로, 현재는 일반적으로 태평양측(太平洋側)이라고 한다.

됨과 동시에 웅기, 나진, 청진의 세 항구를 경유하는 북만주－일본 간 무역이 갑자기 활황을 보이기 시작했다. 이른바 '동해 호수화시대'가 도래한 것인데, 본 항로의 사명도 더욱더 중요해졌다.

조선에서 일본으로 보내는 화물은 대두, 정어리 지게미鰮締粕, 생우 등이 주요한 것이며, 우라니혼 항구로부터는 빈 깡통空罐, 가마니繩叺, 도기陶器, 야채, 잡화류를 이입하고 있다. 1936년 봄 명령이 갱신될 때 본 항로를 북선－쓰루가선으로 개칭하였다. 현재는 다음의 각 항구에 기항하고 있다.

웅기, 나진, 청진, 성진, 원산, 쓰루가, 신마이즈루, 마이즈루, 미야즈, 사카이境

○ 북선－니가타新潟선

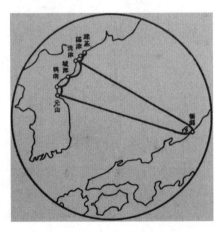

본 항로는 1932년 4월 자영항로로 개항했는데, 당시에는 북선－후시키伏木－니가타선이었다. 첫 번째 선박으로는 우리 회사 선박인 부산마루釜山丸[총톤수 1,626톤]를 배치하였고, 이후 청진마루淸津丸[총톤수 1,331톤]로 대체하였다. 기항지는 다음과 같다.

후시키, 나나오七尾, 니가타, 원산, 흥남, 신창, 성진, 청진 웅기

만주사변,[18] 만주국의 출현, 동·북만주 여러 철도의 개통, 조선 동북

니가타항의 신징마루(新京丸)

지역 세 항구의 활황 등과 함께 본격적인 동해시대가 도래하기를 고대해 온 우리 회사는 동해 항권의 확장을 도모하며 장래에 재빠르게 대비하고 있었다. 이에 많은 희생을 치르며 본 항로의 개척에 노력했다. 그 과정에서 가장 불행했던 일은 1934년 취항선 나남마루羅南丸[총톤수 1,253톤]가 조난·침몰한 일이었다.

1935년 4월 조선총독부가 북선-니가타선의 개설을 명령하므로, 새 선박 신징마루新京丸[총톤수 2,672톤]를 배치하며 일본-만주 간 최단거리 코스 실현에 노력했다. 그러나 직항코스는 여전히 하객이 따라주지 않

---

18 1931년 9월 일본 관동군(關東軍)이 만주를 식민지화하기 위해 불법으로 침략해 점령한 사건이다.

아 우리 회사의 희생만 곱절로 확대될 뿐이었다. 1936년 1월에는 선박 신징마루가 니가타 앞바다에서 농무濃霧로 좌초되어 적지 않은 손해를 입었다. 그해 4월 명령 갱신기에 기존의 직항코스를 폐지하는 대신 다음과 같이 순환항로로 변경하였고, 오로지 화물만 수송하기로 하였다.

웅기, 나진, 청진, 니가타, 원산, 홍남, 성진, 청진, 나진

본 항로는 육군운수부의 어용을 겸하여 군수품 수송을 맡고 있다. 보통화물은 조선 각 항구로부터 대두, 두박豆粕, 정어리 지게미 등을 이출하고, 니가타로부터 광유鑛油, 과일, 식료품, 건축용 자재를 이입하고 있으나 아직 만선滿船에는 이르지 못하고 있다.

제2관 조선 동북지역 – 오모테니혼表日本 항로

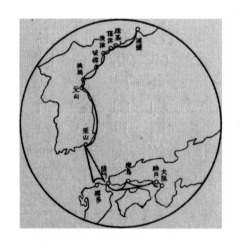

명령항로

○ **부산 – 블라디보스토크 – 오사카선**

본 항로는 1915년 원산 – 블라디보스토크선으로, 월 3회, 연 27회의 항해명령을 받았다. 그 후 부산 – 블라디보스토크 – 간몬선으로 변경하였고, 현재는 부산 – 블라디보스토크 – 오사카선으로 개칭되어 있다. 1917년에 이미 한신까

성진에 정박 중인 블라디보스토크항로의 선박 금강산마루(金剛山丸)

지 연장한 노선으로, 우리 회사가 근해항로를 한신까지 연장한 것은 이
것이 처음이었다.

　러시아 제정시대帝政時代[19]부터 백색정부시대白色政府時代,[20] 일본군[21]의 시
베리아 철병撤兵[22]에 이르기까지 본 항로를 이용한 이는 매우 많았다. 만
주국 출현 이전 블라디보스토크는 북만주 특산품의 수출항으로서 중요
한 지위를 점했는데, 대두와 두박, 조 등 매 항해마다 상당한 양을 수출

---

19 러시아의 최고 통치자였던 표트르 1세(Pyotr I)가 군주의 칭호를 '차르(tsar)'에서 '임페라토르
　　(Imperator)'로 개칭한 1721년부터 러시아 혁명(Russian Revolution)이 일어난 1917년까지
　　러시아 황제가 다스리던 시기를 일컫는다.
20 1917년 10월 혁명 이후 러시아에서는 혁명세력(赤軍)과 이에 대항하는 여러 반대 세력들 간에
　　내전이 벌어졌다. '백색정부'는 혁명세력에 저항했던 백군(白軍)이 세운 정부로, 1918년경 백군
　　은 일본군의 지원하에 볼셰비키(Bolshevik) 혁명세력을 몰아내고 시베리아에 정부를 수립하였
　　다. 백군의 백색정부는 혁명세력과의 전투에서 패하면서 곧 무너졌다.
21 원문에는 '황군(皇軍)'으로 되어 있으나, 본고에서는 '일본군'으로 번역하였다.
22 1918년 일본은 러시아 혁명 이후 혼란스러운 러시아를 원조한다는 명분하에 미국, 영국 등과
　　연합군을 구성해 시베리아로 군대를 파견하였다. 연합군은 러시아 내부의 강력한 저항과 지원하
　　던 반혁명 세력의 패배 등에 부딪히며 1920년 6월 철수하였다. 일본은 만주에 대한 영향력을
　　확대할 목적으로 군대를 계속 주둔시켰으나, 1922년 결국 철수하였다. 연합군 파견과 철병에
　　이르는 이 일련의 사건을 '시베리아 간섭전쟁'이라고도 부른다.

청진항 정어리 어선의 풍어 귀항

청진 정어리 지게미 공장의 실황

했다. 또한 사당砂糖, 마대麻袋 등 북만주로 들어가는 수송화물의 양도 많았다. 그 후 1933년 경도선 전 구간이 개통되고 동만주의 여러 철도가 관통하면서 이 항구의 지위는 조선 동북지역 세 항구가 대신하게 되었고, 블라디보스토크항을 출입하는 화물은 갑자기 감소하였다. 이후 '북철北鐵'23이 만주국으로 양도되자 그 대상품代償品 대부분이 블라디보스토크항을 경유하게 되었다. 1935년 이후 1937년까지 매 항해마다 연속해서 화물을 내보내고 있다.

---

23 북만주 일대의 철도, 즉 동청철도를 일컫는다.

현재 기항지는 다음의 제 항구이며, 신징마루와 금강산마루金剛山丸, 한성마루漢城丸의 세 선박이 연 30회 이상 항해하고 있다.

오사카, 고베, 히로시마廣島, 간몬, 부산, 원산, 흥남, 성진, 청진, 나진, 웅기, 블라디보스토크

대상품 수송이 종료된 후 블라디보스토크의 가치는 현저하게 줄어들었다. 하지만 나진과 청진의 특산물 출회出廻가 왕성하였고, 또 온유비를 수송함에 따라 오사카행 선박은 충분히 소화할 수 있었다. 돌아오는 선박은 한신과 간몬에서 잡화, 철재, 음료수, 시멘트류 등의 화물을 대량으로 선적하였다. 우리 회사의 주요한 항로로서 중요시되고 있다. 사용선박 중 신징마루는 고베, 히로시마, 청진 간 육군어용항로를 겸하며 '총후銃後의 봉공'[24]에 종사하고 있다.

고베-청진 간 어용항로는 오래 전부터 고베의 고코상회互光商會가 자신의 소유선 다이산고토히라마루第三琴平丸를 배치하며 어용에 임했는데, 1925년 우리 회사가 그 항권을 계승하며 어용항로를 이어갔다. 이를 오사카-웅기선이라 칭하였고, 오사카, 고베, 히로시마, 간몬, 부산, 원산, 흥남, 성진, 청진, 웅기 구간을 연 18회 항해하였다. 사용선박 다테가미마루가 점점 노후화되고 시설의 측면에서도 손색이 많아지자 우수 화객선인 신징마루를 배치하였다. 1937년 이후 기존의 오사카-웅기선을 폐지하고 부산-블라디보스토크-오사카선에 선박을 추가로 투입했는데,

---

24 '총후'는 전쟁터의 후방이라는 뜻으로, '총후의 봉공'은 후방에서 군인 및 군수품과 보급품 등을 수송하는 임무를 담당한다는 의미이다.

이 항로가 어용항로를 겸하도록 하였다.

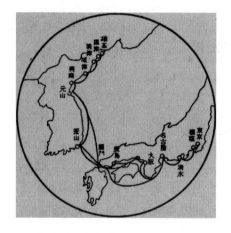

○ 웅기 - 도쿄선

본 항로는 1928년 8월 자영항로
로 개시하였고, 그해 준공한 3,500
톤급 신규 건조선박 장백산마루長白
山丸를 배치하였다. 본 항로의 출현
으로 조선 동북지역과 이세만伊勢灣,
게이힌을 잇는 직통로가 완성되었
는데, 조선 - 일본 간 무역의 진전을
촉진한 부분이 크다. 조선총독부도 본 항로의 중요성을 인식하며 그해
10월 명령항로로 하였다.

항해횟수   월 1회 이상, 연 16회

기항지   웅기, 청진, 성진, 원산, 부산, 하기, 간몬, 나고야, 요코하마, 도쿄

세월이 흘러 1934년 4월 사용선박을 2척, 항해횟수를 연 29회로 하
였다. 이는 조선 동북지역 세 항구로 통하는 만주국 철도가 완성되면서
화물 수송량이 증가한 것에 대응하기 위한 조치였다. 1937년에는 건조
중에 있는 화물선 안주마루安州丸[중량톤수 4,100톤], 정주마루定州丸[중량톤수
4,100톤] 외에 5,000톤급 화물선 1척을 추가로 배선할 예정이다.

주요한 선적 화물은 조선에서 이출하는 것으로 쌀, 대두, 어유, 정어
리 지게미, 두박, 경화유硬化油 등이 있고, 일본에서 이입하는 것으로는

포항항에 야적된 현미의 적출

맥분麥粉, 사당, 금속물金物, 비료, 시멘트, 도기, 잡화 등이 있다.

○ 웅기 - 오사카선

본 항로는 1912년 개설한 노선으로, 처음에는 부산-웅기선으로 개설 명령을 받았다. 강원도와 함경남·북도 연안 10여 개 장소를 기항하는 항로였다. 1915년 웅기-모지선으로 변경하였고, 기항지를 더욱 추가하며 연안

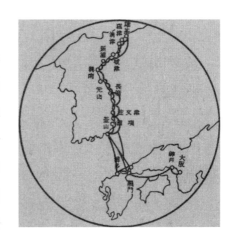

신포항의 정어리 양륙 상황

교역에 진력했다. 1925년 항로를 한신까지 연장했으나 애초부터 조선 동해 연안의 물자 수송을 주로 담당한 항로였다. 1912년 명령을 받았을 당시의 항해횟수와 기항지는 다음과 같다.

항해횟수　　월 3회, 연 36회
기항지　　　부산, 장생포, 포항, 축산포, 죽변, 삼척, 강릉, 양양, 간성, 장전, 원산, 서호진, 성진, 청진, 웅기

그 후 1915년 웅기 – 모지선으로 변경하면서 다음의 기항지를 추가하였다.

모지, 전진, 신포, 신창, 차호, 단천, 명천, 어대진, 독진

1925년 명령 갱신기에는 간몬에서 한신까지 연장하였다. 함경선咸鏡線 개통 이전 함경남도 신포 방면을 주산지로 하던 명란明太子은 거의 본 항

로를 이용해 수송하였다. 그러나 원래 시세 변동이 심하고 또 급송해야 하는 화물이었던 만큼 철도가 개통된 후에는 해상수송이 완전히 사라졌다. 정어리는 다이쇼 말기 무렵부터 조선 동북지역의 구불구불한 500리 해안을 따라 곳곳에서 어획되었는데, 정어리잡이가 갑자기 조선의 중요 산업으로 바뀌면서 어유와 지게미 등 그 생산품은 일약 '시대의 총아寵兒'로 환영받았다. 조선 동북지역의 생산량은 홋카이도가 도저히 따라올 수 없을 정도였는데, 유비시장油肥市場을 단연 압도하게 되었다. 본 항로는 연안의 유비를 수송하느라 평온할 날이 없었다. 일본으로부터 돌아오는 선박들은 어장용 물품을 수송하느라 매우 분주하였다. 현재는 1년 내내 선박을 가득 채우는 데에 곤란함이 없는 상황이다.

자유항로

○ 조선 동북지역 – 요코하마 급행선

만주국 철도 경도선의 완성과 함께 북만주 직통수송이 개시되자 게이힌의 곡물업자 가운데서는 조선 동북지역을 경유해 특산품을 거래하려는 자가 조금씩 증가하였다. 우리 회사는 이를 빨리 수송할 방법을 강구해야 했다. 이에 1934년 봄 청진에서 쓰가루해협津輕海峽[25]을 경유

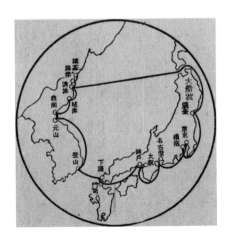

---

25 일본 혼슈 아오모리현(靑森縣)과 홋카이도 사이의 해협으로, 동해와 태평양을 연결한다.

후토미마루(太海丸)의 오후나토시 첫 입항

해 요코하마까지 가는 급행항로를 개설하였다. 사용선박은 5,000톤급 화물선으로 다음의 각 항구에 기항했는데, 혼슈 전체를 한 번 도는 데 27일이면 충분한 급행선이었다.

웅기, 나진, 청진, 오후나토시大船渡, 시오가마鹽釜, 요코하마, 도쿄, 나고야, 오사카, 고베, 간몬, 부산, 원산, 성진

본 항로는 청진을 출발해 요코하마에 도착하기까지 도호쿠東北 산리쿠해역 三陸海[26]을 통과하기 때문에 이와테현岩手縣의 오후나토시항大船渡港과 센다이仙臺

---

26 일본 도호쿠지역의 태평양 연안지역 중 하나로, 아오모리현 하치노헤(八戸)에서 미야기현(宮城縣) 마쓰시마(松島)까지 이어지는 해안 일대를 일컫는다.

의 시오가마항塩釜港을 기항하고 있다. 장래 조선·만주와 홋카이도, 아오모리현 간 무역을 촉진할 것으로 생각된다. 현재는 북만주 지역 특산품 출하 시기가 끝나면 일본행 화물이 한산해 아직은 많은 희생을 감수하며 배선하고 있다.

제3관 조선 서해 연안西鮮 - 오모테니혼 항로

명령항로

○ 신의주 - 도쿄선

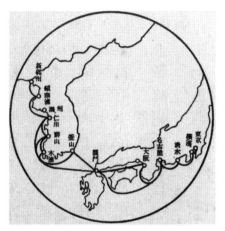

본 항로는 1920년 체신성 보조 하에 처음 개시하였다. 이후 1932 년 4월 조선총독부 명령항로로 변경된 이래 지금까지 경영하고 있다. 항로의 명칭은 최초 조선서안 - 요코하마선으로 부르다가 조선총독부 소관으로 이관된 후 신의주-도쿄선으로 개칭하였다.

조선 서해 연안지역과 게이힌을 직통으로 연결하는 정기항로는 우리 회사의 조선서안-요코하마선이 처음이었다. 당시 조선미는 간토지역 사람들에게까지 널리 알려져 있지는 않았다. 조선미의 거래와 판로 확장은 오로지 선미협회鮮米協會[27]의 알선에 의지할 수밖에 없었는데, 본 항

---

27 1923년 조선의 미곡 생산자와 배급자가 설립한 단체로, 조선총독부 후원하에 조선미의 개량·증식, 일본으로의 판로 개척 등을 목적으로 활동하였다.

로가 실현되면서 거래도 점차 증가하였다.

1923년 9월 간토지역에 대지진이 일어나자 본 항로 취항선인 쇼후쿠마루는 조선미 등 식량, 구호품을 탑재한 채 시바우라芝浦[28]로 서둘러 가 명령항로 취항선으로서의 대임을 완수하였다. 당시 사용한 선박은 중량 2,000톤급 선박 2척이었는데, 1937년부터 5,000톤급의 신규 건조선박 고오토마루興東丸, 고오세이마루興西丸, 김천마루金泉丸 및 함경마루를 추가로 투입해 다음과 같이 운항하고 있다.

항해횟수   월 4회, 연 48회
기항지   신의주, 진남포, 인천, 군산, 목포, 부산, 간몬, 오사카, 나고야, 시미즈淸水, 요코하마, 도쿄

○ 신의주 - 오사카선

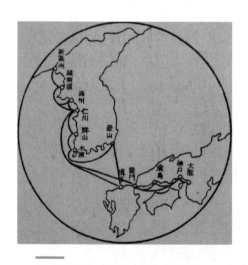

조선 서해 연안에서 탑재한 조선미를 한신까지 수송하는 항로를 처음으로 연장한 것은 세계대전이 한창이던 1917년의 일이다. 이 무렵부터 조선미는 효고兵庫와 도지마堂島[29] 시장에서 서서히 모습을 보이기 시작했다. 이후 우리 회사는 상황에 따라 임시선을 한신 방면

---

28 일본 도쿄도 미나토쿠(港區)의 동부, 도쿄만 서안에 있는 지구이다.
29 일본 오사카시 기타구(北區)에 있는 지역의 지명으로, 오사카 미곡거래소가 있다.

인천

안둥현(安東縣) 두박 하역 중 휴식

목포항 면화 적출 상황

군산항 안벽 준공 후 처음 입항한 사쿠라지마마루(櫻島丸)

으로 배선했다. 조선총독부도 조선 서해 연안지역과 한신을 연결하는 명령항로가 필요하다고 판단하고, 1920년 4월 명령항로를 개설하였다. 기항지는 다음과 같으며, 월 2회, 연 36회 이상 운항해야 한다는 항해조건이었다.

신의주, 진남포, 인천, 군산, 목포, 부산, 간몬, 고베, 오사카

명령을 받은 당시 사용한 선박은 신의주마루新義州丸, 충청마루忠淸丸, 웅기마루雄基丸 3척으로, 모두 700톤급의 소형선이었다. 조선미 적재량은 불과 10,000가마니叺[30]에 지나지 않았는데, 신의주를 출발해 부산에 도착하기까지 6개 항구에서 분할·탑재하였다. 오늘날 한 항구에서 20,000가마니, 30,000가마니 쌀을 한꺼번에 탑재하는 것을 생각하면 실로 격세지감隔世之感을 금할 수 없다.

1935년 이후 본 항로는 북부선과 남부선으로 분할하였다. 북부선은 신의주, 진남포, 인천에서 일본으로 직항하는 노선, 남부선은 인천을 기점으로 군산, 목포, 부산을 기항해 일본까지 가는 노선이다. 북부선에는 4,000톤급 화물선 2척을 사용하고 있으며, 남부선에는 3,000톤급의 선박 2척을 배치해 수송의 원할을 도모하고 있다.

조선미 운임과 조선곡물협회연합회, 선항동맹회, 선미수송협회의 관계에 대해서는 항로 개황에서 서술한 대로이다. 조선미 운임을 결정하

---

[30] 1876년 강화도조약 체결 이후 일본이 조선에서 쌀을 수탈해 가기 위해 들여온 일본식 자루이다. 그 이전 조선에는 곡식을 담는 포대로 '섬'이 있었는데, 가마니는 섬보다 부피가 작아 한 사람이 운반하기에 적당했으며 두께가 두껍고 사이가 촘촘해 곡물이 흘러내리지 않았다.

는 과정에서 본 항로의 운임은 항상 그 기준이 되었다. 조선미 수송사輸送史를 이야기하는 것은 곧 본 항로의 소장성쇠消長盛衰를 이야기하는 것과도 같다.

자유항로

○ 오사카 - 제주도선

전라남도 제주도에서는 예로부터 섬 밖으로 출가하는 자가 많았다. 1921년 무렵부터는 일본으로 도항하려는 자가 조금씩 증가했는데, 당시에는 우선 부산으로 나와 관부연락선關釜連絡船을 타고 시모노세키까지 간 후 기차편을 이용해야 했다. 하지만 시일과 많은 경비가 소요되었으므로 직항로가 개시되기를 간절히 바라고 있었다. 우리 회사는 1924년 회사 소유의 선박 함경마루[1932년 매각 처분]를 오사카 - 제주도 구간에 배치하였고, 이후 선박을 경성마루京城丸로 변경하였다. 이로써 1935년 본 항로를 휴항하기까지 10여 년이라는 오랜 세월 동안 제주도민의 일본 왕래에 편의를 제공하였다.

우리 회사가 항로를 개시할 무렵 아마가사키기선부도 소유선박 기미가요마루君ヶ代丸를 배선했는데, 두 회사 간에는 자연스럽게 승객을 탈취하기 위한 경쟁이 벌어졌다. 오사카를 출발하는 1일, 16일이 되면 선객이 일시에 쇄도해 항구는 배웅하는 사람들로 혼잡·혼란스러웠고, 경찰의 교통단속까지 이루어지면서 오사카 축항은 때아닌 소란으로 시끄러웠다. 이후에는 제주도민 중 일부가 객선을 용선해 이 경쟁에 뛰어들고자 기도하였다. 이것의 경영을 둘러싸고 좌익세력들까지 소동을 일으켜 도항이 일시 엄격히 제한되기도 했는데, 이 시기 업자들 간의 난투가 끊

이지 않으면서 운임은 자연스럽게 하락하였다. 여기에 더해 사외선까지 단속적斷續的으로 끼어들었다.

항로 개시 당시 오사카-제주 간 평균운임이던 11엔은 수차례에 걸쳐 극도로 하락하였고, 우리 회사의 결손은 해를 거듭할수록 더욱더 늘어나기만 했다. 때마침 1935년 조선에 「선박안전법안船舶安全法案」이 시행되었고, 본 항로에서 사용하던 선박 경성마루는 이 법에 따라 많은 수리비를 지출해야 했다. 이에 본 선박의 항행기한이 만료됨과 동시에 선박을 계선繫船하였고, 일시 휴항하기로 결정하였다.

○ **오사카-여수선**〔1930년 폐항〕

1927년 전라남도청의 지방 명령으로 개시해 월 3회 한신-간몬-여수 간을 왕복하였다. 본 항로는 처음에 평양마루를 사용하였다. 그러나 하계에 하물이 한산한 데다가 본 선박의 석탄 소비가 많다 보니 선비船費로 많은 금액을 지출해야 했다. 화주객종貨主客從인 본 항로의 경우 결손을 면할 수 없었다. 이후 사용선박을 함경마루〔1932년 매각 처분〕로 변경하며 갱생에 노력했으나 여전히 수지가 맞지 않았다. 1930년을 마지막으로 폐항하였다.

○ **목포-와카마쓰선**〔1917년 폐항〕

1913년 개시하였다. 이듬해 군산까지 연장해 군산-목포-와카마쓰 간을 정기적으로 운항했으나 1917년 폐항하였다.

○ 해주-오사카선

1932년 10월 황해도 해주의 축항이 완성되고 해륙연락을 위한 설비가 만들어지자 조선철도주식회사朝鮮鐵道株式會社 노선과의 연대 활용을 도모하며 첫 번째 선박 사쿠라지마마루櫻島丸[중량톤수 2,050톤]를 입항시켰다. 이어 경기마루京畿丸[중량톤수 1,154톤]를 해주-오사카 구간에 배치하였다. 이후 해주가 신의주-오사카선의 임시 기항지에 포함되면서 본 항로를 폐지했는데, 신의주-오사카선의 기항은 신흥 해주의 발전에 기여한 바가 컸다.

○ 해주-도쿄선

해주의 축항은 1932년 완성되었으나 그 설비로는 중량 5,000톤급 선박의 입항이 곤란하였다. 때문에 신의주-도쿄선에 투입한 대형 선박은 기항할 수 없었다. 이러한 사정으로 1935년 출곡기부터 해주-도쿄 구간에 용선 다이소쿠마루大速丸[중량톤수 3,750톤]를 배치해 자영으로 운항하였다. 해주미海州米는 간사이關西보다는 게이힌에서 주로 거래되었는데, 본 항로가 개설된 후 관계 지역에 상당한 편의를 준 것은 물론하다.

항해횟수   월 1회
기항지   해주, 인천, 군산, 목포, 부산, 나고야, 시미즈, 요코하마, 도쿄

제4관 조선 – 만주 – 규슈鮮滿九州 항로

명령항로

○ 조선 – 나가사키 – 다롄선

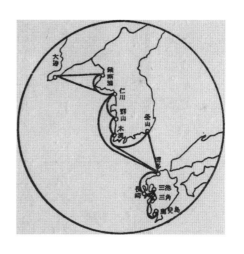

본 항로는 1925년 오사카상선 주식회사와의 공동경영으로 명령 받은 노선으로, 조선총독부 이외에 후쿠오카현·시福岡縣·市 구마모토현熊本縣, 나가사키시, 가고시마시鹿兒島市 로부터 지방 보조를 받았다. 사용 선박은 두 회사가 각각 1척의 선박

을 취항시켰고, 운임수입은 공동으로 계산하였다. 1931년부터는 두 회사의 협정으로 우리 회사가 단독 경영하기로 하였다. 현재 다음과 같이 운항하고 있다.

항해횟수		갑·을선 각각 월 1회 이상, 연 16회 이상
기항지	갑선	인천, 다롄, 진남포, 인천, 군산, 목포, 부산, 하카다博多, 나가사키, 미스미三角, 가고시마–미스미, 나가사키, 하카다, 인천
	을선	인천, 진남포, 다롄, 인천, 하카다, 나가사키, 미스미, 가고시마–미스미, 나가사키, 하카다, 부산, 목포, 군산, 인천

1927년 현재 사용선박은 사쿠라지마마루, 금강마루錦江丸 두 선박으로, 모두 중량 2,000톤급의 화물선이다. 본 항로의 주요한 화물로는 조선에서 규슈를 향해서는 쌀, 대두, 과일, 우골牛骨, 다롄으로부터는 대두, 소두, 두박, 사료 등이 있다. 규슈에서 적재되는 것으로는 음료수, 금속

제품, 석탄, 목재, 보리, 시멘트, 비료 등이 있다.

제5관 조선 – 중국鮮支 항로

명령항로

○ 조선 – 북지나선

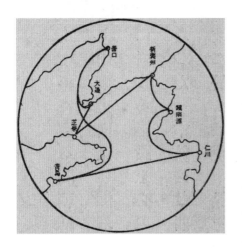

우리 회사는 1915년 인천 – 다롄 – 즈푸 간 자영항로를 개시하였다. 이후 1921년까지 조선과 북중국 간 무역의 진전에 기여했는데, 우리 회사의 정기배선 결과 산둥山東 방면 및 만주로 가는 이주민이 갑자기 증가하기도 하였다. 이에 조선총독부도 중국항로에 대한 개설 필요성을 인정하였고, 1922년 4월 조선 – 북지나선을 개설하라는 명령을 내렸다. 본 항로는 조선 서부지역과 만주 및 산둥을 상호 연락하며 하객의 수송에 편의를 제공하였다.

1931년에는 사용선박을 2척으로 늘리며 갑선과 을선으로 분리하였다. 갑선은 조선에서 즈푸, 다롄, 칭다오를 경유해 인천으로 돌아오는 노선이며, 을선은 그 반대 코스를 취하였다. 두 선박의 사용 명령은 1년 만에 중단되었고, 1932년부터는 다시 아래와 같이 1개 노선, 1척의 선박으로 변경되었다.

항해횟수	월 2회 이상, 연 27회
기항지	인천, 진남포, 신의주, 즈푸, 다롄, 칭다오

이상과 같은 코스로 칭다오를 경유해 인천으로 돌아오는 노선으로, 사용선박은 1,000톤급 객화선 회령마루會寧丸를 배치하였다. 1934년 만주국은 노동을 통제한다는 명목하에 만주로 들어오는 노동자에 대한 단속·제한을 가하였고, 이듬해 1935년에는 이를 위한 「단속규칙」을 시행하였다. 이 때문에 산둥 방면에서 나오는 이주 여객이 격감하였다.

1936년 항해횟수를 28회로 늘리며 잉커우를 본 항로의 기항지로 추가했는데, 결빙기간 이외에 연 8회 잉커우까지 연장해서 운항하고 있다. 잉커우 배후지에는 조선 농민의 이주를 목적으로 조선총독부가 시설한 안전농촌이 있는데, 본 항로의 연장은 이것을 조성한다는 의미를

함축하고 있다.

　본 항로를 통해 수송되는 주요 화물로는 조선으로부터는 쌀, 사탕, 사과林檎, 종이紙, 잡화 등이 있으며, 칭다오로부터는 고추蕃椒, 붉은대추紅棗, 조, 석탄, 코크스cokes, 잉커우로부터는 조가 수입되고 있다. 선객은 즈푸와 다롄, 칭다오 사이의 선객이 대부분을 점한다.

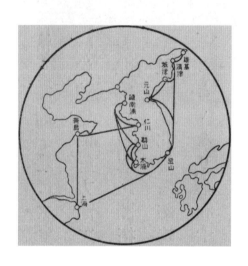

○ 조선-상하이

　조선과 북중국을 연결하는 항로는 다이쇼 초기부터 이미 우리 회사가 자영으로 경영하고 있었지만 남중국으로 가는 직통항로는 개설하지 않았다. 일찍부터 거래가 빈번했던 상하이와의 무역은 모두 북중국 혹은 일본을 중계해서 할 수밖에 없었는데,
상호 간의 불리·불편不利不便이 적지 않았다. 1924년 6월 경상남도, 전라북도, 기타 관계 지역 관민의 절대적인 지원하에 상하이항로를 개설하였다. 본 항로는 이듬해 4월부터 조선-상하이선으로 조선총독부 명령항로가 되었는데, 연 18회 다음의 각 항구를 기항하였다.

　인천, 진남포, 군산, 목포, 부산, 상하이, 칭다오, 인천

　그 후 대중국 무역이 두드러지게 발전하므로 1931년부터는 사용선

상하이항

박의 선형을 확대시켰는데, 기존 취항선 평안마루平安丸[총톤수 1,584톤]를 게이안마루[총톤수 2,091톤]로 대체하며 비약적인 발전에 대비하였다. 그 무렵 만주사변에 이어 상하이사변上海事變[31]이 발발하였고, 조선-중국 간 무역은 일시 두절되었다. 뿐만 아니라 황포강黃浦江을 거슬러 올라가는 것이 위험해 이 지역의 항구를 뺄 수밖에 없었다. 이후로도 단속적으로 발생하는 항일운동 때문에 화물 수송이 원활하지 않자 1934년 다시 평안마루를 사용하기로 하였다.

해를 넘겨 1935년 조선 동북지역의 발전과 함께 청진, 나진, 웅기의 세 항구로 집결된 대두, 두박 및 재목材木의 상하이 직통수송과 조선 서북지역 공업제품의 동북지역 판로 개척을 위해 본 항로를 조선 동북지역까지 임시로 연장해 운항하였다. 1937년부터 선박을 2척으로 확대 배치하면서 중국항로는 더욱더 충실해졌다.

조선에서 상하이로 가는 화물로 주요한 것은 흑연, 황철광黃鐵鑛, 사과,

31 1932년 1월 상하이 공동조계 주변에서 중화민국과 일본이 군사적으로 충돌한 사건이다.

해산물, 재목 등이 있으며, 상하이에서는 호마胡麻, 여름용 직물夏布, 녹두
綠豆, 잠두蠶豆, 광유礦油 등이 있다. 칭다오로부터는 조, 말린고추干蕃椒, 붉
은대추, 담배莨 등을 수송하고 있다.

제1기 건조선박/신의주-오사카선 취항 **경기마루**(京畿丸) [총톤수 1,005톤]

제1기 건조선박 **온성마루**(穩城丸) [총톤수 372톤]

제1기 건조선박 **거제마루**(巨濟丸) [총톤수 152톤]

제1기 구입선박 **강원마루**(江原丸) [원 선박명 田子浦丸, 총톤수 722톤]

제1기 구입선박 **경흥마루**(慶興丸) [원 선박명 福生丸, 총톤수 199톤]

제1기 구입선박 **함경마루**(咸鏡丸) [원 선박명 第五勢至丸, 총톤수 749톤]

제2기 건조선박/조선-상하이선 취항 **평안마루**(平安丸) [총톤수 1,584톤]

제2기 건조선박/북선-쓰루가선 취항 **부산마루**(釜山丸) [총톤수 1,626톤]

제2기 건조선박/웅기 - 오사카선 취항 청진마루(淸津丸)[총톤수 1,331톤]

제2기 건조선박/조선 - 북지나선 취항 회령마루(會寧丸)[총톤수 1,010톤]

제2기 구입선박 **다테가미마루**(立神丸) [총톤수 2,483톤]

제2기 구입선박 **제주마루**(濟州丸) [원 선박명 第六穗岐丸, 총톤수 470톤]

제2기 구입선박/북선-오사카 연안선 취항 **신의주마루**(新義州丸) [원 선박명 第三高運丸, 총톤수 708톤]

제3기 건조선박/북선-쓰루가선 취항 **게이안마루**(慶安丸) [총톤수 2,091톤]

제3기 구입선박/조선 - 나가사키 - 다롄선 취항 **사쿠라지마마루**(櫻島丸) [총톤수 1,281톤]

제3기 구입선박/조선 - 나가사키 - 다롄선 취항 **금강마루**(錦江丸) [원 선박명 紫尾山丸, 총톤수 1,268톤]

제3기 구입선박/웅기-오사카선 취항 **영강마루**(榮江丸) [원 선박명 札幌丸, **총톤수** 1,164톤]

제3기 구입선박/신의주-오사카선 취항 **한강마루**(漢江丸) [원 선박명 東晃丸, **총톤수** 1,288톤]

제3기 구입선박/웅기 - 오사카선 취항 **춘천마루**(春川丸) [원 선박명 代志丸, 총톤수 971톤]

제4기 구입선박/신의주 - 오사카선 취항 **한성마루**(漢城丸) [원 선박명 東瀛丸, 총톤수 2,195톤]

제4기 건조선박/부산 - 블라디보스토크 - 오사카선 취항 **금강산마루**(金剛山丸) [총톤수 2,116톤]

제4기 건조선박/북선 - 니가타선 취항 **장백산마루**(長白山丸) [총톤수 2,131톤]

제4기 건조선박 부산-블라디보스토크-오사카선 취항 **장수산마루**(長壽山丸) [총톤수 2,131톤]

제5기 구입선박/신의주-도쿄선 취항 **함경마루**(咸鏡丸) [원 선박명 第二貴船丸, 총톤수 3,204톤]

제5기 구입선박/신의주 - 도쿄선 취항 **강원마루**(江原丸) [원 선박명 夕顔丸. 총톤수 2,964톤]

제5기 건조선박/웅기 - 도쿄선 취항 **신징마루**(新京丸) [총톤수 2,672톤]

제5기 건조선박/웅기 - 도쿄선 취항 세이케이마루(盛京丸) [총톤수 2,608톤]

현재 건조 중인 6척 중 3월 말 준공한 첫 번째 선박 다이코마루(大興丸) [총톤수 2,964톤]

제3편

선박

제1절 제1기 [1912~1916]

우리 회사의 선박은 제1편 제2장 제1절에서 서술한 것처럼 창립에 참가한 선주들의 소유선박을 매수한 것이다. 창립 후 1년 이내에 구입한 선박은 33척, 새로 건조한 선박은 2척으로, 총톤수 7,130여 톤이었다. 이 가운데 거제마루巨濟丸와 영일마루迎日丸가 새로 건조한 선박이다.

이후 본 기간 중 구입한 선박까지 일괄해서 표로 제시하면 다음과 같다. 강철선鋼船 6척, 철골목피선鐵骨木皮船 1척, 목선木船 30척으로, 모두 37척이다. 이 가운데 총톤수 500톤 이상은 5척, 100톤 이상 500톤 미만은 16척, 100톤 이하는 16척이다. 모두 소형선 위주로, 총톤수는 8,445톤 남짓에 불과했다. 매입 대금은 1,029,045여 엔에 달했다.

제1기 1912~1916년 구입선박

선박명	선박재	선박톤수(톤)		구입년월	구입처
		총톤수	등부톤수		
海州丸	鋼	281.45	174.50	1912년 3월	多賀鹿藏
咸鏡丸	鋼	802.31	497.43	1912년 3월	澤口庄助
江原丸	鐵骨木皮	762.31	472.63	1912년 3월	合資會社吉田船舶部
永興丸	木	30.55	16.50	1912년 3월	合資會社吉田船舶部
第三運勢丸	木	55.78	30.12	1912년 3월	木浦航運合名會社
麗水丸	木	158.58	93.35	1912년 3월	大阪商船株式會社
順天丸	木	110.09	68.25	1912년 4월	釜山汽船株式會社
寶城丸	木	61.46	33.19	1912년 4월	釜山汽船株式會社
宮前丸	木	98.77	56.75	1912년 4월	釜山汽船株式會社
金海丸	木	65.77	35.51	1912년 4월	釜山汽船株式會社
光陽丸	木	127.75	79.20	1912년 4월	釜山汽船株式會社
南陽丸	木	90.49	52.44	1912년 4월	釜山汽船株式會社
榮江丸	木	66.46	36.78	1912년 4월	釜山汽船株式會社
長興丸	木	76.44	41.50	1912년 4월	釜山汽船株式會社
三浦丸	木	386.17	239.42	1912년 4월	釜山汽船株式會社
慶寶丸	木	182.50	105.80	1912년 4월	吉田秀次郎
宗信丸	木	216.33	134.12	1912년 4월	釜山汽船株式會社
錦江丸	木	61.69	34.94	1912년 4월	釜山汽船株式會社
忠淸丸	鋼	762.27	472.60	1912년 4월	原田商行
公州丸	木	196.74	121.98	1912년 4월	吉田秀次郎
慶興丸	木	210.26	130.36	1912년 4월	田中末雄
長承丸	木	52.63	28.42	1912년 4월	大林芳五郎
統營丸	木	193.88	120.21	1912년 5월	大家善太郎
江陵丸	木	201.79	125.11	1912년 5월	庇里英三
黃海丸	鋼	803.28	498.03	1912년 5월	中村合名會社
晋州丸	木	172.74	100.95	1912년 6월	大阪商船株式會社
鄕陽丸	木	205.14	127.19	1912년 10월	鳥羽造船所
海利丸	木	89.71	48.45	1912년 12월	秋田商會
安來丸	木	66.38	37.30	1912년 12월	秋田商會
天草丸	木	61.00	34.08	1912년 12월	秋田商會

선박명	선박재	선박톤수(톤)		구입년월	구입처
		총톤수	등부톤수		
成歡丸	木	52.61	28.41	1912년 12월	秋田商會
三省丸	木	35.50	19.17	1912년 12월	秋田商會
全州丸	木	101.90	63.18	1912년 12월	大平寬一
三友丸	木	18.51	10.00	1913년 9월	吉田船具店
平壤丸	鋼	1,127.66	644.58	1915년 11월	大阪商船株式會社
盈德丸	木	240.96	134.59	1915년 12월	庄野嘉久藏
金海丸	木	217.22	124.49	1916년 12월	田中熊太郎

본 기간 중 새로 건조한 선박은 아래 표와 같이 7척이다. 이 가운데 영일마루는 당시 특정 명령항로에 사용할 목적으로 건조한 선박으로, 보조기관이 부착된 범선帆船이었다. 나머지는 모두 강철선이며, 선형船型도 다소 확대되었다. 새로 건조한 선박의 총톤수는 3,327톤 남짓, 대금은 618,037엔이었다.

제1기 1912~1916년 신규 건조선박

선박명	선박재	선박톤수(톤)		진수년월	조선소
		총톤수	등부톤수		
迎日丸	(補機)木	81.57	45.44	1912년 7월	松崎造船所
巨濟丸	鋼	173.27	93.56	1913년 2월	小野造船所
昌平丸	鋼	337.79	209.43	1913년 9월	小野造船所
穩城丸	鋼	372.59	211.70	1913년 9월	大阪鐵工所
鏡城丸	鋼	372.53	211.13	1913년 9월	大阪鐵工所
京畿丸	鋼	994.72	566.06	1914년 9월	大阪鐵工所
全羅丸	鋼	994.72	553.48	1914년 10월	大阪鐵工所

이 기간 중 불필요하거나 투입할 노선이 없어 매각한 선박은 12척으로, 총톤수 859톤 남짓이었다. 모두 창립 당시 매입한 소형 목선이었다.

제1기 1912~1916년 매각선박

선박명	선박재	총톤수(톤)	매각년월	매도처
長興丸	木	76.73	1914년 7월	中村國太郞 松江久次郞
第三運勢丸	木	55.78	1914년 7월	
長承丸	木	52.63	1914년 7월	
光陽丸	木	131.25	1915년 4월	松江久次郞
宮前丸	木	98.77	1915년 4월	
安來丸	木	66.38	1915년 4월	
天草丸	木	62.04	1915년 4월	
海利丸	木	89.71	1915년 4월	
榮江丸	木	66.46	1915년 5월	山木寬次郞
寶城丸	木	57.00	1915년 5월	
金海丸	木	65.77	1916년 10월	廣瀨信太郞
三省丸	木	36.68	1917년 2월	奧廣丈助

이 기간 중 상실한 선박은 아래의 2척이다. 영일마루는 특정 항로에 충당할 목적으로 창업 첫해에 처음 건조한 보조기관 부착 범선이었다. 전라마루全羅丸 또한 1914년 10월 새로 건조한 선박으로, 당시로서는 유일한 대형 우수선이었다. 이들 선박을 상실한 것은 회사의 업무상 적지 않은 타격이었다. 이 기간 동안 상실한 총톤수는 1,076톤이었다.

제1기 1912~1916년 상실선박

선박명	선박재	총톤수(톤)	상실사유	상실장소	상실년월
迎日丸	(補機)木	81.57	좌초, 침몰	경북 長鬐郡 黃溪里 앞바다	1913년 5월
全羅丸	鋼	994.72	좌초, 침몰	長箭	1917년 2월

결국 본 기간 말, 즉 1916년 말 소유한 선박 수는 본 기간 중 매입하거나 새로 건조한 선박 44척 중 매각·상실한 선박 14척을 공제한 30척이었다. 상세한 내역은 다음과 같다.

1916년 말 당시의 소유선박

선박명	선박재	선박톤수(톤)	
		총톤수	등부톤수
平壤丸	鋼	1,127.66	638.02
京畿丸	鋼	994.72	563.48
黃海丸	鋼	771.57	473.06
咸鏡丸	鋼	750.67	442.29
江原丸	鐵骨木皮	722.44	426.94
忠淸丸	鋼	719.16	503.32
穩城丸	鋼	372.59	211.70
鏡城丸	鋼	372.53	212.73
三浦丸	木	363.28	219.47
昌平丸	鋼	311.40	175.43
海州丸	鋼	257.35	138.47
盈德丸	木	240.96	138.57
金海丸	木	217.22	120.49
宗信丸	木	203.02	118.97
慶興丸	木	199.92	112.03
江陵丸	木	192.55	108.00
公州丸	木	189.50	112.05
襄陽丸	木	186.10	96.01
統營丸	鋼	182.95	103.54
慶寶丸	木	177.77	99.31
晋州丸	木	164.70	97.91
麗水丸	木	160.73	89.63
巨濟丸	鋼	152.42	87.41
順天丸	木	105.08	61.38
全州丸	木	92.29	50.13
南陽丸	木	85.12	49.81
錦江丸	木	61.28	29.07
成歡丸	木	46.24	23.08
永興丸	木	25.05	12.36
三友丸	木	18.51	10.00
합계 30척		9,464.78	5,528.66

제2절 제2기[1917~1921]

이 기간은 제1차 세계대전 때문에 전 세계적으로 선박 가격이 급격하게 오른 시기로, 우리 회사와 같은 소자본의 회사는 선박의 개량이나 보충 등을 도저히 실행할 수 없는 상황이었다. 항로의 신설과 개선을 위해 불가피하게 웅기마루熊基丸 이하 5척을 구입한 정도였는데, 총톤수는 4,551톤에 불과했으나 대금은 1,878,500여 엔에 달했다.

제2기 1917~1921년 구입선박

선박명	선박재	선박톤수(톤)		구입년월	구입처
		총톤수	등부톤수		
雄基丸	鋼	701.65	412.64	1918년 5월	東洋物産株式會社
立神丸	鋼	2,485.71	1,514.30	1920년 2월	日本郵船株式會社
濟州丸	鋼	470.33	272.61	1920년 3월	佐渡商船株式會社
新義州丸	鋼	708.10	402.03	1920년 6월	橋谷株式會社
昌原丸	木	186.10	96.01	1920년 6월	西條利八

이 기간 중에는 부족한 선박을 서둘러 보충하기 위해 아래와 같이 평안마루平安丸 이하 4척을 새로 건조하였다. 총톤수는 5,533톤 남짓, 건조대금은 2,638,611엔 남짓이었다. 새로 건조한 선박의 선형을 모두 대형으로 확대한 이유는 우리 회사가 제1차 세계대전을 계기로 근해항로로 진출하였고, 이 노선에 사용할 선박을 건조했기 때문이었다.

제2기 1917~1921년 신규 건조선박

선박명	선박재	선박톤수(톤)		진수년월	조선소
		총톤수	등부톤수		
平安丸	鋼	1,580.36	923.99	1917년 5월	川崎造船所
淸津丸	鋼	1,317.59	746.69	1920년 4월	原田造船所

선박명	선박재	선박톤수(톤)		진수년월	조선소
		총톤수	등부톤수		
釜山丸	鋼	1,625.11	953.61	1920년 10월	因島大阪鐵工所
會寧丸	鋼	1,010.11	565.86	1920년 8월	因島大阪鐵工所

이 기간 중 불필요하거나 투입할 노선이 없어 매각한 선박은 제1기 중 구입한 소형 목선 2척으로, 총톤수 110톤 남짓이었다.

제2기 1917~1921년 매각선박

선박명	선박재	총톤수(톤)	매각년월	매도처
永興丸	木	25.05	1917년 6월	阿野五平次
南陽丸	木	85.12	1921년 12월	堀鐙

이 기간 중 상실한 선박은 다음 표와 같이 황해마루黃海丸 이하 5척이다. 이 가운데 황해마루는 1912년 새로 건조한 강철선으로, 제1기 기간 중 구입한 선박 가운데서는 가장 우수한 선박이었다. 이 선박의 상실로 받은 업무상 타격은 굉장히 컸는데, 나머지 4척이 매우 오래된 연식의 소형 목선이었던 점은 불행 중 다행이었다. 상실한 총톤수는 1,707톤 남짓이었다.

제2기 1917~1921년 상실선박

선박명	선박재	총톤수(톤)	상실사유	상실장소	상실년월
黃海丸	鋼	805.17	좌초, 침몰	강원도 香港里 앞바다	1917년 5월
麗水丸	木	160.73	좌초, 침몰	인천 앞바다	1918년 1월
江陵丸	木	192.55	좌초, 침몰	경남 울산군 功端岬 앞바다	1918년 8월
襄陽丸	木	186.10	좌초, 침몰	포항	1919년 2월
三浦丸	木	363.28	좌초	함북 大良化	1919년 10월

이상에서 제2기, 1921년 말 소유한 선박 수는 제1기 말 소유선박 30 척에 본 기간 중 매입·건조한 선박과 매각·상실한 선박을 더하거나 공제한 32척이었다. 상세한 내역은 다음과 같으며, 총톤수 17,738톤이었다. 이 가운데 목선은 그 절반에 못 미치는 13척이었다.

1921년 말 당시의 소유선박

선박명	선박재	선박톤수(톤)	
		총톤수	등부톤수
立神丸	鋼	2,485.71	1,514.30
釜山丸	鋼	1,625.11	953.61
平安丸	鋼	1,580.36	923.99
淸津丸	鋼	1,317.59	749.55
平壤丸	鋼	1,127.66	638.02
會寧丸	鋼	998.50	656.15
京畿丸	鋼	994.72	566.06
咸鏡丸	鋼	750.67	442.29
江原丸	鐵骨木皮	722.44	426.94
忠淸丸	鋼	719.16	499.53
新義州丸	鋼	708.10	402.03
雄基丸	鋼	701.65	412.64
濟州丸	鋼	470.33	272.61
穩城丸	鋼	372.59	211.70
鏡城丸	鋼	372.53	211.13
昌平丸	鋼	311.40	175.43
海州丸	鋼	257.35	138.47
盈德丸	木	240.96	136.49
金海丸	木	217.22	124.49
宗信丸	木	203.02	118.97
慶興丸	木	199.92	112.03
公州丸	木	189.50	112.03
昌原丸	木	186.10	96.01

선박명	선박재	선박톤수(톤)	
		총톤수	등부톤수
統營丸	鋼	182.95	103.54
慶寶丸	木	177.77	102.34
晋州丸	木	164.70	97.91
巨濟丸	鋼	152.42	87.41
順天丸	木	105.08	61.38
全州丸	木	92.29	50.13
錦江丸	木	61.28	29.07
成歡丸	木	33.93	12.62
三友丸	木	15.00	6.00
합계 32척		17,738.01	10,444.89

제3절 제3기[1922~1926]

이 기간에 들어서는 호황에 뒤따른 불경기로 선박이 과잉되면서 그간 전 세계적으로 크게 올랐던 선박 가격이 현저하게 하락하였다. 선박의 개량과 보충을 결행할 좋은 기회가 도래한 것이다. 당시 우리 회사의 내부 상황을 보면, 오랫동안 억눌러 왔던 우수 선박에 대한 요구가 이미 극한으로 치닫고 있었다. 심지어는 새로 건조하면서 시간을 보내는 것조차 손해라는 분위기였다. 바로 선박의 매입에 착수해 1922년 4월 사쿠라지마마루櫻島丸를 시작으로 이 기간 중 아래와 같이 13척의 선박을 매입하였다. 이들 선박 중 목선 치도리마루ちどり丸는 화객송영용貨客送迎用으로, 함남마루咸南丸와 함북마루咸北丸는 연안 특별항로 사용선으로 충당한 것이었다. 나머지는 모두 강철선으로, 근해항로 취항을 목적으로 한 선박이었다. 매입한 선박의 총톤수는 13,705톤 남짓, 대금은 2,270,549엔이었다.

선박명	선박재	선박톤수(톤)		구입년월	구입처
		총톤수	등부톤수		
櫻島丸	鋼	1,281.36	857.98	1922년 4월	原田汽船株式會社
羅南丸	鋼	1,248.12	742.54	1922년 6월	山下汽船株式會社
ちどり丸	木	4.86	3.33	1923년 11월	西條鐵工所
京城丸	鋼	1,033.03	563.15	1924년 1월	近海郵船株式會社
芝浦丸	鋼	1,260.85	731.89	1924년 3월	東越汽船株式會社
漢江丸	鋼	1,283.19	761.51	1924년 4월	金森商船株式會社
天安丸	鋼	2,147.33	1,270.79	1924년 4월	古河鑛業會社
錦工丸	鋼	1,264.19	851.05	1924년 10월	帝國製糖株式會社
慶州丸	鋼	1,283.19	720.26	1924년 11월	佐藤商會
春川丸	鋼	971.09	555.23	1924년 11월	佐藤商會
榮工丸	鋼	1,131.47	782.42	1924년 12월	大上慶五郎
咸南丸	木	377.98	217.59	1926년 3월	大阪商船株式會社
咸北丸	木	418.89	210.36	1926년 3월	大阪商船株式會社

이 기간 중 우리 회사는 선박의 개량과 보충을 매우 왕성하게 실행하였다. 하지만 위에서 설명한 것처럼 대부분의 선박을 매입했기 때문에 새로 건조한 선박은 아래의 3척에 불과했다. 총톤수는 2,271톤 남짓, 대금은 711,987엔 남짓이었다.

이들 건조선박 중 하토마루はと丸, 하야후사마루はやふさ丸는 조선 남해 연안의 선객 수송을 전담시킬 목적으로 특별 제작한 디젤기관의 선박이었다. 조선기선주식회사가 창립된 후 이 항로를 회사에 양도하면서 두 선박도 출자의 형태로 제공하였다.

선박명	선박재	선박톤수(톤)		진수년월	조선소
		총톤수	등부톤수		
はと丸	鋼	89.36	61.74	1925년 1월	播磨造船所
はやふさ丸	鋼	90.02	62.41	1925년 1월	播磨造船所
慶安丸 (白頭山丸으로 개칭)	鋼	2,091.81	1,227.73	1925년 11월	播磨造船所

이 기간 중에는 상술한 하토마루와 하야후사마루 이외에 제1기 중 구입한 소형 목선 대부분을 매각하였다. 아래의 미토모마루三友丸 이하 10척이 그것으로, 총톤수 1,574톤 남짓, 대금은 207,250엔이었다. 이 가운데 하토마루와 하야후사마루 2척, 총톤수 179톤 남짓, 대금 172,000엔은 조선기선주식회사에 출자한 것이다.

본 기간에 매각한 선박 중 철골목피선 강원마루江原丸[총톤수 722톤]는 1869년경 영국에서 건조한 선박이다. 원래는 영국 황실의 어용선이었다는 전설이 있다. 선박에 사용한 외판外板과 기타 주요 자재는 티크나무チ-ク材로, 우리 회사가 소유하기 시작했을 때는 이미 44년이 경과한 노후선이었다. 그럼에도 불구하고 선체가 매우 견고하였고, 당시 회사가 소유한 선박 중에서는 비교적 대형이었기 때문에 주로 북중국 방면의 근해항로에 사용하였다. 본 기간 중 매각하기까지 15년 동안 우리 회사에서 활약했는데, 목선 중에서는 보물과도 같은 선박이었다. 목선으로서는 약 60년에 가까운 선령船齡을 기록한 진선珍船이기도 하였다.

선박명	선박재	총톤수(톤)	매각년월	매도처
三友丸	木	15.01	1923년 6월	田中淸
順天丸	木	105.08	1923년 12월	今北喜之助
鎔工丸	木	61.28	1924년 4월	西條利八
慶寶丸	木	177.77	1924년 10월	今北喜之助
はと丸	鋼	89.36	1925년 2월	朝鮮汽船株式會社로 출자
はやふさ丸	鋼	90.02	1925년 2월	朝鮮汽船株式會社로 출자
全州丸	木	92.29	1925년 4월	朝鮮汽船株式會社
公州丸	木	187.02	1925년 5월	朝鮮汽船株式會社
江原丸	鐵骨木皮	722.44	1925년 5월	西條利八
成歡丸	木	33.95	1925년 8월	田中淸

이 기간 중 상실한 선박은 아래와 같이 창평마루昌平丸 이하 3척으로, 총톤수는 693톤 남짓이었다. 이 가운데 창평마루는 제1기 기간인 1913년 9월 새로 건조해 진수進水한 강철선으로, 우리 회사의 연안항로 사용선박으로는 우수한 것이었다. 나머지 두 선박은 창립 직후 구입한 목선이었다.

선박명	선박재	총톤수(톤)	상실사유	상실장소	상실년월
昌平丸	鋼	311.40	좌초, 침몰	제주도 慕瑟浦港 밖	1923년 8월
金海丸	木	217.22	좌초, 침몰	경북 冬外串 해안	1923년 9월
晋州丸	木	164.70	會寧丸과 충돌, 침몰	함북 揄津端 앞바다	1923년 11월

제3기, 1926년 말 소유한 선박 수는 제2기 1921년 말 소유선박 32척에 본 기간 중 구입·건조한 선박 16척과 매각·상실한 선박 13척을 더하거나 공제한 35척이었다. 상세한 내역은 다음과 같으며, 총톤수 31,489톤 남짓이었다. 목선은 7척에 불과했는데, 총톤수 1,631톤 남짓이었다.

1931년 말 당시의 소유선박

선박명	선박재	선박톤수(톤)	
		총톤수	등부톤수
立神丸	鋼	2,483.51	1,507.15
天安丸	鋼	2,155.38	1,268.10
白頭山丸	鋼	2,091.81	1,227.73
釜山丸	鋼	1,625.11	953.61
平安丸	鋼	1,580.36	923.99
清津丸	鋼	1,317.59	746.69
漢工丸	鋼	1,283.19	761.51
慶州丸	鋼	1,283.19	721.80
櫻島丸	鋼	1,281.36	857.98
錦工丸	鋼	1,264.19	848.14
芝浦丸	鋼	1,260.85	711.89
羅南丸	鋼	1,248.12	742.54
榮江丸	鋼	1,160.42	808.47
平壤丸	鋼	1,127.66	644.58
京城丸	鋼	1,033.03	563.15
會寧丸	鋼	1,010.11	565.86
京畿丸	鋼	994.72	566.06
春川丸	鋼	971.09	548.42
咸鏡丸	鋼	749.11	439.47
忠清丸	鋼	719.16	499.53
新義州丸	鋼	708.10	398.00
雄基丸	鋼	701.65	412.64
濟州丸	鋼	470.33	272.61
咸北丸	木	418.89	210.36
咸南丸	木	377.98	217.59
穩城丸	鋼	372.59	211.70
鏡城丸	鋼	372.53	211.13
海州丸	鋼	257.35	138.80
盈德丸	木	240.96	136.49
宗信丸	木	203.02	118.97
慶興丸	木	199.92	112.03
昌原丸	木	186.10	96.01
統營丸	鋼	182.95	103.54
巨濟丸	鋼	152.42	87.41
ちどり丸	木	4.86	3.33
합계 35척		31,489.61	18,637.27

제4절 제4기[1927~1931]

이 기간 중 구입한 선박은 아래의 한성마루漢城丸 1척으로, 총톤수 2,195톤 남짓, 대금은 221,606엔 남짓이었다.

제4기 1927~1931년 구입선박

선박명	선박재	선박톤수(톤)		구입년월	구입처
		총톤수	등부톤수		
漢城丸	鋼	1,195.76	1,309.96	1930년 9월	金森商船株式會社

이 기간 중 새로 건조한 선박은 금강산마루金剛山丸 이하 아래의 3척이다. 모두 총톤수 2,000톤 이상의 강철선이며, 현재 우리 회사가 소유하고 있는 선박 중에서는 우수한 선박들이다. 총톤수는 6,379톤 남짓이며, 대금은 1,508,534엔이었다.

제4기 1927~1931년 신규 건조선박

선박명	선박재	선박톤수(톤)		진수년월	조선소
		총톤수	등부톤수		
金剛山丸	鋼	2,116.06	1,234.21	1927년 12월	浦賀船渠
長白山丸	鋼	2,131.03	1,240.02	1928년 3월	浦賀船渠
長壽山丸	鋼	2,131.98	1,239.87	1928년 11월	浦賀船渠

이 기간 중 매각한 선박은 아래와 같이 치도리마루ちどり丸 이하 10척이다. 이 가운데 거제마루는 제1기 1913년 2월에 새로 건조한 강철선이고, 나머지는 모두 매입한 중고선이었다. 이들 매각한 총톤수는 5,900톤 남짓, 대금은 174,150엔이었다.

본 기간에 매각한 선박 중 다테가미마루立神丸는 나가사키長崎 미쓰비시 조선소三菱造船所에서 비교적 초기인 1898년에 건조한 것으로, 일본우선 주식회사日本郵船株式會社가 소유한 선박이었다. 우리 회사가 동해횡단선인 청진淸津－쓰루가敦賀선을 명령항로로 경영하면서 이 노선에 취항시킬 목적으로 1920년에 양도받아 사용하였다. 이후 오사카大阪－청진 간 육군특약항로陸軍特約航路를 경영하면서 이 노선에 배치했는데, 육군에서는 본 선박에 대한 깊은 인상을 가지고 있었다. 이 항로에서 사용한 다테가미마루는 운수경제의 측면에서는 시세에 뒤쳐진 감도 있었지만 선체의 견고함만은 과시할 만하였다. 때문에 조선의 조야朝野에서 특히 호감을 가지고 맞이한 선박이었다.

제4기 1927년~1931년 매각선박

선박명	선박재	총톤수(톤)	매각년월	매도처
ちどり丸	木	4.86	1927년 11월	西條利八
宗信丸	木	203.02	1929년 3월	笠井吉次郎
巨濟丸	鋼	152.42	1929년 6월	九州商船株式會社
慶興丸	木	199.92	1929년 7월	靑島江立南
咸北丸	木	418.89	1930년 4월	淸津國際通運株式會社
平壤丸	鋼	1,127.66	1930년 4월	高橋合資會社
立神丸	鋼	2,483.51	1930년 11월	鏑木秀亂
咸南丸	木	377.98	1931년 3월	西條利八
統營丸	鋼	182.95	1931년 12월	芝罘三大船行回東魯
咸鏡丸	鋼	749.11	1932년 3월	大島汽船株式會社

이 기간 중 상실한 선박은 천안마루天安丸 1척이었다. 본 선박은 제3기 1924년에 구입한 것으로, 총톤수 2,155톤 남짓이었다. 우리 회사가 소유한 선박 중에서는 가장 규모가 큰 선박이었는데, 때문에 우리 회사는 업무상 적지 않은 타격을 받았다.

제4기 1927~1931년 상실선박

선박명	선박재	총톤수(톤)	상실사유	상실장소	상실년월
天安丸	鋼	2,155.38	좌초, 침몰	경남 所里島[1]	1931년 7월

제4기, 1931년 말 소유한 선박 수는 이전 기간 말 소유선박 35척에 구입·건조한 선박 4척과 매각·상실한 선박 11척을 더하거나 공제한 28척이었다. 총톤수는 다음과 같이 32,035톤 남짓이었다.

1931년 말 당시의 소유선박

선박명	선박재	선박톤수(톤)	
		총톤수	등부톤수
漢城丸	鋼	2,195.76	1,299.97
長壽山丸	鋼	2,131.98	1,239.87
長白山丸	鋼	2,131.03	1,243.46
金剛山丸	鋼	2,116.06	1,234.21
慶安丸	鋼	2,091.81	1,215.10
釜山丸	鋼	1,626.35	950.47
平安丸	鋼	1,581.08	923.75
清津丸	鋼	1,321.83	945.33
漢工丸	鋼	1,283.19	761.51
慶州丸	鋼	1,283.19	721.80
櫻島丸	鋼	1,281.36	857.98
錦工丸	鋼	1,268.18	847.00
芝浦丸	鋼	1,260.85	709.70
羅南丸	鋼	1,253.90	737.45
榮江丸	鋼	1,160.42	808.47
京城丸	鋼	1,033.03	563.15
會寧丸	鋼	1,010.75	561.98
京畿丸	鋼	1,005.11	571.25
春川丸	鋼	971.09	548.42

---

1   여수 남쪽 앞바다에 위치한 섬으로, 지금은 연도(鳶島)라고 부른다.

선박명	선박재	선박톤수(톤)	
		총톤수	등부톤수
忠淸丸	鋼	719.16	499.53
新義州丸	鋼	708.10	398.00
雄基丸	鋼	701.65	412.64
濟州丸	鋼	470.33	272.61
穩城丸	鋼	372.59	211.70
鏡城丸	鋼	372.53	211.13
海州丸	鋼	257.35	138.80
盈德丸	木	240.96	136.49
昌原丸	木	186.10	96.01
합계 28척		32,035.74	18,917.78

제5절 제5기[1932~1936]

이 기간 중 구입한 선박은 아래와 같이 강원마루江原丸, 함경마루咸鏡丸 2척으로, 총톤수는 6,141톤 남짓, 대금은 404,462엔이었다. 전자는 1919년 4월, 후자는 1918년 1월 진수했는데, 모두 우리 회사의 초대형 선박이다.

제5기 1932~1936년 상반기 구입선박

선박명	선박재	선박톤수(톤)		공칭마력(馬)	구입년월	구입처
		총톤수	등부톤수			
江原丸	鋼	2,937.05	1,784.39	1,600.00	1932년 5월	國際汽船株式會社
咸鏡丸	鋼	3,204.81	1,946.40	1,500.00	1932년 5월	國際汽船株式會社

이 기간 중 새로 건조한 선박은 아래의 2척으로, 선형이 모두 현저하게 확대되었다. 총톤수는 5,277톤, 대금은 1,209,163엔 남짓이었다.

이 기간 중 4척의 선박을 구입·건조하는 한편으로 오래된 소형 선박을 매각하면서 선박 수는 확연히 줄어들었다. 하지만 총톤수는 오히려 증가해 3,300여 톤이었다. 소형선, 특히 목선이 완전히 사라졌는데, 총톤수 1,000톤 미만의 선박은 겨우 2척만 남아 진용이 획기적으로 일신되었다.

제5기 1932~1936년 상반기 신규 건조선박

선박명	선박재	선박톤수(톤)		공칭마력(馬)	진수년월	조선소
		총톤수	등부톤수			
新京丸	鋼	2,670.81	1,554.36	1,100.00	1932년 11월	浦賀船渠
盛京丸	鋼	2,606.53	1,527.72	1,200.00	1934년 9월	浦賀船渠

이 기간 중 매각한 선박은 아래와 같이 영덕마루盈德丸 이하 9척으로, 총톤수는 4,354톤 남짓, 대금은 217,300엔이었다. 이 가운데 온성마루穩城丸, 경성마루京城丸 2척 외에는 모두 중고선을 매입한 것이다. 특히 창업과 동시에 구입한 목선을 완전히 처분했는데, 남은 선박의 과반수는 우리 회사가 새로 건조한 선박들이다. 이것으로 필요없거나 투입할 만한 적당한 노선이 없는 선박들에 대한 정리를 일단 완료하였다.

제5기 1932~1936년 상반기 매각선박

선박명	선박재	총톤수(톤)	매각년월	매도처
盈德丸	木	240.96	1932년 6월	久保田新一
昌原丸	木	186.10	1932년 6월	久保田新一
海州丸	鋼	257.35	1932년 11월	青島中村組
雄基丸	鋼	701.65	1933년 2월	天津ホワイタモアー商會
濟州丸	鋼	470.33	1933년 4월	清和商會
忠淸丸	鋼	719.16	1933년 4월	大連肇興船公司
穩城丸	鋼	372.59	1933년 8월	朝鮮總督府
鏡城丸	鋼	372.53	1933년 9월	朝鮮汽船株式會社
京城丸	鋼	1,033.97	1935년 8월	福本麻次郎

이 기간 중 상실한 선박은 아래와 같이 시바우라마루芝浦丸 이하 3척이다. 모두 제3기 중 구입한 선박으로, 우리 회사의 중견선中堅船이었다. 그만큼 우리 회사가 업무상 입은 타격은 컸다. 상실한 선박의 총톤수는 3,803톤 남짓이었다.

제5기 1932~1936년 상반기 상실선박

선박명	선박재	총톤수(톤)	상실사유	상실장소	상실년월
芝浦丸	鋼	1,260.85	좌초, 침몰	栗島 등대 부근	1933년 7월
羅南丸	鋼	1,253.90	거친 날씨로 침몰	佐渡 앞바다 북쪽	1934년 11월
慶州丸	鋼	1,289.07	좌초, 침몰	전남 每勿島 東端	1936년 9월

제5기, 1936년 상반기 말 소유한 선박 수는 제4기 말 소유선박 28척에 이 기간 중 구입·건조한 선박 4척과 매각·상실한 선박 12척을 더하거나 공제하고 남은 20척이었다. 앞에서 언급한 대로 선박 수에서는 8척이 줄었고, 총톤수에서는 3,300톤이 증가했는데, 아래 표에서 확인할수 있듯이 총톤수 1,000톤 이하 2척, 1,000톤 이상 2,000톤 미만 9척, 2,000톤 이상 3,000톤 미만 8척, 3,000톤 이상 1척, 합계 35,355톤남짓이었다. 그리고 우리 회사가 새로 건조한 선박은 11척, 중고선을구입한 것은 9척이었다.

이것을 다시 진수한 후 경과한 햇수로 살펴보면, 3,000톤 이상 1척의경과 햇수는 18년 9개월, 2,000톤 이상 3,000톤 미만 8척의 경과 햇수는 평균 9년 9개월 이상, 1,000톤 이상 2,000톤 미만 9척의 경과 햇수는 평균 18년 3개월 이상, 1,000톤 미만 2척의 경과 햇수는 평균 19년1개월로, 전체 평균은 15년 미만이었다.

1936년 상반기 말 소유선박

선박명	선박재	선박톤수(톤)		공칭 마력(馬)	진수 년월	경과 선령	취항 항로
		총톤수	등부톤수				
咸鏡丸	鋼	3,204.81	1,950.78	1,500.00	1918년 1월	18년 9개월	新義州-東京線
江原丸	鋼	2,964.16	1,793.39	1,600.00	1919년 4월	17년 6개월	新義州-東京線
新京丸	鋼	2,672.34	1,553.69	1,100.00	1932년 11월	3년 11개월	雄基-東京線
盛京丸	鋼	2,608.47	1,532.07	1,200.00	1934년 9월	2년 1개월	雄基-東京線
漢城丸	鋼	2,195.76	1,297.38	1,100.00	1918년 5월	18년 5개월	新義州-大阪線
長壽山丸	鋼	2,131.98	1,239.87	1,300.00	1928년 11월	7년 11개월	釜山-浦鹽斯德-大阪線
長白山丸	鋼	2,131.03	1,243.46	1,300.00	1928년 3월	8년 7개월	北鮮-新潟線
金剛山丸	鋼	2,116.06	1,234.21	1,300.00	1927년 12월	8년 10개월	釜山-浦鹽斯德-大阪線
慶安丸	鋼	2,091.81	1,215.10	1,500.00	1925년 11월	10년 11개월	北鮮-敦賀線
釜山丸	鋼	1,626.35	950.47	1,100.00	1920년 10월	16년	北鮮-敦賀線
平安丸	鋼	1,584.26	925.88	780.00	1917년 5월	19년 5개월	朝鮮-上海線
清津丸	鋼	1,331.90	756.92	920.00	1920년 4월	16년 6개월	雄基-大阪線
漢江丸	鋼	1,288.15	759.92	630.00	1917년 12월	18년 10개월	新義州-大阪線
櫻島丸	鋼	1,281.36	856.25	540.00	1918년 8월	18년 2개월	朝鮮-長崎-大連線
錦江丸	鋼	1,268.18	847.00	670.00	1917년 9월	19년 1개월	朝鮮-長崎-大連線
榮江丸	鋼	1,164.10	808.50	530.00	1918년 6월	18년 4개월	雄基-大阪線
會寧丸	鋼	1,010.75	561.98	670.00	1920년 8월	16년 2개월	朝鮮-北支那線
京畿丸	鋼	1,005.11	571.25	640.00	1914년 9월	22년 1개월	新義州-大阪線
春川丸	鋼	971.09	546.76	630.00	1920년 2월	16년 8개월	雄基-大阪線
新義州丸	鋼	708.10	387.27	480.00	1915년 4월	21년 6개월	大阪-北鮮 沿岸線
합계 20척		35,355.77	21,072.15	19,490.00			

우리 회사는 선박을 더욱 보충할 필요가 있어 1936년 상반기에 자본
금 7,000,000엔을 증자한 후, 그 1/4 즉, 1,750,000엔의 불입금을 징
수하고 아래와 같이 6척의 선박을 신규 건조하기로 결정하였다. 총비용
약 5,000,000엔을 투자해 1936년 8월까지 모두 건조하기로 계약을 체
결하고 현재 공사 중이다. 이 가운데 다이코마루大興丸는 이미 지난 12월

말에 진수하였고, 나머지는 1937년에 준공할 예정이다. 이들이 취항하는 날에는 앞에서 게재한 1936년 상반기 말 소유선박 수에 6척, 총톤수 약 18,180톤을 추가하게 될 것이다. 창립 후 만 26년이 지난 현재의 선박 수는 26척, 총톤수는 약 53,500톤 남짓이다.

1936년 중 계약한 건조선박

선박명	선박재	예정톤수(톤)		예정공칭 마력(馬)	예정완공년월	조선소
		총톤수	등부톤수			
大興丸	鋼	2,900.00	4,100.00	1,200.00	1937년 3월 말	橫濱船渠
金泉丸	鋼	3,100.00	4,800.00	1,100.00	1937년 4월 중순	播磨船渠
興東丸	鋼	3,590.00	5,100.00	1,200.00	1937년 6월 말	橫濱船渠
興西丸	鋼	3,590.00	5,100.00	1,200.00	1937년 8월 말	橫濱船渠
安州丸	鋼	2,500.00	4,100.00	1,200.00	1937년 8월 말	浦賀船渠
定州丸	鋼	2,500.00	4,100.00	1,200.00	1937년 11월 말	浦賀船渠
합계 6척		18,180.00	27,300.00	7,100.00		

제2장

용선傭船

우리 회사의 용선은 정기항로 취항선이 부족할 경우 보충하거나, 계절화물을 실어나를 목적으로 개설한 임시항로의 취항선으로 충당한 것 외에는 거의 없었다. 지난 24년 동안 용선한 선박의 평균 수는 아래의 연간 누적표와 같다. 1922년 이후 선박의 수가 증가하고 있는데, 특히 총톤수에서 조금씩 대형화되고 있는 것은 미곡, 어유魚油, 비료 등 계절화물 수송으로 매우 분주하였던 근해항로로 임시배선을 증가시켰기 때문이다.

용선의 평균 수 및 총톤수 연간 누적표

연도	선박 수(척)	총톤수(톤)	연도	선박 수(척)	총톤수(톤)
1912년	5	888	1924년	6	4,308
1913년	2	888	1925년	7	9,560
1914년	1	260	1926년	7	10,391
1915년	3	1,543	1927년	8	13,381
1916년	1	389	1928년	4	5,518
1917년	1	1,075	1929년	2	2,318
1918년	3	1,963	1930년	2	5,534
1919년	4	3,176	1931년	4	9,945
1920년	2	1,526	1932년	2	7,104
1921년	3	3,314	1933년	3	7,478
1922년	5	4,674	1934년	5	13,502
1923년	8	6,531	1935년	5	12,117

제4편

자본

제1장
자본금

(1) 창립자본금

우리 회사의 자본금은 3,000,000엔이다. 1주 50엔씩 60,000주이며, 제1회 불입은 그 1/4인 12엔 50전으로 하였다. 발기인 선주船主는 소유 선박을 제공해 주식 불입에 충당하고, 나머지 30,000주는 공모하기로 하였다. 그러나 제1편 제1장 제2절 제2관에서 서술한 것처럼 당시는 해운계가 매우 부진한 때였다. 공모를 한다 하더라도 주주 모집이 용이하지 않을 것으로 전망되면서 진행이 순조롭지 못했다. 다행히 데라우치寺內 조선총독의 알선으로 일본우선주식회사日本郵船株式會社 및 그 관계자가 남은 주식을 인수하기로 승낙하였다. 오사카상선주식회사大阪商船株式會社 또한 일본우선주식회사와 마찬가지로 주식의 인수를 수락하였다. 이들 주식 인수자를 발기인으로 추가해 발기·설립했는데, 현금 불입으로 변경하면서 1912년 3월 1일 제1회 불입금 750,000엔으로 개업하였다.

앞에서 서술한 것처럼 주식 불입을 현금으로 변경하면서 우리 회사 설립에 참가한 선주의 소유선박은 매수하기로 하였다. 이에 따라 제1회 불입자본은 대부분 선박매수자금으로 사용하였다. 그런데 매수한 선박 대부분은 소형의 노령선老齡船으로, 조선총독부 명령항로의 선박으로 사용하기에는 톤수, 속력 또는 선령船齡 등에서 부적합한 것이 많았다. 일시적으로 특별 허가를 받아 사용하기는 했지만 당국은 규정에 맞는 선박의 보충을 재촉하였다. 때문에 선박의 건조나 매입을 서두르지 않으면 안되었다. 갑자기 자본이 부족해지면서 1913년 11월 5일 제2회 불입금으로 1주 5엔씩 300,000엔, 1916년 2월 28일 제3회 불입금으로 1주 7엔 50전씩 450,000엔을 연달아 징수하였다. 이로써 우리 회사의 주식은 그 반액인 25엔의 불입을 완료하였다.

1914년 7월 발발한 제1차 세계대전은 일반 해운계에 미증유의 영향을 초래하였다. 그것은 조선-일본 간 해운에까지 영향을 미쳤는데, 조선 근해항로를 떠나는 자가 늘어나면서 조선의 운수·교통상 자칫하면 큰 지장이 생기게 되었다. 우리 회사는 본래의 사명대로 그것의 시설에 충실하지 않으면 안되었다. 이에 연안항로의 충실을 기하는 한편으로 근해항로 진출을 도모했는데, 여기에 사용할 선박은 대부분 용선으로 보충하였다. 해를 넘겨 1918년에는 조선총독부가 청진-쓰루가敦賀선의 명령항로 신규 개설을 명령하였고, 이 노선에 투입할 대형선박의 건조 혹은 구입도 필요해졌다.

한편 제1차 세계대전 중 확장한 여러 항로는 지속적으로 유지하면서 지켜 나가야 했다. 이 때문에 선박을 새로 건조하거나 구입해야 할 필요성은 한층 급박해졌다. 하지만 당시 선박 가격은 제1차 세계대전 때 비정상적으로 급등한 전적을 이어가며 여전히 매우 고가인 상황이었다. 우리 회사와 같은 소자본의 회사로서는 선박 건조와 구입 모두 여의치 않았다. 일본우선주식회사에 청원해 그 소유선박인 다테가미마루立神丸를 연부불年賦拂[1]로 양도받은 정도로, 이를 청진−쓰루가선 명령항로에 가까스로 취항시킨 상태였다. 이 문제에 대한 대책을 1919년 4월 정시 총회에 부의하였다.

우선 현재까지 불입하지 않은 1주금株金 25엔의 불입을 징수하기로 하였다. 그것을 완료한 후 적당한 때가 되면 현재의 자본금 3,000,000엔을 6,000,000엔으로 증액하기로 하였다. 1주금 50엔의 주식 60,000주를 발행하고, 증액된 자본에 대한 불입금으로 1주당 12엔 50전을 징수한다는 계획이었다. 신주新株의 모집 및 신청, 제1회 불입 기일의 결정은 취체역取締役에게 일임하되, 신주는 신청일 전월 말 주주명부에 등재된 현 주주를 대상으로 그 소유주식 1주에 대해 1주의 비율로 할당해 모집하기로 결정하였다. 이외에 인수되지 않은 주식의 처분 및 기타 자본금 증액 실행 과정에서 발생하는 모든 사항은 앞서 언급한 취체역 외 다른 취체역에게 일임하기로 결의하였다.

이 결정에 따라 구주舊株에 대한 미불입 1주금 25엔을 1920년 1월 20일까지 불입하라는 통지서를 보냈다. 기일까지 대부분의 불입이 완료되었으나, 단 한 사람 도치기현栃木縣의 시시도 사부로宍戶三郎가 기일이 지나도록 소유주식 30주에 대한 불입을 하지 않았다. 법에 따라 1920년 6월 30일까지 연체이자와 주금 불입을 독촉했지만 결국 불입하지 않아 실권처분失權處分에 부쳤다. 이 실권주식失權株式을 경매를 통해 처리함으로서 불입 정리를 완료하였다.

---

1 갚아야 할 돈을 해마다 얼마씩 몇 해로 나누어서 지불한다는 뜻이다.

그런데 이상의 미불입 주금의 징수를 통지한 무렵부터 이미 제1차 세계대전기의 호경기에 대비되는 반동 불경기가 도래할 조짐이 보였다.[2] 그 얼마 뒤 심각한 불경기, 이른바 1920년의 공황이 습격해 왔고, 앞서 결의한 증자는 언제 결행할 수 있을지 그 전망조차 세울 수 없는 위급한 상황에 직면하였다. 증자 실행은 자연스럽게 중지되었고, 필요한 자금은 차입금 또는 사채社債 발행 등으로 조달하면서 근근이 선박을 보충해 갔다. 즉 회령마루會寧丸, 부산마루釜山丸, 백두산마루白頭山丸, 금강산마루金剛山丸, 장백산마루長白山丸, 장수산마루長壽山丸 등이 그 이후 새로 건조한 선박이고, 제주마루濟州丸, 신의주마루新義州丸, 사쿠라지마마루櫻島丸, 나남마루羅南丸, 경성마루京城丸, 시바우라마루芝浦丸, 한강마루漢江丸, 천안마루天安丸, 금강마루錦江丸, 춘천마루春川丸, 영강마루榮江丸, 한성마루漢城丸 등은 모두 구입한 선박이다. 이렇게 하고도 여전히 부족한 선박은 용선으로 보충하였다. 이 증자는 결국 실행하지 못했다.

(2) 제1회 증자

1931년 만주사변滿洲事變의 돌발에 이어 상하이사변上海事變이 일어났고, 결국에는 만주국滿洲國이 수립되었다. 우리 나라의 산업·무역은 비상한 발전을 보이며 매년 약진을 이어갔는데, 특히 만주와 일위대수一葦對水[3]의 위치에 있는 우리 조선은 획기적인 발전을 보이고 있었다. 이 기회를 놓

---

[2] 세계 경제는 호경기와 불경기를 주기적으로 반복하는 경향을 보인다. 제1차 세계대전기 동안 군수품이나 무기, 식량, 의약품 등에 대한 수요가 급증하면서 이에 대한 투자가 늘어나고 고용이 확대되는 등 세계 경제계는 크게 번영하였다. 그러나 전쟁이 끝나자 과잉 생산된 상품 가격이 폭락하였다. 이에 따라 소비·투자가 위축되고 실업률이 증가하는 등 불황 국면으로 전환되었다.

[3] 폭이 좁은 한 줄기의 물을 사이에 두고 있다는 뜻으로, 압록강(鴨綠江)과 두만강(豆滿江)을 경계로 해서 만주와 조선이 접하고 있다는 것을 의미한다.

친다면 또 언제쯤 우리 회사의 오랜 현안인 자본 증액의 기회를 맞이하게 될 것인가. 우리 회사의 증자는 이러한 산업의 발전에 대응할 사업확장 자금으로 한층 간절하게 요구되고 있었다. 여기에 더해 당국의 종용도 있어 드디어 증자의 결행을 결의하게 되었다. 관계 방면의 양해 속에서 증자안增資案을 수립한 후 당국의 지도와 원조를 요청했는데, 우선 조선식산은행朝鮮殖産銀行으로 출자를 간청하였다. 은행은 우리 회사의 사명이 조선 산업개발에 있다는 점을 잘 양해하였고, 이는 은행의 사명이기도 하다는 판단하에 다행히도 출자를 허락해 주었다. 이에 따라 다시 일본우선과 오사카상선, 기타 대주주의 양해를 구하였고, 1936년 4월 30일 정시주주총회에서 간신히 증자를 제안하였다.

앞서 결의한 증자는 당시 자본의 배액倍額, 즉 6,000,000엔이었다. 하지만 그로부터 17년이 경과한 현재에는 앞서 결의한 증자로는 소기의 사업경영 자금으로 사용하기에 부족함이 있었다. 이에 따라 다시 ① 자본의 금액을 3,000,000엔에서 10,000,000엔으로 증액할 것, ② 자본의 증액 방법은 증가 자본금 7,000,000엔에 대해 1주 50엔의 주식 140,000주를 발행하고, 제1회 불입금액은 1주당 12엔 50전으로 할 것, ③ 신주의 모집·신청 및 제1회 불입시기 결정은 취체역에게 일임할 것, ④ 신주 140,000주 중 60,000주는 앞서 서술한 것처럼 신청일 전월 말 주주명부에 등재된 현 주주를 대상으로 그 소유주식 1주에 대해 1주의 비율로 할당하며, 남은 80,000주는 조선 내에서 1주당 50엔씩 연고모집緣故募集[4]할 것, ⑤ 인수되지 않은 주식의 처분 및 기타 자본금 증액 실행 과

---

4 신주나 사채를 발행할 때 발행자와 관계있는 연고자, 즉 임원이나 종업원, 거래처 은행 등을 상대로 주주를 모집하는 것을 일컫는다.

정에서 발생하는 모든 사항은 앞서 언급한 취체역 외 다른 취체역이 적당히 처리하도록 할 것이라는 5개 항목 및 이에 수반된 「정관」 개정을 앞의 정시총회에서 결의하였다.

이후 바로 실행에 착수하였다. 조선에서 연고모집할 80,000주는 조선식산은행에 그 인수를 요청하였고, 현 주주가 인수하지 않은 주식 3,575주는 다시 조선 내에서 연고모집하였다. 그해 5월 28일 모든 주식의 인수를 확정했다. 제1회 주금은 1주당 12엔 50전을 7월 1일까지 불입하도록 결정했는데, 6월 10일 주식 인수인에게 통지하였고, 7월 6일 총액 1,750,000엔의 불입을 완료하였다. 감사역의 심사를 거친 후 8월 10일 임시주주총회를 소집해 이를 보고하였고, 11일부터 17일까지 본 지점 관할 등기소에 증자 등기를 마쳤다. 이것으로 증자 실행을 완료하였다. 우리 회사는 자본금 10,000,000엔에, 불입자본금 4,750,000엔, 미불입 주금 5,250,000엔이 되었다.

본 증자가 어떠한 지장도 없이 잘 수행된 것은 조선총독부 당국자의 간절한 알선과 조선식산은행 관계자의 깊고 두터운 동정과 원조, 그리고 주주 여러분의 깊은 이해 덕분이다. 진심으로 감사하는 바이다.

제2장
주식

제1절 주주 수

창립자본금 3,000,000엔은 50엔씩, 주식 60,000주로 분할하였다. 그 가운데 30,000주는 애초 발기인으로 참가한 이들에게 할당해 그들이 인수하는 것으로 합의하였고, 나머지 30,000주는 뒤에 참가한 일본우선주식회사, 오사카상선주식회사 및 두 회사 관계자가 인수하기로 허락을 받았다. 이에 따라 앞서 발기인이 인수하기로 한 주식 수에도 약간의 변경이 생겼다. 그 결과 설립 당시 우리 회사의 주주는 일반 공모주식과 같이 많지 않았다. 아래에서 볼 수 있듯이 불과 42명으로, 1명당 평균 142주 이상이었다. 그해 말에는 주주 54명, 1명당 평균 111주가 되었다.

창립 당시 주주 및 소유주식 수

성명	소유주식 수	성명	소유주식 수
大池忠助	9,000	下田吉太郎	100

성명	소유주식 수	성명	소유주식 수
吉田秀次郎	6,000	安部榮太郎	100
堀力太郎	5,000	辻川忠八	100
大池喜三郎	2,000	鵜飼常三郎	100
麻生音波	800	右近權左衛門	500
植竹龍三郎	500	原田十次郎	500
中村精七郎	500	男爵 近藤廉平	500
龜谷愛介	300	原田金之祐	500
福田有造	250	大倉喜八郎	500
山野瀧三	250	福島浪藏	1,000
石垣孝治	500	村上太三郎	1,000
中村辰五郎	300	小池國三	1,000
荒木菊藏	200	日本郵船株式會社 社長 男爵 近藤廉平	10,000
中柴萬吉	200	大阪商船株式會社 社長 中橋德五郎	10,000
西島留藏	200	李王職長官	5,000
中村國太郎	200	趙鎭泰	500
迫間房太郎	200	韓相龍	500
五島甚吉	200	堀啓次郎	300
坂田文吉	200	深尾隆太郎	200
大野育二	200	松岐文六	200
蓮井藤吉	200	福田增兵衛	200
주주 수	42명	합계	60,000주

여기서 특기할 점은 설립 당시 이왕직李王職[5]이 발기인으로 우리 회사의 창립에 참가하였고, 5,000주를 인수했다는 점이다. 이는 물론 이왕가의 재산을 감독하는 조선총독의 종용에 따른 결정이었겠지만, 당시 정부가 시정상 우리 회사의 설립을 얼마나 필요로 했는지, 또 이왕가에

---

5   일제강점기 이왕가(李王家)와 관련된 사무를 담당하던 기구로, 강제병합 이후 대한제국의 황실이 이왕가로 격하됨에 따라 기존의 황실업무를 담당하던 궁내부(宮內府)를 계승해서 설치되었다.

게도 이러한 우리 회사의 사명에 대해 얼마나 잘 인지시키며 그 자본을 원조하도록 했는지 설명해 준다 하겠다. 불행히도 이후 이왕직 측의 사정으로 그 주식을 처분한 것은 실로 유감스러운 일이었다.

1936년 4월 말 정시주주총회에서 자본금 7,000,000엔, 주식 140,000주가 늘어나 자본금 10,000,000엔, 주식 200,000주가 되었다. 이 증자에 따른 신주 또한 구舊 주주에게 할당해 인수 신청을 받는 외에는 모두 조선 내에서 연고모집하였다. 그 결과 일반공모한 경우와는 달리 증자로 늘어난 신주는 불과 9명이 인수하는 형태로 주주모집을 완료했는데, 주주 수가 약간 증가했을 뿐이었다. 이렇게 해서 제25기 상반기 말, 즉 1936년 9월 말 현재 주주는 95명, 1명당 평균 주식 수는 210주이다.

다음의 〈주주 연간 누적표〉에 따르면, 제4기 1915년 말에 주주 수가 급증하고 있는데, 이는 이 기간 동안 대주주 두 사람이 소유주식 약 3,000주를 내어놓았기 때문이다. 이후 제17기 1928년 말까지는 100명 이상 200명 이내에서 증감하고 있다. 제18기 1929년 말부터 갑자기 감소한 것은 2~3명의 대주주가 산주散株[6]를 매수해 그들이 소유한 것에 기인한다. 제25기 상반기 증자에 따라 주식 140,000주를 추가로 발행하면서 총주식 수는 200,000주[233%의 증가]가 되었다. 그럼에도 불구하고 주주 수가 그 이전 분기에 비해 불과 7명이 증가한 것은 증자로 인한 신주 인수자를 연고모집해 소수의 주주가 대부분의 주식을 인수했기 때문이다.

---

6   소액주주가 소유한 주식을 일컫는다.

주주 수 연간 누적표

연도	주식 수	주주 수	1인당 평균 주식 수	비고
제1기 1912년 말	60,000	54	111	
제2기 1913년 말	60,000	63	93	
제3기 1914년 말	60,000	60	100	
제4기 1915년 말	60,000	191	31	대주주 2명이 약 3,000주를 내어놓아 주주 수가 격증함
제5기 1916년 말	60,000	189	31	
제6기 1917년 말	60,000	163	36	
제7기 1918년 말	60,000	160	37	
제8기 1919년 말	60,000	184	32	
제9기 1920년 말	60,000	189	31	
제10기 1921년 말	60,000	189	31	
제11기 1922년 말	60,000	184	32	
제12기 1923년 말	60,000	184	32	
제13기 1924년 말	60,000	180	33	
제14기 1925년 말	60,000	175	34	
제15기 1926년 말	60,000	167	35	
제16기 1927년 말	60,000	152	39	
제17기 1928년 말	60,000	129	46	
제18기 1929년 말	60,000	97	61	대주주 2명의 소유주식이 급증한 결과 주주 수가 급감함
제19기 1930년 말	60,000	91	65	
제20기 1931년 말	60,000	88	68	
제21기 1932년 말	60,000	89	67	
제22기 1933년 말	60,000	95	63	
제23기 1934년 말	60,000	90	66	
제24기 1935년 말	60,000	88	68	
제25기 상반기 1936년 9월 말	200,000	95	210	증자에 따라 주식 수가 증가

비고 1. 우리 회사의 '연도'는 그해 4월 1일부터 이듬해 3월 31일까지로 한다.

다음의 〈5년 주기 대주주 현황〉 표에 따르면, 제1기 말 500주 이상의 대주주는 22명이었다. 이들이 소유한 주식 총수는 57,760주, 1명 평균 2,574주였는데, 전체 60,000주의 92.9%에 해당하였다. 제5기 말 대주주는 여전히 22명으로, 소유주식 총수는 51,770주, 1명 평균 2,353주였다. 전체 60,000주의 86.2%에 해당하는 수치였다. 제10기 말 대주주는 21명, 소유주식 총수는 51,820주, 1명 평균 2,464주로, 전체 60,000주의 86.3%를 점하였다. 제15기 말에는 대주주 22명, 소유주식 총수는 52,170주, 1명 평균 2,371주로, 전체 주식의 86.9%를 점하였다. 제20기 말에는 대주주 수가 9명으로 격감하였으나, 소유주식 총수는 55,510주, 1명 평균 6,167주로, 대주주의 소유주식 수가 두드러지게 증가하였다. 전체 60,000주의 92.5%를 점하는 수치로, 2~3명의 대주주가 주식을 매수한 것이 대주주 소유주식 수에 영향을 미친 것으로 보인다. 제25기 상반기 말인 9월 말에는 증자로 인해 140,000주의 신주가 발행되면서 총주식 수에 대한 대주주의 소유주식 비율 등도 현저하게 변화할 것으로 전망되었다. 하지만 현실은 그렇지 않았다. 500주 이상의 주주 수는 19명, 소유주식 총수는 193,130주, 1명 평균 14,856주로, 전체 200,000주에 대해 96.5%를 점하는 비율을 보였다.

제1기 1912년 말 대주주 현황

(500주 이상)

성명	주소	주식 수	성명	주소	주식 수
李王職長官	경성	5,000	小池國三	東京	1,000
日本郵船株式會社 社長 男爵 近藤廉平	東京	10,000	麻生音波	진남포	800
大阪商船株式會社 社長 中橋德五郎	大阪	10,000	石垣孝治	원산	550
大池忠助	부산	8,650	原田金之祐	東京	500

성명	주소	주식 수	성명	주소	주식 수
堀力太郎	인천	5,000	原田十次郎	大阪	500
吉田秀次郎	원산	4,250	趙鎭泰	경성	500
大池喜三郎	大阪	2,000	大倉喜八郎	大阪	500
淸水文之輔	東京	2,000	韓相龍	경성	500
村上太三郎	東京	1,000	中村精七郎	진남포	500
福島浪藏	東京	1,000	右近權左衛門	大阪	500
植竹龍三郎	淸水	500	男爵 近藤廉平	東京	500

제5기 1916년 말 대주주 현황

(500주 이상)

성명	주소	주식 수	성명	주소	주식 수
李王職長官	경성	4,000	中村精七郎	진남포	1,660
李堈公	경성	500	福島浪藏	東京	1,000
李俊公	경성	500	藤井善助	京都	1,000
日本郵船株式會社 社長 男爵 近藤廉平	東京	10,000	小池國三	東京	810
大阪商船株式會社 社長 堀啓次郎	大阪	9,800	原田金之祐	東京	500
大池忠助	부산	8,000	原田六郎	大阪	500
堀力太郎	인천	4,000	男爵 大倉喜八郎	東京	500
吉田秀次郎	원산	2,500	梯茂太	부산	500
大池源二	부산	2,000	右近義太郎	大阪	500
淸水文之輔	東京	2,000	男爵 近藤廉平	東京	500
駒井龜治郎	兵庫	500	安部正也	兵庫	500

제10기 1921년 말 대주주 현황

(500주 이상)

성명	주소	주식 수	성명	주소	주식 수
李王職長官	경성	4,000	中野金次郎	福岡	1,100
李堈公	경성	500	日本共立生命保險會社 社長 藤井善助	京都	1,000
李俊公	경성	500	福島多幾	東京	900

성명	주소	주식 수	성명	주소	주식 수
日本郵船株式會社 社長 伊東米治郎	東京	12,500	中村精七郎	東京	800
大阪商船株式會社 社長 堀啓次郎	大阪	10,000	迫間房太郎	부산	780
大池忠助	부산	8,000	小池國三	東京	510
堀力太郎	인천	2,980	原田金之祐	東京	500
大池源二	부산	2,250	原田六郎	大阪	500
西脇合名會社 社長 西脇健治	東京	2,000	合名會社大倉組 頭取 男爵 大倉喜八郎	東京	500
吉田秀次郎	인천	1,500	右近權左衛門	大阪	500
男爵 近藤滋彌	東京	500			

제15기 1926년 말 대주주 현황

(500주 이상)

성명	주소	주식 수	성명	주소	주식 수
李王職長官	경성	4,000	中野金次郎	東京	1,100
李堈公	경성	500	恩田銅吉	경성	1,050
李鍝公	경성	500	日本共立生命保險 株式會社	京都	1,000
日本郵船株式會社	東京	12,600	福島多幾	東京	900
大阪商船株式會社	大阪	10,300	株式會社 中村組	경성	800
大池忠助	부산	6,600	迫間房太郎	부산	780
野村治一郎	兵庫	3,130	小池合資會社	東京	510
大池源二	부산	2,150	原田金之祐	滋賀	500
西脇合名會社	東京	2,000	原田六郎	大阪	500
吉田秀次郎	인천	1,750	合名會社 大倉組	東京	500
右近權左衛門	大阪	500	男爵 近藤滋彌	東京	500

제20기 1931년 말 대주주 현황

(500주 이상)

성명	주소	주식 수	성명	주소	주식 수
日本郵船株式會社	東京	28,320	原田金之祐	滋賀	500

성명	주소	주식 수	성명	주소	주식 수
大阪商船株式會社	大阪	21,290	原田六郎	大阪	500
大池源二	부산	2,000	合名會社 大倉組	東京	500
中野金次郎	東京	1,100	右近權左衛門	大阪	500
株式會社 中村組	경성	800			

제25기 상반기 1936년 9월 말 대주주 현황

(500주 이상)

성명	주소	주식 수		
		구주	신주	합계
株式會社朝鮮殖産銀行	경성	-	80,000	80,000
日本郵船株式會社	東京	28,220	28,020	56,240
大阪商船株式會社	大阪	21,790	21,290	43,080
大池源二	부산	2,000	2,000	4,000
朝鮮米穀倉庫株式會社	경성	-	2,000	2,000
國際通運株式會社	東京	1,000	1,000	2,000
中村汽船株式會社	神戸	800	800	1,600
朝鮮運送株式會社	경성	-	1,000	1,000
右近權左衛門	大阪	500	500	1,000
松原順太郎	小樽	650	-	650
株式會社 釜山商船組	부산	280	280	560
原田立之祐	滋賀	500	-	500
森辨治郎	경성	250	250	500

제2절 주식의 분석

우리 회사의 주식은 앞 절에서 서술한 것처럼 주주 수가 비교적 많지 않았다. 그 분포 상태를 다음과 같이 조선, 일본, 외국으로 구분해 통계

화해 보면, 창립 당시 조선과 일본의 비율은 조선 2에 대해 일본 1의 비율이었다. 그러나 창립 후 5년이 지난 1916년 말에는 역전되어 일본 측이 현저하게 증가하였다. 그 이후에는 조선 1에 대해 일본 3 내외의 비율을 일관되게 유지하였다. 1936년 상반기에는 증자의 영향으로 조선 46%, 일본 52%, 외국 1%의 비율이 되었다.

5년 주기 거주지별 주주 수

연도	거주지	주주 수	총주식 수에 대한 거주지별 비율(%)
창립 당시	조선	28	66.7
	일본	14	33.3
계		42	100
제1기 1912년 말	조선	36	66.7
	일본	18	33.3
계		54	100
제5기 1916년 말	조선	38	20.1
	일본	149	78.8
	외국	2	1.1
계		189	100
제10기 1921년 말	조선	53	28
	일본	134	70.9
	외국	2	1.1
계		189	100
제15기 1926년 말	조선	51	30.5
	일본	116	69.5
계		167	100
제20기 1931년 말	조선	30	34.1
	일본	58	65.9
계		88	100
제25기 1936년 상반기 말	조선	44	46.3
	일본	50	52.6
	외국	1	1.1
계		95	100

이것을 주식 수에 따라 다시 분포지역별로 세분화하였다. 500주 이상의 대주주를 관찰해 보면, 아래 표와 같이 창립 당시에는 조선 내 6개 지역의 주주가 10명으로, 그 주식 수는 28,300주[총주식 수의 47.2%]였다. 반면 일본은 2개 지역에서 11명, 주식 수는 27,500주[총주식 수의 45.8%]였다. 이후 매 5년 주기로 살펴보면 아래 표에서 볼 수 있듯이 조선 측 주주의 수가 서서히 감소한 반면 일본 측은 증가했는데, 제15기 1926년 말에는 조선은 3개 지역[7]에서 18,130주[총주식 수의 30.2%], 일본은 5개 지역에서 34,040주[총주식 수의 56.7%]였다. 제20기 1931년 말에는 조선은 2개 지역에서 2,800주[총주식 수의 4.7%]로 격감한 반면 일본은 3개 지역에서 52,710주[총주식 수의 87.8%]를 보이고 있다. 일본 측 주주가 지금까지의 통상적인 추이와는 반대로 격감한 것은 2~3명의 대지주가 주식을 매집하였기 때문이다.

제25기 상반기 1936년 9월 말에는 증자에 따른 신주를 조선에서 대부분 인수하였으므로 조선 대 일본의 비율이 다시 부활하였는데, 조선 내 2개 지역에서 86,060주[총주식 수의 42%], 일본은 5개 지역에서 107,220주[총주식 수의 53.6%]였다.

우리 회사의 주식은 창립 당시 60,000주였으나 증자로 인해 200,000주가 되었다. 지금까지 500주 이상의 대주주가 소유한 주식은 그 이하의 주주가 소유한 주식보다 상당히 많았는데, 총주식 수의 86%에서 96% 사이를 오르내리고 있다. 이러한 상황에 근거해서 본다면 우리 회사의 자본, 즉 주식의 과반수 이상은 지금도 여전히 일본에서 투자

---

7 원문에는 '9개' 도시로 되어 있으나, 다음의 표를 확인하면 '3개'의 오기로 확인된다.

되고 있는 것으로 판단할 수 있다. 또한 우리 회사의 대주주 중 2~3명의 대주주가 중심이었다는 것은 앞 절의 〈대주주 현황〉 표를 참조하면 바로 알 수가 있다.

창립 당시 주소지별 대주주 인원 및 소유주식 수
(500주 이상)

주소	주주 수	소유주식 수	총주식 60,000주에 대한 비율(%)
경성	3	6,000	10.0
부산	1	9,000	15.0
원산	2	6,500	10.0
인천	1	5,000	8.3
진남포	2	1,300	2.2
청진	1	500	0.8
조선 합계	10	28,300	47.2
東京	7	14,500	24.2
大阪	4	13,000	21.7
일본 합계	11	27,500	45.8
총계	21	55,800	93.0

제1기 1912년 말 주소지별 대주주 인원 및 소유주식 수
(500주 이상)

주소	주주 수	소유주식 수	총주식 60,000주에 대한 비율(%)
경성	3	6,000	10.0
부산	1	8,650	14.4
인천	1	5,000	8.3
원산	2	4,800	8.0
진남포	2	1,300	2.2
청진	1	500	0.8

주소	주주 수	소유주식 수	총주식 60,000주에 대한 비율(%)
조선 합계	10	26,250	43.8
東京	7	16,000	26.7
大阪	5	13,500	22.5
일본 합계	12	29,500	49.2
총계	22	55,750	92.9

제5기 1916년 말 주소지별 대주주 인원 및 소유주식 수
(500주 이상)

주소	주주 수	소유주식 수	총주식 60,000주에 대한 비율(%)
경성	3	5,000	8.3
부산	3	10,500	17.5
인천	1	4,000	6.7
원산	1	2,500	4.2
진남포	1	1,660	2.7
조선 합계	9	23,660	39.4
東京	7	15,310	25.5
大阪	3	10,800	18.0
京都	1	1,000	1.7
兵庫	2	1,000	1.7
일본 합계	13	28,110	46.9
총계	22	51,770	86.3

제10기 1921년 말 주소지별 대주주 인원 및 소유주식 수
(500주 이상)

주소	주주 수	소유주식 수	총주식 60,000주에 대한 비율(%)
경성	3	5,000	8.3
부산	3	11,030	18.4
인천	2	4,480	7.5
조선 합계	8	20,510	34.2

주소	주주 수	소유주식 수	총주식 60,000주에 대한 비율(%)
東京	8	18,210	30.4
大阪	3	11,000	18.3
福岡	1	1,100	1.8
京都	1	1,000	1.7
일본 합계	13	31,310	52.2
총계	21	51,820	86.4

제15기 1926년 말 주소지별 대주주 인원 및 소유주식 수

(500주 이상)

주소	주주 수	소유주식 수	총주식 60,000주에 대한 비율(%)
경성	5	6,850	11.4
부산	3	9,530	15.9
인천	1	1,750	2.9
조선 합계	9	18,130	30.2
東京	7	18,110	30.2
大阪	3	11,300	18.8
兵庫	1	3,130	5.2
京都	1	1,000	1.7
滋賀	1	500	0.8
일본 합계	13	34,040	56.7
총계	22	52,170	86.9

제20기 1931년 말 주소지별 대주주 인원 및 소유주식 수

(500주 이상)

주소	주주 수	소유주식 수	총주식 60,000주에 대한 비율(%)
경성	1	800	1.3
부산	1	2,000	3.3
조선 합계	2	2,800	4.7

주소	주주 수	소유주식 수	총주식 60,000주에 대한 비율(%)
東京	3	29,920	49.9
大阪	3	22,290	37.2
滋賀	1	500	0.8
일본 합계	7	52,710	87.8
총계	9	55,110	92.5

제25기 1936년 말 주소지별 대주주 인원 및 소유주식 수

(500주 이상)

주소	주주 수	소유주식 수			총주식 200,000주[8]에 대한 비율(%)
		구주	신주	계	
경성	3	250	81,250	81,500	40.8
부산	2	2,280	2,280	4,560	2.3
조선 합계	5	2,530	83,530	86,060	42.0
東京	3	29,220	30,020	59,240	29.6
大阪	2	22,290	22,290	44,580	22.3
兵庫	1	800	800	1,600	0.8
小樽	1	650	650	1,300	0.7
滋賀	1	500	–	500	0.2
일본 합계	8	53,460	53,760	107,220	53.6
총계	13	55,990	137,290	193,280	96.6

---

8 원문에는 60,000주로 되어 있으나 증자 이후이므로 200,000주로 수정하였다.

제3장

사채社債

제1절 제1회 사채

우리 회사는 제4편 제1장 자본금 부분에서 서술한 것처럼 창립자본금 3,000,000엔으로는 사업자금으로 부족하다고 판단하였고, 1919년 4월 정시주주총회에서 자본금을 6,000,000엔으로 증액하기로 결의하였다. 제반 사항을 준비하면서 실행할 적당한 시기를 엿보고 있었으나, 결의 후 얼마 되지 않아 경제 상황이 악화되면서 결국 증자할 기회를 잡지 못했다. 선박의 개량과 보충에 필요한 자금을 차입금으로 충당했기 때문에 1915년 11월경 조선은행朝鮮銀行에 대한 누적 차입금은 2,640,000엔에 달했다. 그런데 이 차입금에 대한 이자와 사채 발행 이율을 대조해 본 결과, 사채를 발행해 차입금을 상환하는 쪽이 유리하였다. 이에 1926년 3월 임시주주총회를 소집해 아래와 같은 요항要項으로 조선은행을 인수자로 한 물상담보부사채物上擔保附社債[9] 발행 건을 결의하였다. 그해 5월 제1회 물상담보부사채 2,500,000엔을 발행해 전술한 차입금을 상환하였다.

(1) 발행총액	2,500,000엔
(2) 사채의 액면	100엔/ 500엔/ 1,000엔/ 5,000엔의 4종으로 하며, 무기명(無記名) 쿠폰부 사채(利札付債券, Coupon bond)[10]로 한다.
(3) 이율	연 7.5%
(4) 발행가격	인수자가 정한 바에 따른다. 단, 발행자의 수취금(手取金)은 100엔에 대해 96엔 25전의 비율로 한다.
(5) 상환방법 및 기한	발행한 날로부터 1년간 거치한 후, 매년 1회 추첨에 따라 다음의 비율로 상환한다. 연 2년째 금 400,000엔 연 3년째 금 450,000엔 연 4년째 금 500,000엔 연 5년째 금 500,000엔 연 6년째 금 600,000엔 단, 발행자는 자신의 사정에 따라 60일 전에 예고한 후 추첨에 따라 그 일부 또는 전부를 상환할 수 있다.
(6) 신청 및 불입 일자	인수자가 정한다.
(7) 원리금 지불 장소	조선은행 본점 및 조선 내 각 지점
(8) 이자 불입 일정	인수자가 정한다.
(9) 물상담보	발행자가 소유한 기선 28척에 제1위 저당권을 설정한다.
(10) 모입(募入) 결정방법	응모를 초과한 경우에는 인수자가 적당하게 결정한다.
(11) 신청 증거금	액면 100엔에 대해 금 3엔으로 한다

앞의 제1회 사채는 다음의 제2회 발행 차체금(借替金)[11]으로 1928년 5월 1일 전액 상환하였다.

---

9 사채권자의 채권을 담보하기 위하여 물상담보(物上擔保)가 붙여진 사채를 일컫는다. 여기서 물상담보는 채권의 경제적 가치가 물건이 가지는 특정 가치에 의해 보장되는 담보로, 조선우선주식회사가 소유한 기선에 저당권을 설정한 것이다.

10 원문에는 '무기명이찰부(無記名利札付)'라고 되어 있다. 사채 이자를 지급하는 한 방법으로, 일정한 기간마다 납입해야 할 이자액을 적은 무기명의 이자표[이자교환권]가 채권에 첨부되어 있어 인수자가 정해진 날에 이자표를 떼어주면 발행자가 이자를 지급하는 형태이다.

11 빚[사채]을 상환할 목적으로 새로 차입한 돈을 일컫는다.

제2절 제2회 사채

제1회 사채 2,500,000엔 중 제1회 상환액 400,000엔의 지불仕拂[12] 기일은 1928년 5월 1일이었다. 당시 회사의 자금 상태는 신규 건조선박 백두산마루의 대금 지불 등으로 인해 이 상환금 외에도 500,000엔 정도의 조달금이 필요한 상황이었다. 일본 시장으로 가 은밀한 상담을 시도하였고, 노무라은행野村銀行으로부터 사채 3,000,000엔을 6.5%의 이율로 인수하겠다는 확답을 받았다. 이에 따라 제2회 물상담보부사채 3,000,000엔을 발행해 제1회 사채 전액 상환 및 선박자금 500,000엔을 해결하는 것이 유리할 것으로 판단하였다. 1928년 3월 7일 임시주주총회를 소집해 아래의 요항에 따라 오사카의 노무라은행을 인수자로 한 사채를 발행하기로 하였다. 그해 5월 1일 사채를 발행해 제1회 사채 상환금 및 선박자금으로 사용하였다.

(1) 사채의 총액	금 3,000,000엔
(2) 사채의 금액	100엔/ 500엔/ 1,000엔/ 5,000엔의 4종으로 하며, 무기명 쿠폰부 사채로 한다.
(3) 사채의 이율	연 6.5%로 하며, 매년 5월 1일 및 10월 1일 2회에 이전 6개월분의 이자를 이자교환권(利札)과 교환해 지불한다. 단, 상환할 때 반년을 채우지 못한 것은 일할(日割)로 계산해서 상환기일 이후에 이자교환권을 붙인다.
(4) 상환기한	1930년 5월 1일까지 거치한 이후 5년 내에 다음의 비율로 채권과 교환해 상환하며, 별도로 한 달 전에 예고한 후 수시 상환할 수 있다. 단, 일부의 상환은 추첨에 의거한다. 1931년 5월 1일 금 500,000엔 1932년 5월 1일 금 500,000엔 1933년 5월 1일 금 500,000엔

---

12 시하라이(しはらい, 仕拂)는 채무를 변제하기 위해 금전 또는 어음을 지급하는 것을 일컫는다.

	1934년 5월 1일 금 500,000엔
	1935년 5월 1일 금 1,000,000엔
(5) 발행가격	액면 100엔에 대해 100엔
(6) 원리금 지불 장소	조선은행 본점 및 조선 내 각 지점
(7) 물상담보	발행자의 소유기선 금강산마루에 순위 제1번 저당권 및 평안마루(平安丸) 외 27척에 순위 제2번의 저당권을 설정하고, 이에 대한 선순위 저당권을 본 채권 발행 후 지체없이 말소한다.

앞의 제2회 사채는 추첨으로 1931년 5월 1일 제1회 원금 500,000엔을, 1932년 5월 1일에는 제2회 원금 500,000엔을 상환하였다. 그런데 당시 시장 금리는 서서히 하락하는 추이로, 이 사채의 이율보다 낮은 비율로 책정되었다. 게다가 신탁 혹은 저당권 설정 등과 같은 공식적인 수속이 필요없어 융통을 받는다는 전제를 붙인다면 채산상 자못 유리하였다. 이에 미쓰비시신탁주식회사三菱信託株式會社와 교섭해 연 6%의 이율에 소유기선을 담보로 저당잡기로 하고, 공정증서公正證書에 따라 2,000,000엔을 차입하였다. 1933년 5월 1일 제3회 원금 상환기에 앞선 제2회 사채 잔액 2,000,000엔을 일시에 상환하였고, 이어 1936년 4월에는 미쓰비시신탁주식회사로부터 차입한 2,000,000엔에 대한 상환도 완료하였다.

제4장

적립금

적립금의 종류는 「상법商法」에서 규정한 법정준비적립금法定準備積立金, 「정관」에서 규정한 선박수선적립금船舶修繕積立金 및 회사가 임의로 정한 별도적립금別途積立金, 직원은급기금적립금職員恩給基金積立金, 배당평균준비적립금配當平均準備積立金, 선박보험적립금船舶保險積立金의 6종류가 있다. 아래에서 각 적립금에 대해 서술한다.

(1) 법정준비적립금

「상법」 규정에 따라 매 영업기마다[1년에 2회] 이익금의 5/100 이상을 적립하는 것으로, 지금까지 24년 6개월 동안 적립한 총액은 246,760 엔이다.

법정준비적립금 연간 누적표

연도	적립금액(엔)	연도	적립금액(엔)
1912년	2,870	1925년	11,249
1913년	3,197	1926년	18,030
1914년	2,673	1927년	9,031

연도	적립금액(엔)	연도	적립금액(엔)
1915년	7,080	1928년	2,650
1916년	20,000	1929년	1,080
1917년	21,000	1930년	2,900
1918년	21,000	1931년	-
1919년	14,000	1932년	5,070
1920년	7,510	1933년	8,500
1921년	15,200	1934년	17,000
1922년	10,950	1935년	8,500
1923년	16,170	1936년 상반기	6,500
1924년	14,600	합계	246,760

(2) 선박수선적립금

「정관」 규정에 따라 매 영업기간 수입 중에서 적립하는 것으로, 창업 당시 「정관」은 선박대수선적립금船舶大修繕積立金을 제조 또는 구입 선박 가격 의 1/100 이상[1년 2/100]으로 규정하였다. 매 분기마다 이 비율에 따라 적립했는데, 조난선 수선 등 특히 많은 비용이 드는 것을 이 적립금에서 지출하였다. 1932년 상반기부터는 제조 또는 구입 선박 가격의 1.5/100 이상[1년 3/100]으로 개정해 적립하였고, 선박수선비는 그 금액에 관계 없이 모두 본 적립금 감정勘定[13]에서 지출하였다.

아래에 게재한 연간 누적표에서 볼 수 있듯이 지금까지 24년 6개월 동 안 적립한 총액은 3,355,105엔, 지출한 총액은 2,233,115엔이고, 현재 잔액은 1,121,989엔이다. 본 적립금의 지출액 중에는 선박수선비 이외에 1924년 선가절하자금船價切下資金으로 사용한 500,000엔, 1932년 별도적 립금으로 이월한 200,000엔이 포함되어 있다.

---

13 자산이나 부채 등의 계정(計定)을 일컫는다.

244 제4편_자본

선박수선비적립금 연간 누적표

(1엔 미만은 절사함)

연도	적립금(엔)	지출금(엔)	누계(엔)	비고
1912년	15,065	3,806	11,259	
1913년	18,901	17,808	12,353	
1914년	24,136	27,003	9,485	
1915년	32,432	-	41,918	
1916년	71,925	-	113,843	
1917년	122,080	-	235,924	
1918년	112,598	-	348,522	
1919년	79,398	-	427,921	
1920년	88,855	97,608	419,168	
1921년	106,890	-	526,059	
1922년	114,739	101,760	539,038	
1923년	115,597	38,395	616,240	
1924년	140,770	509,161	247,850	지출 중 50,000엔은 선가절하자금으로 지출한 것이다.
1925년	153,237	7,199	393,887	
1926년	161,190	5,072	550,005	
1927년	163,256	61,383	651,878	
1928년	177,105	118,240	701,744	
1929년	183,246	46,848	847,142	
1930년	176,912	35,946	988,107	
1931년	159,599	52,147	1,095,560	
1932년	238,494	337,741	996,313	지출 중 200,000엔은 별도적립금으로 이월한 것이다. 또한 금년부터 수선비는 전부 본 감정에서 지출하며, 적립률은 3/100으로 하였다.
1933년	222,658	201,635	1,017,336	
1934년	292,167	229,836	1,079,667	
1935년	252,890	217,369	1,115,118	
1936년 상반기	130,951	124,150	1,121,989	
합계	3,355,105	2,233,115	-	

(3) 직원은급기금적립금

1915년 5월 회사직원을 위한 퇴직수당, 치료비, 조제수당弔祭手當 규정을 제정하였다. 퇴직수당은 재직 당시 받은 급여총액과 근속연수에 따라 계산해 지급액을 정하고 매 영업연도의 경비로 정리해 왔다. 그런데 세월이 지나면서 직원의 근속연수는 누적되었고, 급여액 또한 상당히 많이 올랐다. 여기에 매 분기 급여액이 일정하지 않다 보니 경리상 지장을 초래하는 부분이 많았다. 이에 1924년부터 직원은급기금적립금 감정을 설정해 해마다 상당한 금액을 적립하고, 이를 자금으로 해서 본 감정의 지출을 정리하는 것으로 수정하였다.

하지만 이후 최근까지는 영업성적이 좋지 않아 매 분기 영업수지에서 필요한 금액을 적립하지 못하는 경우가 많았는데, 별도적립금에서 끌어와 가까스로 채워 놓는 실정이었다. 최근 영업이 다소 호전되면서 상당한 금액의 적립을 확립하였다. 이제 겨우 여유를 보이기 시작한 것이다. 본 감정의 수지 상황은 아래의 표와 같다.

직원은급기금적립금 연간 누적표

(1엔 미만은 절사함)

연도	적립금(엔)	지출금(엔)	누계(엔)	비고
1924년	20,000	–	20,000	
1925년	10,000	17,902	12,097	
1926년	70,000	26,876	55,221	
1927년	10,000	6,915	58,305	
1928년	–	43,098	15,207	
1929년	50,000	7,538	57,668	별도 적립금에서 이월 적립
1930년	20,000	52,032	25,635	
1931년	70,000	45,147	50,487	별도 적립금에서 이월 적립

연도	적립금(엔)	지출금(엔)	누계(엔)	비고
1932년	60,000	57,756	52,731	
1933년	60,000	51,417	61,314	
1934년	60,000	20,462	100,851	
1935년	40,000	36,722	104,129	
1936년 상반기	25,000	25,490	103,638	
계	495,000	391,361	-	

(4) 별도적립금

제1차 세계대전 당시 해운계는 상당한 호경기로, 각 업자들은 미증유의 이익을 거두었다. 당시는 우리 회사가 오로지 연안항로에만 종사하던 시기로, 명령항로만을 경영하고 있었다. 사명의 수행에 전력을 기울이며 자의적인 활동을 할 여력이 없다 보니 다른 업자들을 따라갈 수가 없었다. 그럼에도 불구하고 매 분기 채산상 약간의 이익은 발생하였다. 이에 1915년 하반기부터 장래의 불황에 대비할 대책으로 약간의 금액을 별도 적립하기 시작하였다. 1918년까지 계속 유지해 330,000엔을 축적하였다.

그 얼마 뒤 호경기에 뒤따른 반동적 불경기가 찾아왔고, 매 분기 수지계산收支計算[14]을 맞추기가 여의치 않았다. 1928년부터 1931년까지 4년 동안 258,000엔을 수지계산을 맞추거나 혹은 기타 적립금 등으로 이월해 사용하면서 잔액은 72,000엔이 되었다. 여기에 1932년 수선적립금 200,000엔을 이월해 적립하였다. 1934년에는 이익금 중 115,000엔을 적립하였다. 현재 총액은 387,000엔이다.

---

14 수입과 지출의 계산을 일컫는다.

별도적립금 연간 누적표

연도	적립금(엔)	지출금(엔)	누계(엔)	비고
1915년	20,000	-	20,000	
1916년	110,000	-	130,000	
1917년	120,000	-	250,000	
1918년	80,000	-	330,000	적립 또는 지출이 없는 연도는 생략한다. 이하 동일
1928년	-	50,000	280,000	
1929년	-	58,000	222,000	이 중에서 50,000엔은 직원은급기금적립금으로 사용
1930년	-	30,000	192,000	
1931년	-	120,000	72,000	이 중에서 70,000엔은 직원은급기금적립금으로 사용
1932년	200,000	-	272,000	수선적립금에서 이월
1934년	115,000	-	387,000	
계	645,000	258,000	-	

(5) 배당평균준비적립금

전항 별도적립금과 같은 이유와 동기로, 이 적립금 또한 1917년부터 1919년까지 3년 동안 165,000엔을 적립하였다. 그러나 1920년부터 1927년까지 4년간 전액 165,000엔을 지출해 잔고는 남아 있지 않다.

배당평균준비적립금 연간 누적표

연도	적립금(엔)	지출금(엔)	누계(엔)	비고
1917년	70,000	-	70,000	
1918년	70,000	-	140,000	
1919년	25,000	-	165,000	
1920년	-	60,000	105,000	적립 및 지출이 없는 연도는 생략한다. 이하 동일
1922년	-	35,000	70,000	

연도	적립금(엔)	지출금(엔)	누계(엔)	비고
1925년	-	20,000	50,000	
1927년	-	50,000	-	
계	165,000	165,000	-	

(6) 선박보험적립금

우리 회사의 소유선박은 대·소 또는 목선木船, 철선鐵船의 구분 없이 모두 보험회사의 보험에 들어 있다. 1928년경 목선은 함남마루咸南丸, 함북마루咸北丸, 영덕마루盈德丸, 창원마루昌原丸 등 소형선박 4척에 불과했는데, 이들은 모두 연안의 단거리 노선에 취항하였으므로 조난사고를 당할 일이 매우 적었다. 그럼에도 불구하고 보험료율은 상당히 높아 경제적이지 않았다. 1928년 하반기 계약이 만료되는 것부터 보험회사에 든 부보험附保險을 중지하였고, 대신에 자가보험으로서 각 선박 시세의 5/100를 선박보험적립금으로 적립하기 시작했다. 1931년까지 적립을 유지했으나 그해를 마지막으로 이들 선박 전부를 처분하였다. 그동안 본 적립금에서 지출할 만한 손해가 없었기 때문에 총 3,814엔 7전이 적립금으로 축적되어 있었다. 1932년 전액을 수지계산으로 이월해 현재는 1엔도 남아있지 않다.

선박보험적립금 연간 누적표

(1엔 미만은 절사함)

연도	적립금(엔)	지출금(엔)	누계(엔)	비고
1928년	42	-	42	
1929년	2,298	-	2,341	
1930년	1,088	-	3,429	
1931년	384	-	3,814	
1932년	-	3,814	-	

이상의 각종 적립금을 1936년 상반기 말 현재 금액으로 다시 정리하면 아래와 같이 총 1,859,387엔이다. 마지막으로 〈매 5년 주기 영업자본금 일람표〉를 참고삼아 제공한다.

법정준비적립금	246,760엔
선박수선적립금	1,121,989엔
직원은급기금적립금	103,638엔
별도적립금	387,000엔
합계	1,859,387엔

매 5년 주기 영업자본금 일람표

(1엔 미만은 절사함)

연도	불입자본금(엔)	사채(엔)	제 적립금(엔)	합계(엔)	불입자본금에 대한 적립금 비율(%)
1912년	750,000	–	14,129	764,129	1.8
1916년	1,500,000	–	279,663	1,779,553	18.6
1921년	3,000,000	–	1,075,589	4,075,589	35.8
1926년	3,000,000	2,500,000	1,170,755	6,670,755	39.0
1931년	3,000,000	2,500,000	1,423,051	6,923,051	47.4
1936년 상반기	4,750,000	–	1,859,387	6,609,387	39.1

제5장
관계회사

제1절 조선기선주식회사^{朝鮮汽船株式會社}

1923년경 부산을 중심으로 한 조선 남부지역 일대의 연안항로에는 우리 회사가 부산−여수선, 부산−울릉도선 등 조선총독부 명령항로를 경영하였을 뿐만 아니라 다른 많은 선주가 할거하면서 발동기선을 운항하고 있었는데, 매우 격렬한 경쟁이 연출되었다. 우리 회사와 같은 기선 경영으로는 매번 발동기선에 압박되어 곤경에 빠지기 일쑤였다. 이러한 때 우리 회사는 본연의 사명에 충실하는 한편 현 상황을 그대로 방치했을 때 발생하게 될 결과를 우려하였다. 우수한 선박을 건조해 이에 대응하며 국면을 타개해 나가야 한다고 판단하였다.

이에 따라 여객 전문의 디젤기관^{Diesel機關} 철선^{鐵船} 2척을 157,700엔의 가격에 고베조선소^{神戸造船所}로 주문하였다. 1925년 1월 선박을 준공해 부산으로 회항시키자, 과연 다른 선주들 사이에서 합동하는 것이 득책이라는 의견이 대두하였다. 이를 기회로 주요 선주들에 대해 합동을 종용하였다. 여러 우여곡절 끝에 간신히 합동회사를 설립하자는 의견을 수합하였고, 아래와 같이 발기인 및 인수 주식 수를 결정하였다.

1925년 2월 10일 발기인 총회를 열어 발기인 총대 오이케 츄스케大池忠助 씨를 의장으로 추천하였고, 「정관」과 기타 모든 것을 확정하였다. 자본금 1,000,000엔, 주식 수는 20,000주, 1주 가격은 50엔, 제1회 불입은 25엔, 현물 불입으로 제공받은 선박은 23척. 이렇게 해서 조선기선주식회사가 설립되었다.

발기인 및 인수주식 수					
	성명	주식 수		성명	주식 수
	朝鮮郵船株式會社	8,430	○	恩田銅吉	100
	統營海運會社	4,940		大池忠助	100
	大池源二	1,657	○	石垣孝治	100
	山本利吉	1,240		伊藤庄之助	100
	須ノ内常太郎	862		福島彌市良	100
	中村松三郎	641	○	三原正三	100
	統營回漕合資會社	494	○	廣瀬博	100
○	食堂貫一	100	○	池松時雄	100
	堀田松二郎	420	○	埋橋美也	100
	上原龜太郎	216		服部源次郎	100

[○는 우리 회사 관계자]

발기인회에서 선임된 역원은 아래와 같다. 곧바로 역원회를 열어 이시가키 고지石垣孝治를 사장으로, 우즈하시 미야埋橋美也를 전무취체역으로, 후쿠시마 야이치료福島彌市良를 상무취체역으로 호선하였다.

○	취체역	이시가키 고지石垣孝治
○	취체역	우즈하시 미야埋橋美也
	취체역	후쿠시마 야이치료福島彌市良
	취체역	스노우치 츠네타로須ノ內常太郎
	취체역	핫토리 겐지로服部源次郎
○	취체역	히로세 히로시廣瀨博
○	감사역	이케마츠 도키오池松時雄
	감사역	우에하라 가메타로上原龜太郎

[○는 우리 회사 관계자]

우리 회사는 앞서 신규 건조한 디젤선[하토마루鳩丸, 하야후사마루隼丸]을 주식 불입금 172,000엔에 상응하는 현물로써 제공하였고, 나머지 부족한 금액은 현금으로 불입하였다. 이렇게 해서 우리 회사 및 관계자는 총 8,500주를 취득하며 출자하였다. 다른 발기인이 제공한 선박과 합치면 23척이었는데, 이로써 바로 영업을 개시할 수 있었다.

그러나 우리 회사가 제공한 2척 외에는 대부분 오래된 노후 선박으로 능률이 매우 떨어졌다. 선박 수도 부족해 이를 보충하고 개량할 필요성이 제기되었다. 하지만 당시 일반 경제계는 불황의 늪에 빠져 있었고, 해운계 또한 부진한 때로 업적이 좋지 않았다. 자금 조달조차 여의치 않은 상황이었다. 우리 회사는 자금융통, 차관보증 등을 적극적으로 지원하면서 조선기선주식회사가 난관에 적극적으로 대응할 수 있도록 하였다. 그 결과 업적이 해마다 향상되어 현재는 내용의 충실과 사업의 발전을 기대할 수 있게 되었다. 아래에 조선기선주식회사의 최근「대차대조표」및 역대 역원표를 참고삼아 제공한다.

대차대조표

차변		대변	
과목	금액(엔)	과목	금액(엔)
拂込未濟 株金	450,000.00	株金	1,000,000.00
선박대금	1,093,754.00	법정준비적립금	21,900.00
棧橋 및 艀船 代價	2,700.00	선박보험 및 수선적립금	21,647.91
건물 代價	8,467.00	직원은급기금적립금	15,026.00
집기	2,053.00	별도적립금	22,500.00
航路權 및 老鋪料	4,200.00	직원적립금	26,456.80
저축품	15,790.48	차입금	477,000.00
유가증권	6,562.50	취급점 보증금	25,570.00
선박 代價 假拂	1,402.30	저축품대 미불금	3,580.15
미경과 보험료	5,091.25	仕拂未濟 배당금	277.90
은행	39,882.22	결산 미제금	3,639.77
금은	16,074.22	각 지점	984.78
각 취급점	23,956.17	국세 담보금	7,173.30
조선철도	400.26	전기 이월금	13,817.72
정부	13,854.04	당기 이익금	50,679.10
직영	2,635.99		
토지대 假拂	3,430.00		
합계	1,690,253.43	합계	1,690,253.43

역대역원

○　故　이시가키 고지石垣孝治　　　제1기부터 제6기까지 취체역사장

○　　　히로세 히로시廣瀨博　　　　제1기부터 현재까지 취체역
　　　　　　　　　　　　　　　　　제7기부터 제12기까지 사장

○　　　야마다 마사루山田勝　　　　제7기부터 제8기까지 감사역
　　　　　　　　　　　　　　　　　제9기부터 현재까지 취체역
　　　　　　　　　　　　　　　　　제13기부터 사장

○　故　우즈하시 미야埋橋美也　　　제1기부터 제5기까지 전무취체역

　　　　후쿠시마 아이치료福島彌市良　제1기부터 현재까지 상무취체역

	오이케 겐지大池源二	제1기부터 현재까지 취체역
故	스노우치 츠네타로須ノ內常太郎	제1기부터 제7기까지 취체역
故	핫토리 겐지로服部源次郎	제1기부터 제4기까지 취체역
○	이케마츠 도키오池松時雄	제1기부터 제6기까지 감사역 제7기부터 제8기까지 취체역
	우에하라 가메타로上原龜太郎	제1기부터 제3기까지 감사역
	마츠이 유지로松井邑次郎	제7기부터 제8기까지 취체역 제9기부터 현재까지 상담역
	하라다 코지原田綱治	제5기 중 감사역
	마츠오 시게노부松尾重信	제4기 중 감사역
	고다마 시카이치兒玉鹿一	제7기부터 현재까지 감사역
○	고부케 요시베小武家芳兵衛	제9기부터 현재까지 감사역
○	온다 도우키치恩田銅吉	제1기부터 제5기까지 상담역
故	오이케 츄스케大池忠助	제1기부터 제5기까지 상담역
○	모리 벤지로森辨治郎	제8기부터 현재까지 상담역

[○는 우리 회사 관계자]

조선기선주식회사의 업적은 창립 후 3년까지는 상당히 좋아 5% 내지는 7%의 주주배당을 하였다. 그러나 4년 후인 1927년부터는 일반 경제계가 불황 국면으로 들어간 가운데 10년 뒤, 1933년까지 불과 2반기=半期[15]만 소액의 배당을 하였을 뿐 무배당으로 일관할 수밖에 없는 안타까운 상황이 이어졌다. 그사이 많은 어려움을 이겨내며 내용의 충실을 위해 노력한 결과 소유선박의 경우 모두 면목을 일신하였다. 1933년 하

---

15 회사의 영업 실적은 매년 상·하반기로 나누어 정산하는데, 이때 상반기 내지는 하반기를 반기(半期)라고 한다.

반기부터는 일반 경제계의 회복과 함께 업적도 회복되어 가까스로 3%의 배당을 부활시켰다. 이후 더욱더 늘어나 1934년 하반기에는 8%의 배당을 하게 되었다. 1935년 상반기 7%로 배당을 줄인 이후 1936년 하반기까지 3반기三半期는 모두 8%의 배당을 지속하는 호성적을 냈다.

조선기선주식회사의 현재 역원은 다음과 같다. 우리 회사 관계자 가운데에서 취체역 3명, 감사역 1명, 상담역 1명이 선출되었다.

○	사장취체역	야마다 마사루山田勝
	상무취체역	후쿠시마 아이치료福島彌市良
○	취체역	히로세 히로시廣瀬博
	취체역	오이케 겐지大池源二
○	취체역	다케토미 켄고武富謙吾
	감사역	고다마 사카이치兒玉鹿一
○	감사역	고부케 요시베小武家芳兵衛
○	상담역	모리 벤지로森辨治郎
	상담역	마츠이 유지로松井邑次郎

[○는 우리 회사 관계자]

제2절 주식회사남대문빌딩株式會社南大門Building

우리 회사의 본점 사무소는 창립 당시 경성京城 남대문통南大門通 1정목町目에 소재한 관유건물官有建物 광통관廣通館을 임대해 사용하였다. 1914년 2

월 건물 내부 화재로 경성 종로통鐘路通 2정목 일한가스전기주식회사日韓瓦斯電氣株式會社 소유의 건물을 차입해 이전했다. 1915년 4월 앞서 언급한 광통관이 수선·복구되기를 기다렸다가 복귀하였고, 이후 계속해서 이 건물을 사용하였다. 해마다 사원이 증가하는 등으로 공간이 매우 협소해졌지만, 건물 소유주가 정부에서 조선상업은행朝鮮商業銀行으로 바뀌면서 사용 평수를 확대할 여지는 없었다. 1923년 4월 경성 광화문통光化門通에 소재한 다케우치竹內 씨 소유가옥을 차입해 이전했으나 이 역시 평수가 넉넉하지 않아 불편을 해소하기에는 충분하지 않았다.

우리 회사는 경성 남대문통 5정목에 부지를 소유하고 있었다. 당시에는 해상 설비를 갖추는 데에 분주하였으므로 사무소 신축에 자금을 투자할 만한 여유가 없었다. 하지만 달리 만족할 만한 사옥을 얻을 전망이 없었고, 채산의 측면에서 보더라도 신축하는 것이 오히려 유리할 것으로 판단되었다. 이에 별도의 경영회사를 창립해 우리 회사의 소유 부지에 건물을 신축하도록 한 후, 이를 사용하자는 안을 결의하였다.

이후 우리 회사 및 사원 중에서 법정 수의 주주를 정하였고, 이들을 발기인으로 해서 1925년 9월 22일 발기인 총회를 개최하였다. 이 총회에서 자본금 120,000엔, 주식 수 6,000주, 1주의 금액은 20엔, 주금 전액을 불입하기로 결정하고 주식회사남대문빌딩을 창립하였다. 이달 24일 주금 불입을 완료하고 모든 수속을 끝냈다. 당시의 주주 및 인수한 주식 수, 역원은 다음과 같다.

창립 당시의 주주 및 인수한 주식 수

조선우선주식회사朝鮮郵船株式會社	5,000주
온다 도우키치恩田銅吉	500주
이시가키 고지石垣孝治	250주
이케마츠 토키오池松時雄	50주
미하라 쇼우산三原正三	50주
오쿠사 마타시치大草又七	50주
가와세 마사오河瀨政男	50주
와타나베 고타로渡邊弘太郎	50주

창립 당시의 역원

전무취체역	온다 도우키치恩田銅吉
취체역	이시가키 고지石垣孝治
취체역	이케마츠 토키오池松時雄
취체역	미하라 쇼우산三原正三
감사역	오쿠사 마타시치大草又七

* 취체역 이케마츠 도키오池松時雄, 감사역 오쿠세 마타시치大草又七를
  상무로 할 것

주식회사남대문빌딩은 바로 빌딩 신축 계획에 착수하였다. 우리 회사
가 소유한 경성 남대문통 5정목 소재의 부지 380평 남짓을 대금
100,000엔에 매입하는 한편 총 공사비 85,500여 엔을 투자해 지상 3
층, 지하 1층의 건평 109평 남짓, 총평수 404평 남짓의 벽돌건물을 건

축하기로 결정하였다. 빌딩은 그해 5월에 기공해, 12월에 준공되었다. 우리 회사는 3층 전부와 1층 지하실 등 몇몇 사무실을 임대해 그해 12월 25일 이전하였다.

　주식회사남대문빌딩의 자본금은 120,000엔으로, 앞에서 언급한 부지매수 및 건축비로 사용하기에는 부족했다. 이에 따라 우리 회사의 보증·지원하에 부지를 담보로 해서 조선식산은행으로부터 금 80,000엔을 차입해 자본금으로 충당하였다. 이후 대실업貸室業을 계속 경영했는데, 1932년 2월 말 결산한 결과 건축자금 차입금을 매년 상환해 남은 금액이 23,500엔에 불과했다. 반면 자산 총액은 170,900여 엔에 달했다. 주금 차입금을 공제하고도 상당한 금액이 남아, 회사를 설립한 목적은 대략 달성한 듯했다.

　그해 3월 정기주주총회에서 회사의 해산과 취체역 이케마츠 토키오池松時雄의 정산인精算人 선임, 이월 이익금 24,000엔의 배당 건을 결의하였다. 바로 법률상 수속을 밟아 정산에 부쳤고, 그 소유토지는 104,307엔, 건물은 68,249엔 57전에 우리 회사가 매수했다. 회사를 정산하고 남은 재산 124,236엔 32전은 주주에게 배당하였고, 우리 회사가 이를 수납하였다. 5월 29일 임시주주총회를 소집해 이 정산을 부의하였다. 이에 해산 수속을 완료하였다.

해산 당시의 역원

| 전무취체역 | 모리 벤지로森辨治郎 |
| 취체역 | 이케마츠 토키오池松時雄 |

취체역	야마다 마사루山田勝
취체역	쇼쿠도 칸이치食堂貫一
감사역	아마이 긴노스케今井金之助
	[모두 우리 회사 관계자]

제5편

사무조직

제1장
정관

제1절 개업 당시의 「정관」

우리 회사 창립 당시 창립위원이 결정한 「정관」은 제3조에 "조선 연안에서 해운업을 영위함을 목적으로 한다"라고 하였다. 회사 설립에 관한 조선총독의 허가도 이에 의거해서 받았다. 그러나 성립 직전 창립위원회에서 이 제3조를 "본 회사는 조선 연안에서 운송업을 영위함을 목적으로 한다. 단, 필요에 따라서는 부업艀業, 창고업, 대리업, 상업, 제 증권의 할인 및 하환荷換, 기타 운송업과 관련된 업무, 그리고 조선 연안 이외의 항로에서 운송업을 경영할 수 있다"로 변경하였고, 다시 조선총독의 변경 허가를 받아 확정하였다. 즉, 다음의 「정관」이 개업 당시의 것이다.

조선우선주식회사 정관〔개업 당시〕

제1장 총칙

제1조 본 회사는 조선우선주식회사라고 칭한다.

제2조 본 회사는 조선 경기도 경성京城에 본점을 두고, 기타 요지에 지점, 출장소, 또는 대리점을 둔다.

지점의 소재지는 다음과 같다.

부산지점　　　경상남도 부산釜山

제3조 본 회사는 조선 연안에서 운송업을 영위함을 목적으로 한다. 단, 필요에 따라서는 부업, 창고업, 대리업, 상업, 제 증권의 할인 및 하환, 기타 운송업과 관련된 업무, 그리고 조선 연안 이외의 항로에서 운송업을 경영할 수 있다.

제4조 본 회사의 자본금은 3,000,000엔으로 한다.

제5조 본 회사의 주주는 제국신민으로 한정한다.

제6조 본 회사의 존립기간은 설립한 날로부터 만 20개년으로 한다. 단, 주주총회의 결의 후 조선총독의 인가를 받아 다시 이 기간을 연장할 수 있다.

제7조 본 회사의 공고는 본점 소재지 관할구 재판소가 공고를 싣는 신문지에 게재한다.

제8조 본 회사의 「정관」은 주주총회의 결의 후 조선총독의 인허를 받아 변경할 수 있다.

제9조 본 회사는 조선총독의 특허를 받아 설립한 것으로, 조선총독부가 이미 발령한 명령 및 장래 발령할 그때그때의 명령을 준수해야 한다.

제2장 주식

제10조 본 회사의 주식은 60,000주로 하며, 1주의 금액은 50엔으로 한다.

제11조 본 회사의 주권은 기명식記名式으로 하며, 1주 1통, 5주 1통, 10주 1통, 50주 1통의 4종으로 한다.

제12조 주주는 그 주소 및 인감을 회사에 신고해야 한다. 그 성명, 주소 또는 인장을 변경할 때 또한 동일하다.

제13조 주식의 매매 또는 양도로 인하여 명의 변경을 청구하려는 자는 소정의 서식에 따라 당사자가 연서한 서면을 작성한 후 주권을 첨부해 회사로 제출해야 한다.

앞 항목의 경우 회사는 상당한 수속을 밟아 취체역取締役이 서명 날인하고 주주명부에 할인割印한 후 이를 환부還附한다.

제14조 상속, 유증遺贈, 혼인, 기타 법령의 규정 또는 재판의 결과에 따라 주식을 취득한 자가 그 사실을 증명하며 명의 변경을 청구할 경우 회사는 앞 조항의 규정을 준용해서 명의를 변경한다.

제15조 주권의 오손汚損, 훼손毀損 또는 분합分合에 의해 교체를 청구할 경우 회사는 상당한 수속을 밟아 구주권舊株券과 교체해 신주권新株券을 교부한다.

제16조 주권의 분실 또는 멸실 등으로 인하여 주주가 그 사실을 증명하며 주권의 재교부를 청구할 경우 회사는 청구인의 비용으로 그 취지를 공고한다. 이후 상당한 기간 내에 이의를 제기하는 자가 없을 때는 보증인을 세우고 신주권을 교부한다. 이 경우 전 주권은 당연히 그 효력을 상실한 것으로 한다.

제17조 제13조 내지 제16조의 경우 청구자가 회사에 소정의 수수료를 지불해야 한다.

제18조 본 회사는 총회 전 상당한 기한을 정하여 공고한 후 주식의 명의 변

경을 정지한다.

제19조 제2회 이후의 주금 불입에 대해서는 그 금액, 시기 및 방법을 취체역회取締役會에서 정한다.

제20조 주금의 불입을 소홀히 한 자에 대해서는 그 불입기일 다음날부터 불입하는 당일까지 체납금 100엔에 대해 1일 금 6전의 연체금을 징수한다.

제3장 역원

제21조 본 회사에 7명 이내의 취체역, 3명 이내의 감사역監査役을 두며, 주주총회에서 100주 이상을 소유한 주주 중에서 선임한다. 단, 취체역 중 1명은 조선총독의 추천을 받아야 한다.

제22조 취체역의 임기는 3년, 감사역의 임기는 2년으로 한다. 단, 임기 중 마지막 배당기에 관한 정기총회가 종결될 때까지 그 임기를 연장할 수 있다. 취체역 및 감사역은 임기만료 후 재선할 수 있다.

제23조 역원 중 결원이 생겼을 때는 임시주주총회를 소집해 보궐선임을 한다. 단, 보궐선임된 역원의 임기는 전임자의 잔여기간으로 한다. 취체역 3명 또는 감사역 1명 이내로 줄어든 경우를 제외하면 보궐선임은 다음 정시주주총회까지 연기할 수 있다.

제24조 취체역은 법령, 「정관」 및 주주총회의 결의를 준유遵由하며, 회사를 대표해 회사의 일체의 사무를 시행한다.

제25조 조선총독이 추천한 취체역을 사장 또는 취체역회장으로 하고, 취체역의 호선互選을 통해 별도로 전무취체역 1명을 정해 업무를 주관하도록 한다.

제26조 취체역은 취체역회에서 직무상의 일을 의정한다.

제27조 취체역회 회장은 사장 또는 취체역회장이 맡으며, 사장 또는 취체

역회장 유고시에는 전무취체역이 맡는다.

제28조 취체역회는 취체역이 반수 이상 출석하지 않을 때는 개회할 수 없다. 의사議事는 다수에 따라 결의하며, 이설동수二說同數로 되었을 때는 회장이 이를 재결한다.

제29조 감사역은 본 회사의 업무집행이 법령, 「정관」 및 주주총회의 결의에 적합한지 아닌지를 감시하고, 재산의 상황 및 「손익계산서損益計算書」, 「재산목록財産目錄」, 「대차대조표貸借對照表」, 「영업보고서營業報告書」와 준비금 또는 이익금, 혹은 이익의 배당에 대한 의안을 조사해 이에 관한 의견을 주주총회에 보고한다.

제30조 취체역은 재임 중 각자 소유한 본 회사의 주식 100주를 감사역에게 공탁해야 한다.

앞 항목의 주권은 주주총회에서 해당 취체역의 책임을 해제하지 않는 한 반환하지 않는다.

제31조 역원의 보수는 1년 12,000엔 이내로 한다.

제4장 주주총회

제32조 총회는 취체역, 감사역, 기타 법령에 따라 소집 권한이 있는 자가 이를 소집한다.

본 회사의 자본금 10분의 1 이상에 해당하는 주주가 회의의 목적 사항 및 그 소집 이유를 기재한 서면을 제출하며 총회의 소집을 청구할 때는 취체역이 이를 소집한다.

제33조 정시총회는 매년 4월 및 10월 2번 개최하며, 임시총회는 필요한 경우 개최한다.

제34조 정시총회에서는 영업기간의 계산 및 보고서류를 조사하고, 이익의 배당에 관한 의안, 기타 취체역이 제출한 의안을 결의한다.

제35조 총회를 소집할 때는 총회의 시일, 장소 및 목적 사항을 기재한 통지서를 적어도 14일 이전에 각 주주에게 발송해야 한다. 단, 「정관」의 변경을 목적으로 한 경우에는 그 의안을 첨부해야 한다.

제36조 총회의 의사는 미리 통지한 목적 사항 이외로 확장할 수 없다.

제37조 총회에서의 주주 의결권은 1주당 1개로 한다.

제38조 주주가 직접 총회에 출석할 수 없을 때는 위임장으로 다른 주주를 대리시켜 의결권을 행사할 수 있다.

제39조 총회의 회장에 대해서는 제27조의 규정을 적용한다.

제40조 총회의 회장은 의사를 정리한다. 또 회의를 연기하거나 회장會場을 옮길 수 있다. 단, 연기한 회의의 의사는 전 회의에서 심의가 끝나지 않은 사항 이외로 확장할 수 없다.

제41조 총회의 결의는 법령 및 「정관」이 규정한 경우를 제외하면 출석 주주의 의결권 과반수로써 한다. 가부동수可否同數일 때는 회장이 이를 결정한다. 앞 항목에 따라 회장이 가부를 결정하는 경우에도 회장은 자기 의결권을 행사할 수 있다.

제42조 총회의 의사는 그 요령要領을 의사록에 기재하고 해당 총회의 회장이 서명 날인한 후 회사에 보존해야 한다.

제5장 회계

제43조 본 회사는 매년 4월 1일부터 9월 30일까지를 상반기로, 10월 1일부터 이듬해 3월 31일까지를 하반기로 하여 매 반년을 영업연도로 한다.

제44조 본 회사는 소유선박 유지를 위해 매 영업기간 수입 중 다음의 금액을 공제한다.

1. 선박대수선적립금船舶大修繕積立金　제조 또는 구입가격의 100분의 1 이상

1. 선박상각금船舶償却金　　　　　　제조 또는 구입가격의 100분의 2 이상

제조 또는 구입가격의 상각을 완료한 경우에는 앞 항목의 적립금 및 상각금을 공제할 필요가 없다.

제45조 취체역은 매 반기半期 영업연도가 끝날 때 그 연도의 계산을 종료하고 결산을 수행해야 한다. 「재산목록」, 「대차대조표」, 「영업보고서」, 「손익계산서」와 준비금, 이익배당금 및 역원상여금에 관한 의안을 작성한 후, 감사역의 조사를 거쳐 정시총회에 제출해 승인을 구해야 한다.

역원상여금은 매 반기 영업연도 이익금의 100분의 10 이내로 한다.

제46조 배당금은 매년 3월 31일 및 9월 30일 현재의 주주에게 지불해야 한다.

주주는 배당금에 대한 이자를 청구할 수 없다.

부칙

제47조 본 회사에 약간명의 상담역相談役을 둘 수 있다.

제48조 본 회사가 부담할 창립비용은 금 10,000엔으로 한다. 단, 필요에 따라 금 20,000엔까지 증액할 수 있다.

제49조 발기인의 주소, 성명은 다음과 같다.

(주소, 성명은 생략한다)

제2절 중간의「정관」개정

회사가 세월의 흐름에 따라 사업의 진전과 사회 사정의 변천에 맞추어「정관」을 개정하는 것은 당연하다. 우리 회사 또한 여러 차례「정관」을 개정하였다. 아래에 연도별 개정의 요점을 뽑아 기술하였다.

(1) 1920년 10월의 개정

제21조 단서를 다음과 같이 개정한다.

단, 취체역 중 2명은 조선총독의 추천을 받아야 한다.

제25조를 다음과 같이 개정한다.

조선총독이 추천한 취체역 중 1명을 사장 또는 취체역회장으로, 1명을 전무취체역으로 정해 업무를 취급하도록 한다.

(2) 1921년 10월의 개정

제2조 중 "부산지점 경상남도 부산"의 다음에 "원산지점 함경남도 원산元山"을 추가하고 제21조 단서를 삭제하며, 제25조 중 "조선총독의 추천에 의거한"을 "취체역의 호선을 통해"라고 개정한다. 단, 제21조 단서에 의거해 추천된 현 취체역의 임기는 기존 그대로 유지한다.

(3) 1924년 4월의 개정

제25조와 제27조를 다음과 같이 개정한다.

제25조 취체역 중의 1명을 사장 또는 전무취체역으로 정해 업무를 주관하도록 한다.

제27조 취체역회의 회장은 사장 또는 전무취체역이 맡으며, 사장 또는 전무취체역 유고시에는 사장 또는 전무취체역이 지정한 취체역이 맡는다.

(4) 1926년 4월의 개정

제25조, 제27조를 다음과 같이 개정한다.

제25조 취체역의 호선을 통해 취체역 중 1명을 사장 또는 취체역회장
으로, 1명을 전무취체역으로 정해 업무를 주관하도록 한다.

제27조 취체역회의 회장은 사장 또는 취체역회장이 맡으며, 사장 또는
취체역회장 유고시에는 전무취체역이 맡는다.

(5) 1930년 4월의 개정

제18조를 다음과 같이 개정한다.

제18조 본 회사는 매년 4월 1일 및 10월 1일부터 정시주주총회 종료
일까지 주주의 명의 변경을 정지한다.

임시주주총회 통지를 발송한 날로부터 그 총회 종료일까지 또한 동
일하다.

(6) 1932년 4월의 개정

제44조를 다음과 같이 개정한다.

제44조 본 회사는 소유선박 유지를 위해 매 영업기간 수입 중 다음의
금액을 공제한다.

1. 선박수선적립금   제조 또는 구입가격의 100분의 1.5이상

2. 선박상각금   제조 또는 구입가격의 100분의 2이상

제조 또는 구입가격의 상각을 완료했을 때는 앞 항목의 적립금 및 상
각금을 공제할 필요가 없다.

(7) 1936년 4월의 개정

제4조, 제10조, 제11조, 제15조, 제23조, 제25조, 제27조, 제28조,
제31조를 다음과 같이 개정한다.

제4조 본 회사의 자본금은 10,000,000엔으로 한다.

제10조 본 회사의 주식은 200,000주로 하고, 1주의 금액은 50엔으로 한다.

제11조 본 회사의 주권은 기명식으로 하며, 1주, 5주, 10주, 50주, 100주의 5종으로 한다.

제15조 주권의 오손, 훼손 또는 분합으로 인하여 교체를 청구할 경우 회사는 상당한 수속을 밟아 전 주권과 교체해 새로운 주권을 교부해야 한다.

제23조 역원 중 결원이 생긴 경우에는 임시주주총회를 소집해 보궐선임을 행한다. 단, 법정 인원수를 채우지 못한 경우 보궐선임을 연기할 수 있다.

보궐선임된 역원의 임기는 전임자의 잔여기간으로 한다.

제25조 취체역의 호선을 통해 취체역 중 1명을 사장으로, 1명을 전무취체역으로 정해 업무를 주관하도록 한다.

상황에 따라 전무취체역을 두지 않을 수 있다.

제27조 취체역회 회장은 사장이 맡으며, 사장 유고시에는 전무취체역이 맡는다. 사장, 전무취체역 모두 유고이거나 또는 전무취체역을 두지 않은 경우에는 다른 취체역이 맡는다.

제28조 취체역회의 의사는 다수에 따라 결의하고, 가부동수인 경우 회장이 결재한다.

제31조 취체역의 보수는 1년 20,000엔으로 한다.

제3절 현행 「정관」

제1절 창립 당시의 「정관」은 앞 절에서 설명한 것처럼 전후 8차례 개정해 다음과 같이 되었다. 이것이 곧 현행 「정관」이다.

조선우선주식회사 정관

제1장 총칙

제1조 본 회사는 조선우선주식회사라고 칭한다.

제2조 본 회사는 조선 경기도 경성에 본점을 두고, 기타 요지에 지점, 출장소, 또는 대리점을 둔다.

지점의 소재지는 다음과 같다.

부산지점   경상남도 부산

원산지점   함경남도 원산

제3조 본 회사는 조선 연안에서 운송업을 영위함을 목적으로 한다. 단, 필요에 따라서는 부업, 창고업, 대리업, 상업, 제 증권의 할인 및 하환, 기타 운송업과 관련된 업무, 그리고 조선 연안 이외의 항로에서 운송업을 경영할 수 있다.

제4조 본 회사의 자본금은 10,000,000엔으로 한다.

제5조 본 회사의 주주는 제국신민으로 한정한다.

제6조 본 회사의 존립기간은 설립한 날로부터 만 40개년으로 한다. 단, 주주총회의 결의 후 조선총독의 인가를 받아 다시 그 기간을 연장할 수 있다.

제7조 본 회사의 공고는 본점 소재지 관할구 재판소가 공고를 싣는 신문지에 게재한다.

제8조 본 회사의 「정관」은 주주총회의 결의 후 조선총독의 인허를 받아 변

경할 수 있다.

제9조 본 회사는 조선총독의 특허를 받아 설립한 것으로, 조선총독부가 이미 발령한 명령 및 장래 발령할 그때그때의 명령을 준수해야 한다.

제2장 주식

제10조 본 회사의 주식은 200,000주로 하며, 1주의 금액을 50엔으로 한다.

제11조 본 회사의 주권은 기명식으로 하며, 1주, 5주, 10주, 50주, 100주의 5종으로 한다.

제12조 주주는 그 주소 및 인감을 회사에 신고해야 한다. 그 성명, 주소 또는 인장을 변경할 때 또한 동일하다.

제13조 주식의 매매 또는 양도로 인하여 명의 변경을 청구하려는 자는 소정의 서식에 따라 당사자가 연서한 서면을 작성한 후 주권을 첨부해 회사로 제출해야 한다.

앞 항목의 경우 회사는 상당한 수속을 밟아 취체역이 서명 날인하고 주주명부에 할인한 후 이를 환부한다.

제14조 상속, 유증, 혼인, 기타 법령의 규정 또는 재판의 결과에 따라 주식을 취득한 자가 그 사실을 증명하며 명의 변경을 청구할 경우 회사는 앞 조항의 규정을 준용해서 명의를 변경한다.

제15조 주권의 오손, 훼손 또는 분합에 의해 교체를 청구할 경우 회사는 상당한 수속을 밟아 전 주권과 교환해 새로운 주권을 교부해야 한다.

제16조 주권의 분실 또는 멸실 등으로 인하여 주주가 그 사실을 증명하며 주권의 재교부를 청구할 경우 회사는 청구인의 비용으로 그 취지를 공고한다. 이후 상당한 기간 내에 이의를 제기하는 자가 없을 때는 보증인을

세우고 신주권으로 교부한다. 이 경우 전 주권은 당연히 그 효력을 상실한 것으로 한다.

제17조 제13조 내지 제16조의 경우에는 청구자가 회사에 소정의 수수료를 지불해야 한다.

제18조 본 회사는 매년 4월 1일 및 10월 1일부터 정시주주총회 종료일까지 주식의 명의 변경을 정지한다.

임시주주총회 통지를 발송한 날로부터 그 총회 종료일까지 또한 동일하다.

제19조 제2회 이후의 주금 불입에 대해서는 그 금액, 시기 및 방법을 취체역회에서 정한다.

제20조 주금의 불입을 소홀히 한 자에 대해서는 그 불입기일 다음날부터 불입하는 당일까지 체납금 100엔에 대해 1일 금 6전의 연체금을 징수한다.

제3장 역원

제21조 본 회사에 7명 이내의 취체역, 3명 이내의 감사역을 두며, 주주총회에서 100주 이상을 소유한 주주 중에서 선임한다.

제22조 취체역의 임기는 3년, 감사역의 임기는 2년으로 한다. 단, 임기 중 마지막 배당기에 관한 정시총회가 종결될 때까지 그 임기를 연장할 수 있다.

취체역 및 감사역은 임기만료 후 재선할 수 있다.

제23조 역원 중 결원이 생겼을 때는 임시주주총회를 소집해 보궐선임을 한다. 단, 법정 인원수를 채우지 못한 경우에는 보궐선임을 연기할 수 있다.

보궐선임된 역원의 임기는 전임자의 잔여기간으로 한다.

제24조 취체역은 법령, 「정관」 및 주주총회의 결의를 준유하며, 회사를 대표해 회사의 일체의 업무를 시행한다.

제25조 취체역의 호선을 통해 취체역 중 1명을 사장으로, 1명을 전무취체역으로 정해 업무를 주관하도록 한다.

상황에 따라 전무취체역을 두지 않을 수 있다.

제26조 취체역은 취체역회에서 직무상의 일을 의정한다.

제27조 취체역회 회장은 사장이 맡으며, 사장 유고시에는 전무취체역이 맡는다. 사장, 전무취체역 모두 유고이거나 전무취체역을 두지 않은 경우에는 다른 취체역이 맡는다.

제28조 취체역회 의사는 다수에 따라 결의하며, 가부동수인 경우에는 회장이 재결한다.

제29조 감사역은 본 회사의 업무집행이 법령, 「정관」 및 주주총회의 결의에 적합한지 아닌지를 감시한다. 재산의 상황 및 「손익계산서」, 「재산목록」, 「대차대조표」, 「영업보고서」와 준비금 또는 이익금, 혹은 이익의 배당에 관한 의안을 조사해 이에 관한 의견을 주주총회에 보고한다.

제30조 취체역은 재임 중 각자 소유한 본 회사의 주식 100주를 감사역에게 공탁해야 한다.

앞 항목의 주권은 주주총회에서 해당 취체역의 책임을 해제하지 않는 한 반환하지 않는다.

제31조 역원의 보수는 1년 20,000엔 이내로 한다.

제4장 주주총회

제32조 총회는 취체역, 감사역, 기타 법령에 따라 소집의 권한이 있는 자가 이를 소집한다.

본 회사의 자본금 10분의 1 이상에 해당하는 주주가 회의의 목적 사항 및 그 소집의 이유를 기재한 서면을 제출하며 총회의 소집을 청구할 경우 취체역이 이를 소집한다.

제33조 정시총회는 매년 4월 및 10월 2번 개최하며, 임시총회는 필요한 경우 개최한다.

제34조 정시총회에서는 영업기간의 계산 및 보고서류를 조사하고, 이익의 배당에 관한 의안, 기타 취체역이 제출한 의안을 결의한다.

제35조 총회를 소집할 때는 총회의 시일, 장소 및 목적 사항을 기재한 통지서를 적어도 14일 이전에 각 주주에게 발송해야 한다. 단, 「정관」의 변경을 목적으로 한 경우에는 그 의안을 첨부해야 한다.

제36조 총회의 의사는 미리 통지한 목적 사항 이외로 확장할 수 없다.

제37조 총회에서의 주주 의결권은 1주당 1개로 한다.

제38조 주주가 직접 총회에 출석할 수 없을 때는 위임장으로 다른 주주를 대리시켜 의결권을 행사할 수 있다.

제39조 총회의 회장에 대해서는 제27조의 규정을 적용한다.

제40조 총회의 회장은 의사를 정리한다. 또 회의를 연기하거나 회장을 옮길 수 있다. 단, 연기한 회의의 의사는 전 회의에서 심의가 끝나지 않은 사항 이외로 확장할 수 없다.

제41조 총회의 결의는 법령 및 「정관」이 규정한 경우를 제외하면 출석 주주의 의결권 과반수로써 한다. 가부동수일 때는 회장이 결정한다.

앞 항목에 따라 회장이 가부를 결정하는 경우에도 회장은 자기 의결권을 행사할 수 있다.

제42조 총회의 의사는 그 요령을 의사록에 기재하고 해당 총회의 회장이 서명 날인한 후 회사에 보존해야 한다.

제5장 회계

제43조 본 회사는 매년 4월 1일부터 9월 30일까지를 상반기로, 10월 1일부터 이듬해 3월 31일까지를 하반기로 하여 매 반년을 영업연도로 한다.

제44조 본 회사는 소유선박 유지를 위해 매 영업기간 수입 중 다음의 금액을 공제한다.

1. 선박대수선적립금　　제조 또는 구입가격의 100분의 1.5 이상

1. 선박상각금　　　　　제조 또는 구입가격의 100분의 2 이상

제45조 취체역은 매 반기 영업연도가 끝날 때 그 연도의 계산을 종료하고 결산을 수행해야 한다. 「재산목록」, 「대차대조표」, 「영업보고서」, 「손익계산서」와 준비금, 이익배당금 및 역원상여금에 관한 의안을 작성한 후, 감사역의 조사를 거쳐 정시총회에 제출해 승인을 구해야 한다.

역원상여금은 매 반기 영업연도 이익금의 100분의 10 이내로 한다.

제46조 배당금은 매년 3월 31일 및 9월 30일 현재의 주주에게 지불해야 한다.

주주는 배당금에 대한 이자를 청구할 수 없다.

부칙

제47조 본 회사에 약간명의 상담역을 둘 수 있다.

제48조 본 회사가 부담할 창립비용은 금 10,000엔으로 한다. 단, 필요에 따라 금 20,000엔까지 증액할 수 있다.

제49조 발기인의 주소, 성명은 다음과 같다.

(주소, 성명은 생략한다)

제2장

역원役員

회사 창립 허가서에 "역원의 선임은 총독의 허가를 받아야 한다"는 조건이 붙어있다. 또 「정관」 제21조 단서에 "취체역 중 1명은 조선총독의 추천을 받아야 한다[1920년 10월 1명을 2명으로 개정]"고 규정하였고, 동 제25조에는 "조선총독이 추천한 취체역을 사장 또는 취체역회장으로 한다[1920년 10월 조선총독이 추천한 취체역 중 1명을 사장 또는 취체역회장으로, 1명을 전무취체역으로 한다고 개정]"고 규정하였다. 곧 모든 역원은 조선총독의 허가를 받아 취임하였고, 취체역 중 일상적 업무를 취급하는 사장 또는 취체역회장 및 전무취체역은 조선총독이 추천한 자가 맡도록 하였다. 1921년 10월 「정관」 제21조의 단서를 삭제하고, 동 제25조 중 "조선총독의 추천에 의한"을 "취체역의 호선을 통해"라고 개정하였다. 이후 모든 역원은 주주총회에서 선임하였고, 일상적인 업무를 관장하는 사장 또는 취체역회장 및 전무취체역은 취체역의 호선을 통해 선임하는 방침으로 바뀌었다. 다만 모든 역원은 조선총독의 허가를 받은 후에 취임하였다.

창립 당시 발기인 총회에서 선임된 분들은 창립위원과 발기인으로, 모두 우리 회사 설립에 공로가 많은 사람들이었다. 즉, 조선총독이 추천한 사장 하라다 긴노스케原田金之祐 씨 및 취체역회에서 호선된 전무취체역 요시다 히데지로吉田秀次郎 씨 이하 아래의 7명이었다.

창립 당시의 역원

사장취체역	하라다 긴노스케原田金之祐
전무취체역	요시다 히데지로吉田秀次郎
취체역	오이케 츄스케大池忠助
취체역	호리 리키타로堀力太郎
취체역	후가오 류타오深尾隆太郎
감사역	아소 오토하麻生音波
감사역	마츠자키 분로쿠松崎文六

우리 회사 창립을 적극적으로 지원한 일본우선주식회사日本郵船株式會社 사장 남작 곤도 렌페이近藤廉平 씨를 발기인 총회에서 상담역으로 추천했는데, 남작은 1921년 1월 서거하기까지 오랫동안 지도와 지원을 아끼지 않았다. 오이케 츄스케大池忠助 씨는 우리 회사 창립 과정에서 발기인회 회장으로서나 혹은 창립위원으로서 공로가 큰 사람이었다. 때문에 1918년 4월 취체역을 만기 퇴임할 때 주주총회에서 상담역으로 추천했는데, 1923년 10월 우리 회사의 취체역으로 다시 취임할 때까지 오랜 세월 상담역으로서 지도, 지원해 주었다. 오이케 씨 또한 취체역 재임 중 1932년 서거하였다.

역대 역원 및 재임기간 등을 일괄해 하나의 표로 만들어 아래에 제시하였다. 이들 중 현재 역원은 별도로 표기해 두었다.

현재 역원

취체역사장	모리 벤지로森辨治郎
전무취체역	히로세 히로시廣瀨博
취체역	마츠이 후사지로松井房治郎
취체역	호리 신堀新
취체역	이치키 미키오櫟木幹雄
취체역	하야시 유사쿠林友作
감사역	오카다 에이타로岡田永太郎
감사역	기쿠치 카즈노리菊池一德

역대 역원표

직함	성명	재임기간		비고
		취임연월	퇴임연월	
사장 또는 취체역회장				
사장 취체역회장	故 原田金之祐	1912년 4월	1924년 4월	1918년 4월 취체역회장이 되다
사장	恩田銅吉	1924년 4월	1930년 4월	
사장	森辨治郎	1930년 4월		
전무취체역				
전무취체역	吉田秀次郎	1912년 4월	1918년 4월	
전무취체역	松崎時晩	1918년 4월	1923년 10월	
전무취체역	恩田銅吉	1923년 10월	1924년 4월	사장으로 취임
전무취체역	吉村謙一郎	1926년 4월	1929년 4월	
전무취체역	廣瀨博	1936년 4월		
취체역				
취체역	故 原田金之祐	1912년 4월	1924년 4월	
취체역	吉田秀次郎	1912년 4월	1918년 4월	
취체역	故 大池忠助	1912년 4월 1916년 4월 1923년 4월	1915년 4월 1918년 4월 1930년 2월	
취체역	故 堀力太郎	1912년 4월	1918년 4월	

직함	성명	재임기간		비고
		취임연월	퇴임연월	
취체역	深尾隆太郎	1912년 4월	1917년 4월	
취체역	上谷續	1917년 4월	1922년 10월	
취체역	松崎時晩	1918년 4월	1923년 10월	
취체역	故 川田治一	1919년 10월	1923년 7월	
취체역	故 石垣孝治	1919년 10월	1930년 5월	
취체역	野村治一郎	1922년 10월	1930년 4월	
취체역	恩田銅吉	1923년 10월	1930년 4월	
취체역	吉村謙一郎	1926년 4월	1929년 4월	
취체역	岡田永太郎	1930년 4월	1936년 4월	감사역에서 전임, 다시 감사역으로 전임
취체역	小畔四郎	1930년 4월	1936년 4월	
취체역	森辨治郎	1930년 4월		
취체역	堀新	1936년 4월		감사역에서 전임
취체역	山本幸枝	1934년 4월	1936년 4월	
취체역	林友作	1936년 4월		
취체역	櫟木幹雄	1936년 4월		
취체역	廣瀨博	1936년 4월		
취체역	松井房治郎	1936년 4월		
감사역				
감사역	故 麻生音波	1912년 4월	1914년 4월	
감사역	故 松崎文六	1912년 4월	1917년 10월	
감사역	故 山口太兵衛	1914년 4월	1934년 12월	
감사역	池尾芳藏	1917년 10월	1920년 4월	
감사역	故 山内恕	1920년 4월	1926년 4월	
감사역	岡田永太郎	1926년 4월 1936년 4월	1930년 4월	취체역으로 전임, 취체역에서 전임
감사역	松原季久郎	1930년 4월	1932년 10월	
감사역	堀新	1932년 10월	1936년 4월	취체역으로 전임
감사역	菊池一德	1936년 4월		

제3장

직제職制

우리 회사의 직제는 1912년 11월 조선우선주식회사 「처무규정處務規程」을 제정하고, 그 제1장 직제를 제정하기까지 육상원陸上員은 단지 사원으로서 채용하였다. 이후 1927년까지 여러 차례 직명職名 등을 개정하였다. 1930년 9월 「직무장정職務章程」을 제정하면서 「처무규정」을 폐지하였다. 당시의 구 「처무규정」 중 직제 조항을 아래에 참고삼아 제시해 둔다.

1912년 11월 17일 취체역회 결의

조선우선주식회사 처무규정[발췌]

제1장 직제

제1조 직원을 분리해 사원社員 및 선원船員으로 하고, 선원을 분리해 해기원海技員 및 사무원事務員으로 한다.

직원 외에 촉탁원囑託員, 고원雇員, 견습見習을 둘 수 있다.

선박 내 「처무규정」은 별도로 정한다.

제2조 사원의 직명은 다음과 같다

참사參事

과장課長

지점장支店長

출장소장出張所長

조역助役

감독監督

서기書記

기사技士

제5조 참사는 사장에게 직속하고, 명령에 따라 사무를 맡아 처리한다.

과장, 지점장, 출장소장은 사장의 명령을 받아 주관하는 사무를 맡아 처리하고, 소속 직원을 감독하는 책임이 있다.

조역 또는 감독은 소속 장長을 보좌하며 제반 직무에 종사한다.

제6조 서기 또는 기사는 소속 장의 지휘를 받아 그 직무에 종사한다.

고원 및 견습은 서기에 준해서 직무에 종사해야 한다.

제7조 소속 장 유고시에는 소속 수석자首席者가 그 직무를 대리한다.

단, 경우에 따라서는 사장이 특별히 명령한 자를 대리로 할 수 있다.

1930년 9월 「조선우선주식회사 직무장정」을 제정하였다. 구「처무규정」 중 직제職制, 규율規律, 사무분장事務分掌, 복무服務에 관한 규정을 이것으로 망라하였고, 문서 취급, 당직 규정은 각각 별도의 규정을 설정해 분리하였다. 이에 따라 「처무규정」을 폐지하였다. 아래에 본 규정의 직제, 규율에 관한 조항을 참고로 제시해 둔다. 선원의 복무와 관련해서는 「선원집무규정船員執務規程」을 별도로 제정하였다.

조선우선주식회사 직무장정[발췌, 현행 1930년 9월 5일]

제1장 직제

제1조 직원을 분리해 육원陸員과 선원으로 하고, 선원을 분리해 해기원, 사무원으로 한다.

직원 외에 촉탁원, 고원, 사무원견습事務員見習 및 견습을 둘 수 있다.

제2조 육원은 아래와 같이 구별한다.

참사參事

부참사副參事

서기書記

기사技士

제3조 직원의 고용 및 해임은 모두 그 사령서辭令書를 교부한다.

제4조 촉탁원, 고원, 견습에게는 육원에 관한 규정을 준용한다.

제4조의 2 선원에게 육상근무를 명령할 수 있다. 이 경우 육원에 관한 규정을 준용한다[1933년 11월 추가].

제2장 규율

제5조 직원은 소속된 장의 명령을 준수하며 성실하게 사무에 종사해야 한다.

제6조 직원에게는 본사가 출자한 회사 등의 사무에 종사할 것을 명령할 수 있다.

제7조 직원은 사장의 허가를 받지 않고서는 다른 업무에 종사할 수 없다.

제4장
사무분장事務分掌

　개업 당시에는 영업부營業部, 서무부庶務部의 2개 부部를 두면서 전자를 영업계營業係와 조사계調査係의 2개 계係로, 후자를 문서계文書係와 회계계會計係로 구분했는데, 1912년 11월 「조선우선주식회사 처무규정」을 제정하면서 제2장의 규정을 통해 제도를 확립하였다. 이에 따르면, 문서와 영업, 회계, 선박船舶의 4과제四科制로 하면서 영업과에 운수運輸와 조사의 2개 계를, 회계과에 주계主計와 조도調度, 계산計算의 3개 계를 두었다. 그리고 별도로 부산에 경리과經理科와 선박과船舶課의 2개 분실分室을 두었다.

　본 「처무규정」은 이후 수차례 개정하였고, 1927년 8월에는 회계과를 경리과로 바꾸었다. 1930년 9월 「직무장정」을 제정하며 본 「처무규정」을 폐지하였다. 개정한 「직무장정」은 문서, 경리 2개 과를 합하여 서무과로 하였고, 여기에 영업, 선박의 2개 과를 더한 3과제로 하였다. 서무과에 서무계, 주계계, 계산계, 조도계를, 영업과에 운수계, 조사계를, 선박과에 해무계海務係, 공무계工務係를 두었고, 부산에 서무와 선박의 2개 분실을 두었다. 분장사무 등 상세한 것은 아래의 현행 「직무장정」 발췌에 명시되어 있다.

1912년 11월 17일 취체역회 결의

조선우선주식회사 처무규정[발췌]

제2장 사무분장

제8조 본사에 다음의 4개 과를 둔다.

문서과

영업과

회계과[1927년 8월 경리과로 개정]

선박과

제9조 사장실 부속으로 참사 약간명을 두어 사장의 특명에 따른 중요사항을 처리하도록 한다.

제10조 문서과에 다음의 사무를 분장하도록 한다.

1. 문서의 수발收發 및 배포

2. 문서와 인쇄원고의 사열査閱

3. 제 규칙 및 계약, 기타 각 과課가 취급하는 중요사항 참여

4. 사장의 친서·결제, 열람 문서의 취급

5. 사장의 명령에 따른 심의·입안

6. 사인社印 및 역인役印의 보관

7. 직원의 진퇴進退, 신분, 기타 인사에 관한 일

8. 취체역회의 및 주주총회에 관한 일

9. 회사의 기록 및 제 보고의 편집

10. 업무에 관한 법률法律·명령命令과 사칙社則·영달令達의 편집 및 고지

11. 선박의 등기 및 보험에 관한 일

12. 중요문서의 보관

13. 도서의 구입 및 보관

14. 당직에 관한 일

15. 광고에 관한 일

16. 소송, 공고, 기타 다른 과에 속하지 않은 일

제11조 영업과에 운수계 및 조사계를 두고 다음의 사무를 분장하도록 한다.

운수계

1. 항로의 개폐開廢·변경變更에 관한 일

2. 선박의 배치 및 발착發着에 관한 일

3. 우편물 어용사무에 관한 일

4. 하객 운임의 정률定率·할인割引과 특약에 관한 일

5. 하객취급 수수료에 관한 일

6. 하객의 접속 운수에 관한 일

7. 선박 임대차 계약에 관한 일

8. 부임艀賃, 잔교임棧橋賃과 하물 부대비용에 관한 일

9. 선객표船客票, 하물수취증荷物收取證 및 선하증권船荷證券에 관한 일

10. 하물의 취급 수속과 선객의 대우에 관한 일

11. 하객취급점에 관한 일

12. 육상 인부 및 부선艀船에 관한 일

조사계

1. 사무원 성적 조사

2. 하객취급점 성적 조사

3. 변금辨金, 기타 하객의 사고에 관한 일

4. 하객에 관한 통계 및 보고

5. 상황商況에 관한 조사

6. 해륙의 연락 및 미설항로未設航路에 관한 조사

제12조 경리과에 주계계, 계산계 및 조도계를 두고 다음의 사무를 분장하도록 한다.

주계계

1. 회계상의 예산·결산에 관한 일

2. 지점, 출장소, 출장원의 감정勘定 정리 및 그 회계 감독

3. 회계장부의 정리에 관한 일

4. 현금의 출납 및 보관

5. 은행 거래에 관한 일

6. 신인금信認金 및 유가증권有價證券의 보관

7. 주식에 관한 일

8. 회계상의 통계

계산계

1. 하객 운임의 조사 및 정리에 관한 일

2. 대리점 및 하객취급점의 감정 정리 및 그 회계 감독

조도계

1. 수용품需用品 및 집기의 구입, 배급, 보관과 그 감정 정리에 관한 일

2. 토지·건물의 구입, 매각, 대차 및 영선營繕, 관리와 등기에 관한 일

3. 토지·건물·집기·선박·부선·항로표식·계선구繫船具 대장台帳의 정리

4. 전등, 전화, 수도 등 제 설비에 관한 일

5. 납세에 관한 일

6. 인쇄물 주문에 관한 일

7. 증답贈答 및 접대에 관한 일

8. 각 점店의 수요품需要品 및 집기에 대한 조사

9. 점동店童, 소사小使의 감독

10. 사내의 단속 및 위생에 관한 일

11. 석탄의 구입, 저장, 배급과 그 감정 정리에 관한 일

12. 선박 내 회품賄品의 출납 계산

13. 선객에 대한 제 설비

14. 각 선박 필요용품의 수불受拂 및 선박 속구屬具의 설비·수선

15. 불용품不用品의 보관 및 처분에 관한 일

16. 회장賄長 및 사주司廚의 성적 조사

17. 선박 내 물품 판매에 관한 일

제13조 선박과에 다음의 사무를 분장하도록 한다.

1. 선체·기관의 신조설계新造設計, 수선修繕, 제도製圖 및 공사 감독에 관한 일

2. 선박 구입에 관한 일

3. 선박국적증서船舶國籍證書, 선박검사증船舶檢査證에 관한 일

4. 선박의 조종 및 선체·기관 취급에 관한 일

5. 선박의 항해성적 및 선원의 기술 조사

6. 선박 내 풍기·위생 및 선원의 병상病傷에 관한 일

7. 항로표식, 계선구의 설비 및 수리

8. 해도海圖, 기상보고, 항로표식, 수로지水路誌, 기타 수로와 항만에 관한
   조사 및 보고

9. 선박건명서船舶件名書 조제

10. 선박 속구 목록의 정리

11. 해난海難에 관한 일

12. 하급선원에 관한 일

13. 선원의 복제服制에 관한 일

제14조 부산에 경리과 분실 및 선박과 분실을 두고 주관 사무의 일부를 취급하도록 한다.

제15조 지점, 출장소에서는 그 지방에 속한 일반 사무를 취급하고, 소관 구역 내 하객취급점을 감독한다.

제16조 지점장은 주관 사무를 각 계係로 나누고, 그 분장규정을 정해 사장의 인가를 받아야 한다.

제17조 영업과장, 회계과장 및 지점장은 그 소속 각 계의 주임을 정해 사장에게 제출해야 한다.

계원은 그 계에 속한 사무의 처리와 관련해서 소속 장에게 그 책임을 맡긴다.

조선우선주식회사 직무장정[발췌, 현행]

제3장 사무분장

제13조 본점에 다음의 3개 과를 둔다.

서무과

영업과

선박과

제14조 서무과에 서무계, 주계계, 계산계, 조도계를 두고 다음의 사무를 분장하도록 한다.

서무계

1. 문서의 접수, 배포 및 발송

2. 문서와 인쇄물 원고의 사열

3. 제 규칙 및 계약, 기타 각 과가 취급하는 중요사항 참여

4. 사장의 친서·결재, 열람 문서의 취급

5. 사장의 특명에 따른 심의·입안

6. 사인 및 역인의 관수管守에 관한 사항

7. 직원의 신분, 진퇴, 기타 인사에 관한 사항

8. 취체역회의 및 주주총회에 관한 사항

9. 회사의 기록 및 제 보고의 편집

10. 업무에 관한 법률·명령과 사칙·영달의 편집 및 고지, 기타 사보 발
    행에 관한 사항

11. 선박의 등기 및 보험계약에 관한 사항

12. 중요문서의 보관

13. 도서의 구입 및 보관

14. 당직에 관한 사항

15. 광고에 관한 사항

16. 소송, 공고에 관한 사항

17. 증답 및 접대에 관한 사항

18. 기타, 다른 과·계에 속하지 않은 사항

주계계

1. 회계상의 예산·결산에 관한 사항

2. 지점, 출장소, 출장원의 감정 정리 및 그 회계 감독

3. 회계장부 및 서류 정리에 관한 사항

4. 현금의 출납 및 보관에 관한 사항

5. 은행 거래에 관한 사항

6. 신인금 및 유가증권의 보관 · 출납

7. 주식에 관한 사항

8. 납세에 관한 사항

9. 회계상의 통계에 관한 사항

10. 기타 회계사무로서 계산계, 조도계에 속하지 않은 사항

계산계

1. 하객 운임의 조사 및 수입 정리에 관한 사항

2. 연대계산에 관한 사항

3. 대리점 및 하객취급점의 감정 징수取立 또는 지불仕拂 정리 및 그 계산 감독

조도계

1. 점용店用 물품 · 선용船用 물품의 구입, 보관, 배급과 그 감정 정리에 관한 사항

2. 토지 · 건물의 구입, 매각, 대차 및 영선, 관리와 등기에 관한 사항

3. 토지 · 건물 · 집기 · 부선 대장의 정비

4. 전등, 전화, 수도 등의 설비에 관한 사항

5. 납세에 관한 사항

6. 각 점의 점용품店用品 조사 및 출납 · 보관 감독

7. 급사給仕, 소사의 고용 및 감독

8. 사내의 단속 및 위생에 관한 사항

9. 선박 내 물품의 출납 · 보관에 관한 조사 및 감독

10. 선객에 대한 제 설비

11. 불용물품不用物品의 출납 · 보관 및 처분에 관한 사항

12. 회장의 고용 및 감독

13. 각 선박 회부원賄部員의 성적 조사 및 감독

14. 선박 내 물품 판매에 관한 사항

제15조 영업과에 운수계, 조사계를 두고 다음의 사무를 분장하도록 한다.

운수계

1. 항로의 개폐·변경에 관한 사항

2. 선박의 배치 및 운항에 관한 사항

3. 우편 어용사무에 관한 사항

4. 하객 운임의 정율·할인과 특약에 관한 사항

5. 동업자 협조에 관한 사항

6. 하객취급 수수료에 관한 사항

7. 하객의 연대수송에 관한 사항

8. 선박 임대차 계약에 관한 사항

9. 부임, 잔교임과 하물 부대비용에 관한 사항

10. 선객표, 하물수취증 및 선하증권에 관한 사항

11. 하물의 취급 수속 및 선객의 대우에 관한 사항

12. 대리점 및 하객취급점에 관한 사항

13. 육상 및 선박 내 인부와 부선에 관한 사항

14. 상황에 관한 건

15. 해륙연락 및 미설항로에 관한 건

16. 다른 회사 선박 대리업에 관한 사항

17. 주관 사항으로서 다른 계에 속하지 않은 사항

조사계

1. 해손海損 및 해손보험에 관한 건

2. 변금, 기타 하객의 사고 조사에 관한 건

3. 하객에 관한 통계 및 그 보고

제16조 선박과에 해무계, 공무계를 두고 다음의 사무를 분장하도록 한다.

해무계

1. 선박 구입 및 처분에 관한 사항

2. 선박국적증서, 선박검사증에 관한 사항

3. 선박의 조종 및 선체·기관 취급에 관한 사항

4. 선박의 항해 성적 및 선원의 기술 조사 및 감독

5. 선박 내 풍기·위생 및 선원의 병상에 관한 사항

6. 해도, 기상보고, 항로표식, 수로지, 기타 수로와 항만에 관한 조사 및 보고

7. 석탄 및 선박용 물품의 조사 및 소비 감독

8. 선박 속구 목록의 정리 및 감독

9. 해난 및 해난보험에 관한 사항

10. 보통선원에 관한 사항

11. 선원의 복제에 관한 사항

12. 하물계荷物係의 임면任免·이동에 관한 사항

13. 항해·기관 일지의 조사·정리 사항

14. 주관 사항으로서 다른 계에 속하지 않는 사항

공무계

1. 선체·기관의 신조설계, 수선, 제도 및 공사 감독에 관한 사항

2. 항로표식, 계선구의 설비 및 수선

3. 선박건명서의 제조

4. 자원조사령資源調査令에 의거한 해사 관계 조사표 제작

제17조 과에 과장을 두고 주관 사무를 맡아 처리하도록 한다.

부산에 서무과 분실 및 선박과 분실을 두고 주관 사무의 일부를 취급하도록 한다.

사장실에 사장 전속의 직원 약간명을 두고 사장의 특명에 따른 사항을 처리하도록 한다.

제18조 지점장은 그 지점의 사무를 맡아 처리한다.

지점장은 그 주관 사무를 각 계로 나누고 그 분장사항을 정해 사장의 인가를 받아야 한다.

필요한 곳에 출장소를 두고 그 지방에 속한 일반 사무를 취급하도록 한다.

출장소장은 그 출장소의 사무를 맡아 처리한다.

지점, 출장소를 두지 않은 곳에 출장원을 둘 수 있다.

출장원은 그 지방의 일반 사무 또는 특명에 의거한 사무를 취급하며, 출장원 주임은 그 주관 사무를 맡아 처리한다.

제19조 과장 및 지점장은 그 소속 각 계의 주임을 정해 사장에게 제출해야 한다.

과장, 지점장, 출장소장, 출장원 주임, 기타 각 계 주임이 부재한 경우에는 그 과, 점, 계 중의 차석자가 이를 대리해야 한다.

과장, 지점장, 출장소장, 출장원 주임 이외의 직원은 각각 배속된 과, 지점, 출장소, 출장원의 사무 처리와 관련해서 소속원의 장 또는 출장원 주임에게 그 책임을 맡긴다.

제4장 복무[이하 생략한다]

제5장
직원

제1절 육원

개업 당시의 직제는 2부제二部制로서 부장部長을 두었고, 부部를 다시 계係로 나누어 주임主任을 두었다. 1912년 9월 제1기 상반기 말 육원은 부장 심득部長心得 1명, 지점장 1명과 기타 준직원인 고원, 견습을 합하여 37명이었는데, 당시는 회사 설립을 서두르던 때로 필요한 인원을 아직 다 채우지 못한 상태였다. 이후 1912년 11월 제1기 하반기 중반 직제 및 사무분장 규정을 제정하면서 필요한 인원을 충원하였다. 개업 후 5년이 지나지 않은 제5기 1917년 3월 말에는 사원[개정 「직무장정」의 육원에 해당함] 및 준사원인 촉탁원, 고원, 견습을 합하여 47명이었다. 제10기 1922년 3월 말에는 총인원이 97명으로, 전 시기에 비해 2배로 증가했는데, 사업 확장과 함께 진용을 완전히 정비한 결과였다. 제15기 1927년 3월 말에는 불과 1명을 증원해 총인원은 98명이 되었다. 제20기 1932년 3월 말에는 82명이었는데, 16명이 줄어든 것은 경비 절약을

위해 불필요한 인원을 정리했기 때문이다. 제25기 상반기인 1936년 9
월 말 현재 총인원은 87명이다.

역대 간부사원 및 육원의 면면은 다음과 같다.

구 직제에 의한 참사, 과장, 지점장, 출장소장, 조역, 감독

[1930년 9월 직제 개정]

1. 참사

小穴唯三郎	1912.11~1913.5		京野東三郎	1913.10~1916.7
石川八十郎	1924.2~1924.5		小木辰之助	1924.2~1924.5
山田正良	1924.2~1924.5			

2. 과장

회계과장 겸	小穴唯三郎	1912.11~1913.5	회계과장 겸	京野東三郎	1913.10~1916.7
문서과장 겸 회계과장	川田治一	1913.11~1923.7	선박과장	永江誠一	1912.11~1918.7
영업과장	松崎時勉	1917.12~1918.4	회계과장	石川八十郎	1923.8~1924.2
선박과장	山田正良	1921.11~1924.2	영업과장	石垣孝治	1918.5~1929.11
문서과장	三原正三	1923.8~1927.10	회계과장 겸 문서과장	池松時雄	1924.2~1930.9
선박과장	食堂貫一	1924.2~1930.9	문서과장	大草又七	1927.10~1930.6
영업과장	山田勝	1929.11~1930.9			

3. 지점장

부산지점장	石垣孝治	1912.3~1918.5	부산지점장	石川八十郎	1918.5~1923.8
원산지점장	廣瀬博	1921.11~1923.8	부산지점장	廣瀬博	1923.8~1930.6
원산지점장	小木辰之助	1923.8~1924.2	원산지점장	一寸木政藏	1924.2~1925.8
원산지점장	山田勝	1925.8~1926.4	원산지점장	高井春五郎	1926.4~1930.6
부산지점장	高井春五郎	1930.6~1930.9	원산지점장	大草又七	1930.6~1930.9

4. 출장소장

원산출장소장	石川八十郎	1913.11~1918.5	인천출장소장	永井元男	1922.7~1924.2
원산출장소장	廣瀬博	1918.5~1921.11	인천출장소장	埋橋美也	1924.2~1925.2
인천출장소장	高井春五郎	1925.2~1925.8			

5. 조역

川田治一	1912.11~1913.11		石川八十郎	1912.12~1913.11
山田正良	1913.5~1913.12		吉田剛	1918.6~1922.12
安藤堅次	1916.9~1919.6		荒木菊藏	1913.11~1919.10
小木辰之助	1918.6~1923.8		池松時雄	1919.6~1924.2
三宅長太郎	1919.6~1919.11		永井元男	1921.11~1922.7 1924.2~1928.5
三原正三	1922.5~1923.8		赤星章	1923.3~1926.12
山田勝	1921.11~1925.8 1926.4~1929.11		大草又七	1913.8~1927.10
鶴我松太郎	1924.5~1930.9		島野末太郎	1924.12~1930.9
三原峰二郎	1925.2~1930.9		河瀨政男	1925.8~1930.9
高井春五郎	1925.8~1926.4		今井金之助	1927.10~1930.9
佐藤守雄	1928.3~1930.9			

6. 감독

山田正良	1913.12~1921.11		食堂貫一	1917.10~1924.2
吉田剛	1922.12~1924.2			

신 직제에 의한 참사, 부참사

1. 참사

○	食堂貫一	1930.9 과장에서 전임		池松時雄	1930.9 과장에서 전임 1932.6 퇴사
	山田勝	1932.9 과장에서 전임 1936.6 퇴사	○	小武家芳兵衛	1932.8 입사
○	高井春五郎	1936.6 부참사에서 승임			

2. 부참사

	大草又七	1930.9 지점장에서 전임 1936.3 퇴사		高井春五郎	1930.9 지점장에서 전임 1936.6 참사 승임
	鶴我松太郎	1930.9 조역에서 전임 1936.3 퇴사		佐藤守雄	1930.9 조역에서 전임 1931.4 퇴사
	三原峰二郎	1930.9 조역에서 전임 1934.12 퇴사		島野末太郎	1930.9 조역에서 전임 1931.4 퇴사

	河瀨政男	1930.9 조역에서 전임 1932.10 퇴사	○	今井金之助	1930.9 조역에서 전임
○	千葉隆	1930.9 조역에서 전임	○	劍持武	1930.9 조역에서 전임
○	山口三郎	1931.4 서기에서 승임		若井惟茂	1932.11 서기에서 승임 1934.12 퇴사
○	古田孝男	1932.11 기사에서 승임	○	遠山淸	1932.12 서기에서 승임
○	林勝人	1934.12 서기에서 승임	○	今田進	1934.12 서기에서 승임
○	市谷幸治	1934.12 서기에 승임	○	高橋良孝	1935.1 신입
○	黑田馨	1935.3 신입	○	安藤吉郎	1936.6 해기원에서 전임
○	木村由方	1936.6 서기에서 승임			

[○는 현 재임자]

제2절 선원

개업 당시 즉, 제1기 상반기 1912년 9월 말 선원 수는 선장 29명, 1등 운전사 14명, 2등 운전사 4명, 1등 기관사 10명, 사무원 30명, 사무원견습 1명으로, 합계 117명이었다. 1912년 1월 제1기 하반기 중반 직제를 제정하면서 선원의 직명을 해기원과 사무원으로 분리하였다. 이후 선박의 수가 증가하고 톤수가 커짐에 따라 점점 증가하였는데, 선원의 총수는 창립 후 5년째인 제5기 1917년 3월 말에는 149명, 제10기 1922년 3월 말에는 194명, 제15기 1927년 3월 말에는 256명이었다. 이어 제20기 1932년 3월 말에는 212명이 되었고, 그로부터 5년이 지난 제25기 상반기 1936년 9월 말 현재는 220명이다.

우리 회사에서 만 5년 이상 선장, 기관장의 직을 맡은 사람들 및 1936년 10월 1일 현재 선장, 기관장으로 재직 중인 사람은 다음과 같다.

창립 이후 5년 이상 선장, 기관장 재직자

선장

落海直太郎	大庭磯次	浮木居吉	大森仁太郎
入江常太郎	有近恒次	井手鯉太郎	阿部朝雄
飯盛源三	大西福藏	池永決	江夏庄太郎
金谷治助	小島與三郎	門田繁藏	楠瀬直太郎
小櫻佐太郎	北岡元美	勝目與市	河本岩吉
加納仁太郎	島根岩次郎	島崎彦次郎	新村助次郎
島津竹造	齊藤豊三郎	佐藤爲助	笹田伊勢太郎
樂田常吉	里見信	戶川孫四郎	多田太次郎
富岡忠次郎	田中富治	竹中多一	中井哲男
野田庄松	濱崎仁之助	濱崎魯平	荻原善七
村井豊三郎	室本久吉	松本伊作	南靖藏
道田金松	村尾武	八木朝治郎	若松伊次郎

기관장

東富吉	大久保春吉	宇田村常市	伊藤彌惣吉
市川忠一	石川泰市	明田喜八郎	明石菊次郎
井上啓助	楠本爲吉	楠本愿	鬼頭國三郎
嘉屋貞香	江夏小熊	專忠重	佐藤米松
谷口仁市	高田幾太郎	都築金盛	田邊増雄
高橋喜一郎	田中幸吉	高橋稔	鳥取耕二
中川辰藏	永井良太郎	永田鐵心	西川伊八
永留喜造	中尾辰彦	早川伊三郎	細田熊之助
秀島光一郎	星野市治	本田三郎	藤田泰雄
樋渡靜	濱中菊三郎	堀口小市	本田是和
間瀬嘉太郎	森岡信行	三宅利吉	前島廣市
宮崎藤一	松本次三郎	山元正之助	米谷關三郎
吉本千代松	吉田長次郎		

제3절 직원을 위한 시설

(1) 퇴직급여금

우리 회사는 오랫동안 근속한 직원이 노령 혹은 질병, 상이傷痍 등으로 퇴직하거나, 또는 사망하였을 경우 그 근로에 보답하기 위해 1915년 5월 처음으로 퇴직수당退職手當, 치료수당治療手當, 조제수당弔祭手當에 관한 규정을 정했다[이후 내용은 다소 정정됨]. 규정을 정한 당초에는 그 급여액을 실제로 급여한 연도의 점비店費에 포함시켰으나, 해를 거듭할수록 급여액도 늘어났다. 급여 총액도 연도에 따라 현저한 차이를 보였는데, 그것을 평균하기 어렵다 보니 경리상으로도 큰 어려움이 있었다. 이에 1924년부터 직원퇴직사금職員退職賜金 적립 제도를 설치해 매년 상당액을 적립하도록 하였다. 이후 급여금은 전부 이 감정에서 지출하였다. 본 규정에 따른 급여는 퇴직수당, 치료수당 및 조제수당의 3종으로 나누어져 있다. 또한 직원이 아닌 촉탁원, 고원 이하의 사용인에게도 본 규정을 준용하기로 내규를 정하였다. 1924년 이후 1936년 상반기 말까지의 은급기금적립금恩給基金積立金 지출액은 391,361엔에 달한다. 이외에 치료수당, 조제수당은 여전히 그해 점비에서 지불하고 있다.

(2) 적립금

직원은 자산의 저축 및 회사에 대한 보증금 차원에서 수입 중 일정 금액을 저축하고, 이로써 퇴직 후의 행복을 추구할 필요가 있다. 우리 회사는 1916년 5월「직원적립금규정職員積立金規定」을 창정해 매월 봉급의 5/100, 매 분기 말에는 수당의 10/100을 적립하도록 하였다. 이 적립금에는 회사에서 상당한 이자[현재 100엔에 대해 하루 2전]을 붙이는데, 매 상·하반기 말에 계산해 원금에 가산하고 있다. 회사를 퇴직할 때 외에는 절대로 되돌려주지 않는 등 강제성을 가지고서 하고 있다. 때문에 긴 세월 재직한 자가 퇴직할 때는 상당히 많은 금액을 돌려받게 되는데, 의외로 행복해하는 자가 많다. 현재 재직자의 적립금은 1936년 상반기 말 계산에 따르면 총액 208,000여 엔에 달한다.

(3) 기타 시설

우리 회사는 아직 직원의 숙박이나 오락장으로 사용할 구락부倶樂部,

또는 합숙소 등과 같은 전속 설비를 갖추고 있지 않다. 그런데 종래 조선해사회朝鮮海事會가 해원 및 해사 관계자를 위한 오락기관 또는 숙박휴양소로 해원구락부海員俱樂部의 설치를 계획하였고, 이미 조선 내 주요 항구에는 대부분 이것이 설치되었다. 우리 회사는 해운구락부가 설치될 때마다 상당한 금액을 기부하며 그 시설을 지원하였다. 각 항구 해원구락부 이용자는 우리 회사 소속의 선원이 대다수를 점하는데, 우리 회사 전속의 시설은 아니지만 이것으로 상당한 편리를 누리고 있다고 생각한다. 이외에 만 1년 이상 개근한 직원에 대해서는 그 개근 연수에 따라 10~30일의 기간 동안 공휴가公休暇를 주면서 휴양하는 제도를 만들어 1936년 4월부터 실시하고 있다.

(4) 보통선원의 퇴직수당

직원인 해기원, 사무원, 사무원견습을 제외한 다른 선원을 보통선원이라고 한다. 보통선원으로 만 5년 이상 근속하다 퇴직한 자에게는 퇴직수당금을 지급하는 제도를 창정해 1935년 7월부터 실시하고 있다.

(5) 선원의 양성

선원 양성을 위한 시설로 우리 회사가 특별히 설치했다고 할 만한 것은 없다. 제1차 세계대전 후 선원이 부족해졌을 때 조선총독부 체신국遞信局이 인천에 해원양성소海員養成所를 설치해 선박직원인 해원 및 보통선원을 양성하기 시작했는데, 1920년 3월 이 양성소 생도에게 학비를 빌려주는 형태로 위탁 양성하기로 하였다. 이에 「대비생규정貸費生規定」을 을 창정해 실시하였다. 해원양성소 소장의 추천을 받은 자 중에서 학술이 우수하고 품행이 방정한 자를 선정해 본과생本科生[선박 직원이 되는 자]에게 는 월 15엔, 별과생別科生[보통선원이 되는 자]에게는 월 5엔씩 빌려 주었다. 그리고 졸업 후 우리 회사에 취직시켰는데, 빌려준 학비는 우리 회사에 취직한 후 매월 받는 봉급에서 10%를 공제해 변제하도록 하였다.

이렇게 잠시 실행했으나 해원양성소를 졸업한 후 우리 회사에 취직한 본과생과 별과생은 모두 매우 적었다. 졸업하기 전에 질병 혹은 기타 사고로 퇴학하는 자가 많아 기대한 만큼의 효과를 거두지 못한 것 같다. 그런 가운데 호경기에 뒤따른 불경기가 도래하였고, 일반 선원에 대한 수요는 갑자기 줄어들었다. 선원 과잉 경향이 두드러진 가운데 채용상 어려움이 없어졌으므로 얼마 후 이 제도를 중지하였다.

제6편

영업소

제1장
본사

　우리 회사는 개업 당시 경성부京城府 남대문통南大門通 3정목3町目에 위치한 관유건물官有建物인 광통관廣通館 2층 전부를 임대해 본사 사무소로 사용하였다. 1914년 2월 건물 내부 화재로 경성부 종로통鐘路通 2정목 일한가스전기주식회사日韓瓦斯電氣株式會社 소유의 건물을 일시 차입해 이전했다가 1915년 4월 앞서 언급한 광통관이 수리·복구되자 다시 이곳으로 이전하였다. 이후 직원이 증가하면서 사무실이 협소해졌다. 1923년 4월 경성 광화문통光化門通에 위치한 다케우치竹內 소유의 가옥 1동[지하실이 포함된 2층 벽돌건물]을 임대해 이전했으나, 얼마 되지 않아 사무실은 다시 협소해졌다. 당시 다른 곳도 물색해 보았으나 사무소로 충당할 만한 가옥이 부족하였고, 임대료 또한 싸지 않았다. 이에 우리 회사는 관계자들과 함께 남대문빌딩주식회사南大門Building株式會社를 창립하고, 주주로서 소유한 부지를 출자로 제공하였다. 1926년 12월 남대문빌딩주식회사가 경성부 남대문통 5정목 1번지에 건축한 남대문빌딩으로 이전하였다.

　1932년 2월 주식회사남대문빌딩이 해산하자 남대문빌딩의 부지 382

평을 104,307엔에, 건물 본관 3층[지하실 포함, 건평 109.6평, 총 연평(延坪)[1] 404.1평] 및 부속건물 전부를 68,249엔 57전에 매수해 우리 회사 소유로 하였다. 3층 전부와 1, 2층의 몇몇 사무실을 본사로 사용하고, 남은 사무실은 아직 임대하고 있다.

과장을 역임한 사람들은 다음과 같다.

문서과장文書課長

川田治一	1913년 11월~1923년 7월
三原正三	1923년 8월~1927년 10월
大草又七	1927년 10월~1930년 6월
兼 池松時雄	1930년 6월~1930년 9월

[1930년 9월 규정개정으로 폐지]

영업과장營業課長

松崎時晩	1917년 12월~1918년 4월
石垣孝治	1918년 5월~1929년 11월
山田勝	1929년 11월~1936년 6월
○ 高井春五郎	1936년 6월~

회계과장會計課長

參事 兼 小穴唯三郎	1912년 11월~1913년 5월

---

1 여러 층으로 된 건물의 각 층의 평수를 모두 합친 평수를 일컫는다.

參事 兼 京野東三郎	1913년 10월~1916년 7월
兼 川田治一	1916년 7월~1923년 7월
石川八十郎	1923년 8월~1924년 2월
池松時雄	1924년 2월~1927년 8월 규정개정

경리과장經理課長

| 池松時雄 | 1927년 8월 규정개정~1930년 9월 규정개정 |

서무과장庶務課長

| 池松時雄 | 1930년 9월 규정개정~1932년 6월 퇴사 |
| ○ 小武家芳兵衛 | 1932년 8월~ |

선박과장船舶課長

永江純一	1912년 11월~1918년 7월
山田正良	1921년 11월~1824년 2월
○ 食堂貫一	1924년 2월~

[○는 현 재임자]

제2장

지점, 출장소, 출장원사무소

제1절 조선

(1) 부산지점釜山支店

우리 회사 개업 당시 개시한 항로는 부산釜山을 기·종점으로 하거나 부산을 경유하는 항로가 대부분이었다. 본점을 경성에 둔 이상 부산에는 지점을 설치해 당면한 업무를 취급하거나 일반 감독을 하도록 할 수밖에 없었다. 때문에 창립 당시 「정관」에 부산지점을 규정하며 본점과 동시에 개업했다. 지점 사무소는 부산부釜山府 사토마치佐藤町에 위치한 민유가옥을 임대해 사용하다가 1913년 3월 전 철도원 부산연락사무소였던 관유건물을 임대해 이전했다. 이것이 지금의 부산 대교통大橋通 사무소이다. 이 토지·가옥[부지는 204평. 본관은 2층의 목조건물로, 2층은 58평 남짓, 1층은 96평 남짓. 단층의 벽돌건물인 창고는 58평 남짓]은 1916년 6월 금 23,289엔에 우리 회사가 매수하였고, 1923년 9월 공사비 2,131엔을 투자해 2층 약 7평을 증축하였다.

역대 지점장의 면면은 다음과 같다.

石垣孝治	1912년 3월~1918년 5월
石川八十郎	1918년 5월~1823년 8월
廣瀨博	1923년 8월~1930년 6월
高井春五郎	1930년 6월~1934년 12월
大草又七	1934년 12월~1936년 3월
山口三郎	1936년 3월~1936년 6월
○ 木村由方	1926년 6월~

[○는 현 재임자]

1936년 10월 1일 현재 부산지점 소속 인원은 직원 7명, 고용인 6명이다. 이외에 지점 내에는 본점의 서무과庶務科와 선박과船舶科 2개 분실이 있는데, 그 소속 인원은 서무과 분실 직원이 6명, 선박과 분실 직원이 5명이다. 한편 벽돌로 건축한 창고에는 주로 저축품貯蓄品을 보관하며, 서무과 분실이 관리한다.

(2) 원산지점元山支店

개업 당시 원산元山에는 출장소를 설치하였다. 경원선京元線 철도가 개통되고 기타 여러 방면에서 지역이 발전하기 시작하자 우리 회사의 항로 또한 원산을 기·종점으로 하거나 기항하는 노선이 늘어났다. 이에 따른 업무도 상당히 증가해 1921년 10월 출장소를 지점으로 승격시켰다. 사무소는 출장소 시절부터 원산대리점이었던 요시다운수주식회사吉

田運輸株式會社 소유의 가옥을 사용했는데, 지금도 대리점[조선운송주식회사朝鮮
運送株式會社]의 사무실 하나를 임대해 사용하고 있다.

역대 지점장의 면면은 다음과 같다. 현재는 지점장을 두지 않고 있으
며, 지점원 중 상석자上席者를 주임으로 임명하였다.

廣瀨博	1921년 11월~1923년 8월
小木辰之助	1923년 8월~1824년 2월
一寸木政藏	1924년 2월~1925년 8월
山田勝	1925년 8월~1926년 4월
高井春五郎	1926년 4월~1930년 6월
大草又七	1930년 6월~1932년 8월

1936년 10월 1일 현재 원산지점 소속 인원은 직원 3명, 고용인 2
명이다.

(3) 인천출장소仁川出張所

개업 당시 인천[仁川]에는 출장소를 설치하지 않았고 대리점에서 사무를
취급하였다. 1912년 10월 인천출장소를 설치했는데, 사무소는 대리점의
사무실 하나를 사용하였다. 1915년 4월 출장소를 폐지하고 출장원出張員
을 파견했다가 1922년 7월 다시 출장소로 승격시켜 오늘에 이르고 있다.

1919년 7월 조선총독부가 소유한 인천항정[仁川港町] 1정목의 토지 387
평 5합合 9작勺을 대금 13,387여 엔에 출장소 부지로 매수하였다. 이곳
에 2층짜리 벽돌건물 38.87평 1동[어기御家2는 목조 단층건물 10.5평], 창고

용 단층 벽돌건물 24평 1동, 헛간용 단층 목조건물 9평 1동을 총공사비 30,392엔 82전을 투자해 건설하였다. 2층의 사무실 하나를 출장원 사무소로 사용하고 나머지는 대리점에 임대했는데, 대리점 사무실로 사용하기에 협소해지자 1929년 3월 본관인 2층 벽돌건물 9평과 어가인 단층 목조건물 3.75평을 공사비 5,433엔 10전으로 증축하였다. 다시 1935년 3월 본관인 2층 벽돌건물 31평, 어가인 단층 목조건물 2평 5합 및 지하 보일러실 등을 총공사비 20,769엔 99전을 투자해 증축하였다. 현재 본관인 2층 건물은 88평, 어가인 단층건물은 22평이다. 그 대부분은 대리점에 임대하였고, 출장원은 2층의 사무실 하나를 사용하고 있다.

역대 출장소장은 다음과 같다. 1925년 8월 이후에는 소장을 두지 않고 있으며, 직원이 2명 이상일 경우 상석자에게 주임의 임무를 맡기고 있다.

永井元男	1922년 7월~1924년 2월
埋橋美也	1924년 2월~1825년 2월
高井春五郎	1925년 2월~1925년 8월

(4) 목포출장소木浦出張所

개업 당시 출장소를 설치했으나, 1915년 4월 폐지하면서 출장원을 파견하였다. 이후 목포木浦 기점의 항로가 폐지되면서 그 필요마저 사라졌다. 1932년 5월 출장원 파견을 폐지하였고, 관련된 모든 사무는 대리점에 위탁하였다.

---

2   주인집 내지는 부인의 공간을 일컫는 곳으로, 인천출장소 관리자의 사무실 정도로 추정된다.

목포출장소의 사무소는 신설 당시에는 대리점의 사무실 하나를 사용했으나, 목포 해안통海岸通에 있는 해면지대海面地帶 관유지官有地에 대한 사용허가를 받으면서 이곳으로 이전하였다. 1913년 3월 사무소용 2층 목조건물 26.75평 1동, 창고용 단층 목조건물 15평 1동을 총공사비 3,765엔 58전을 투자해 건축하고 이를 사무소로 사용하였다. 이어 1915년 8월 화물창고용 목조 단층건물 40평을 건축해 사용하였다. 이후 출장소를 폐지하고 출장원을 파견했지만 사무소는 이곳에 그대로 두었다. 1929년 9월 사무소 부지를 반환하라는 명령을 받고 건물 전부를 매각했다. 출장원 사무소는 대리점의 사무실 하나를 임대해 사용하고 있다.

(5) 청진출장원사무소淸津出張員事務所

청진淸津은 원산지점에서 멀리 떨어져 있는 곳으로, 해가 갈수록 급격히 발전하고 있다. 해운업 또한 매우 번성해 원산지점의 직할로 제쳐놓기 어려울 정도로 발전하였다. 이에 1925년 7월 출장원을 파견해 청진 및 그 부근 각 항구의 사무를 보도록 했는데, 현재까지도 유지하고 있다.

사무소는 처음부터 줄곧 대리점의 사무실 하나를 임대해 사용하고 있다.

1936년 10월 1일 현재 청진출장원 소속 직원은 2명이며, 부참사副參事이마다 스스무今田進가 주임이다.

제2절 일본

(1) 오사카출장소大阪出張所

우리 회사가 근해항로에 진출한 이후 여러 해 지나면서 오사카大阪, 고베神戶 방면의 사무는 날로 복잡해졌다. 대리점에만 위탁할 수 없는 상황이 되면서 1919년 5월 오사카에 출장원을 파견했다. 대리점인 오사카상선축항사무소大阪商船築港事務所의 사무실 하나를 임대해 사무소로 사용하면서 한신阪神 및 그 부근 지역에 관한 사무를 맡아 보도록 하였다.

그 후 단지 영업 방면의 사무뿐만 아니라 선박용 물품 구입 등의 사무도 아울러 맡도록 했는데, 이로 인해 근무하는 인원도 지점 이상으로 늘어났다. 또한 대외관계 차원에서도 그 필요성이 커지고 있었다. 1936년 6월 사무소를 대리점 영업소가 있는 오사카시 기타구北區 소우제쵸宗是町 오사카빌딩大阪Building의 한 사무실로 이전시키며 출장소로 승격시켰다.

1936년 10월 1일 현재 오사카출장소 소속 인원은 직원 9명, 고용인 2명이다. 소장은 출장소 승격과 동시에 부참사 야마구치 사부로山口三郎가 취임해 현재까지 근무하고 있다.

(2) 고베출장원사무소神戶出張員事務所

오사카에 출장원을 파견하면서 고베의 사무도 아울러 맡도록 했지만 불편이 적지 않았다. 고베에 별도의 출장원을 둘 필요성이 제기되었는데, 이에 1925년 8월 출장원을 파견하였다. 그러나 불과 1년을 채우지 못하고 철수시켰다. 오사카출장원을 충실히 하면서 고베의 사무까지 겸하도록 환원시킨 것이다.

(3) 도쿄출장원사무소東京出張員事務所

우리 회사는 1920년 체신성遞信省으로부터 서선西鮮-도쿄東京선의 명령 항로 경영을 명령받았는데, 이것이 도쿄로 들어가는 첫 노선이었다. 당시 일본우선주식회사日本郵船株式會社[현재는 근해우선주식회사近海郵船株式會社]에 대리점을 위탁해 영업 방면 및 관청 관련 사무 전체를 의뢰하였다. 하지만 우리 회사의 사원을 두면서 관련 사무를 처리해야 한다는 필요성이 제기되었고, 1924년 12월 출장원을 파견했다. 대리점의 사무실 하나를 임대해 사무소로 사용하면서 출장원 사무를 개시했는데, 이는 지금까지 유지하고 있다.

1936년 10월 1일 현재 도쿄출장원사무소 소속 인원은 직원 2명, 고용인 1명이다.

(4) 간몬출장원關門出張員

우리 회사는 일본을 항행하는 선박에 필요한 석탄 등 선박용 물품을 간몬에서 적재하는 경우가 매우 많았다. 영업 방면 이외에 이러한 것들을 단속하기 위해서는 출장원을 두는 것이 적절하다고 판단하였고, 1931년 4월 간몬에 출장원을 파견했다. 시모노세키대리점下關代理店의 사무실 하나를 임대해 사무소를 설치했으나, 1932년 10월 경비절감 차원에서 폐지하였다.

제3장

대리점 및 하객취급점

개업 당시 우리 회사의 항로는 조선 연안을 벗어나지 못했는데, 석탄 적재 등을 위해 간신히 간몬으로 임시 항해를 하는 정도였다. 때문에 대리점 또는 화객취급점은 아래와 같이 조선 내에 86개소, 일본에 1개소, 총 87개소를 두고 있었다.

제1기 1912년 9월 말 대리점 및 취급점 소재지

조선

경기도	인천	함경북도	이진(梨津)	전라남도	추자도(楸子島)
경상남도	대변(大邊)		웅기(雄基)		우수영(右水營)
	울산(蔚山)	경상남도	가덕(加德)		완도(莞島)
	방어진(方魚津)		웅천(熊川)		장흥(長興)
	울릉도(鬱陵島)		행암(行巖)		흥양(興陽)
경상북도	감포(甘浦)		신마산(新馬山)		나로도(羅老島)
	구룡포(九龍浦)		구마산(舊馬山)		몽탄진(夢灘津)
	영일만(迎日灣)		통영(統營)		사포(沙浦)
	영덕(盈德)		삼천포(三千浦)		중촌포(中村浦)
	축산포(丑山浦)		선진(船津)		구진포(九津浦)

강원도	죽변(竹邊)	경상남도	진교(辰橋)	전라남도	영산포(榮山浦)
	삼척(三陟)		노량진(露梁津)		지도(智島)
	강릉(江陵)	전라남도	여수(麗水)		법성포(法聖浦)
	양양(襄陽)		순천(順天)	전라북도	줄포(茁浦)
	간성(杆城)		벌교(筏橋)	충청남도	가로림만
	장전(長箭)	경상남도	송진포(松眞浦)		안흥(安興)
	통천(通川)		미에촌(蜂谷村)³		오천(鰲川)
함경남도	영흥(永興)		성포(城浦)		어청도(於靑島)
	서호진(西湖津)		당동(塘洞)	전라북도	군산(群山)
	전진(前津)		거제도(巨濟島)	경기도	강화도(江華島)
함경남도	신포(新浦)		장승포(長承浦)	황해도	해주(海州)
	신창(新昌)		지세포(知世浦)		용호도(龍湖島)
	차호(遮湖)		하청면(河淸面)		옹진(瓮津)
	단천(端川)		구조라(舊助羅)		조포(潮浦)
함경북도	성진(城津)	전라남도	거문도(巨文島)		구미포(九味浦)
	명천(明川)		우도(牛島)		덕동(德洞)
	어대진(漁大津)		성산포(城山浦)		몽금포(夢金浦)
	독진(獨津)		조천(朝天)	평안남도	진남도(鎭南道)
	청진		산지(山地)		

일본

후쿠오카현(福岡縣)	모지시(門司市)

　개업 후 5년이 지난 제5기 말에는 아래와 같이 조선 내에는 31개소를 신설하고 21개소를 폐지해 97개소가 되었다. 일본에는 2개소를 신설해 3개소가 되었고, 외국에는 4개소를 신설했는데, 모두 합하면 104개소였다. 외국에 설치한 것은 북지나선北支那線 및 블라디보스토크선浦鹽線 항해를 개시했기 때문이다.

3　원문에는 '봉옥촌(峰屋村)'으로 되어 있으나 '봉곡촌(蜂谷村)'의 오기로 보인다.

제5기 1916년 말 대리점 및 취급점 소재지

◇ 신설

조선

함경북도	서수라(西水羅)	전라남도	서귀리(西歸里)	전라남도	흑산도(黑山島)
	대량화(大良化)		모슬포(摹瑟浦)		임자도(荏子島)
	사포(泗浦)		한림(翰林)		안마도(鞍馬島)
함경남도	군선(群仙)		소안도(所安島)	전라북도	위도(蝟島)
강원도	평해(平海)		조도(鳥道)		고군산도(古群山島)
경상북도	영해(寧海)		목포		말도(末島)
경상남도	해운대(海雲臺)		기좌도(箕佐島)	경기도	교동도(喬桐島)
전라남도	하포(下浦)		우이도(牛耳島)	충청남도	구도(舊島)
	고금도(古今島)		대흑산도(大黑山島)		한진(漢津)
	김녕(金寧)		매가도(梅加島)		
	표선리(表善里)		태도(苔島)		

일본

야마구치현(山口縣)	시모노세키시(下關市)	나가사키현(長崎縣)	나가사키시(長崎市)

외국

러시아령 연해주(沿海州)	블라디보스토크(浦鹽)	산둥성(山東省) 즈푸(芝罘)
산둥성(山東省) 칭다오(靑島)		관둥주(關東州) 다롄(大連)

◇ 폐지

조선

함경남도	영흥	경상남도	당동	전라남도	몽탄진
함경북도	명천		거제부(巨濟府)		사포
경상남도	가덕		지세포		중촌포
	웅천		하청면		구진포
	송진포		구조라		영산포
	미에촌	전라남도	순천		지도
	성포		우도	충청남도	가로림만

개업 후 10년이 지난 제10기 말에는 아래와 같이 조선 내에 13개소를 신설하고 8개소를 폐지해 102개소가 되었다. 일본에는 9개소를 신설해 12개소, 외국에는 1개소를 신설해 5개소가 되었는데, 모두 119개소였다. 일본에서의 증가가 두드러진 것은 조선 – 일본 간 근해항로를 개설했기 때문이다.

제10기 1921년 말 대리점 및 취급점 소재지

◇ 신설

조선

함경북도	회령(會寧)	경상남도	미조도(彌助島)	전라남도	비금도(飛禽島)
함경남도	함흥(咸興)	전라남도	고흥(高興)	경기도	경성(京城)
경상남도	이리사촌(入佐村)		수문포(水門浦)	평안남도	신의주(新義州)
	부산		애월리(涯月里)		
	진해(鎮海)		협재리(挾才里)		

일본

후쿠이현(福井縣)	쓰루가(敦賀)	도쿄부(東京府)	도쿄(東京)
오사카부(大阪府)	오사카(大阪)	가가와현(香川縣)	쇼도시마(小豆島)
가나가와현(神奈川縣)	요코하마(橫濱)	아이치현(愛知縣)	나고야(名古屋)
시즈오카현(靜岡縣)	시미즈(淸水)	히로시마현(廣島縣)	오노미치(尾道)
효고현(兵庫縣)	고베(神戶)		

외국

펑톈성(奉天省)	안둥현(安東縣)

◇ 폐지

조선

경상남도	대변	전라남도	벌교	전라북도	말도
	장승포		흥양	충청남도	한진
	행암		장흥		

개업 이후 15년이 지난 제15기 말에는 아래와 같이 조선 내에 20개소를 신설하고 5개소를 폐지해 117개소가 되었다. 일본에는 13개소를 신설해 25개소, 외국에는 3개소를 신설해 8개소가 되었는데, 모두 150개소였다. 조선 내에서의 증가는 연안항로 기항지의 변경·증설에 기인한 것이고, 일본에서의 증가는 조선-일본 간 근해항로의 확장·보완에 따른 것이었다. 외국에서 증가한 것은 상하이항로上海航路 개설에 따른 결과였다.

제15기 1926년 말 대리점 및 취급점 소재지

◇ 신설

조선

함경북도	중평(仲坪)	경상남도[4]	대구(大邱)	전라남도	외도리(外都里)
	포하(浦下)	전라남도	어란진(於蘭鎭)		벽파진(碧波津)
함경남도	원산		위미리(爲美里)	황해도	백령도(白翎島)
강원도	오리진(五里津)		세화리(細花里)	강원도	안목(安木)
	묵호진(墨湖津)		대포리(大浦里)		임원진(臨院津)
	장호리(莊湖里)		신여리(新呂里)	전라남도	하귀리(下貴里)
	울진(蔚珍)		고산리(高山里)		

일본

후쿠오카현	하카다(博多)	오카야마현(岡山縣)	우노(宇野)
	와카마츠(若松)	교토부(京都府)	교토(京都)
구마모토현(熊本縣)	미스미(三角)		미야즈(宮津)
	미나마타(水俁)		마이즈루(舞鶴)
가고시마현(鹿兒島縣)	가고시마(鹿兒島)		신마이즈루(新舞鶴)
히로시마현	요시우라(吉浦)	가가와현	다카마츠(高松)
	우지나(宇品)		

외국

중국 간도(間島)	용정촌(龍井村)	장쑤성(江蘇省)	상하이(上海)

◇ 폐지

조선

함경남도	함흥	경상남도	미조도	전라남도	고금도
경상남도	구마산		노량진		

　　개업 후 20년이 지난 제20기 말에는 아래와 같이 조선 내에 1개소를 신설하고 4개소를 폐지해 114개소로 축소되었다. 일본에서는 각 1개소가 신설·폐지되어 25개소, 외국은 증감 없이 8개소였다. 모두 147개소였다.

제20기 1931년 말 대리점 및 취급점 소재지

◇ 신설

조선

함경남도	홍남(興南)

일본

이시카와현(石川縣)	나나오(七尾)

◇ 폐지

조선

함경북도	이진	함경북도	중평
	독진		포하

일본

4　일제강점기 대구는 '경상북도'에 소속되었으나 본서에서는 '경상남도'로 잘못 기록하고 있다.

개업 후 24년이 지난 제24기 말 조선에서 갑자기 29개소가 줄어 75개소가 되었는데, 이는 조선 내 연안항로가 정리되면서 작은 항구에 기항하지 않았기 때문으로, 존치할 필요가 없는 지역은 폐지한 것이다. 이와 반대로 일본에는 12개소가 증가해 37개소가 되었다. 외국에는 2개소를 늘리고 1개소를 줄여 9개소가 되었는데, 모두 121개소였다.[5] 일본에서는 오모테니혼表日本과 우라니혼裏日本으로 가는 항로를 신설 혹은 연장했기 때문에 증가한 것이고, 외국에는 텐진天津에 신설하였다.

제24기 1935년도 말 대리점 및 취급점 소재지

조선

함경북도	서수라	강원도	임원진	전라남도	애월리
	웅기		죽변		하귀리
	나진		울진		표선리
	청진		평해		위미리
	어대진	경상북도	도동(道洞)		서귀포
	대량화		영해		세화리
	사포		축산포		모슬포
	성진		영덕		대포리
함경남도	단천		포항		한림
	군선		감포		신여리
	차호	경상남도	방어진		고산리
	신창		장생포		제주
	신포		대구		외도리
	전진		부산		소안도
	서호진		진해		목포

---

5   원문에는 '21'개소로 되어 있으나 '121'개소의 오기이다.

함경남도	흥남	경상남도	마산	전라남도	벽파진
	원산		통영	전라북도	군산
강원도	고저(庫底)		삼천포		줄포
	장전	전라남도	여수		어청도
	간성		나로도	경기도	경성
	양양		완도		인천
	안목		우수영	황해도	용당포
	강릉		성산포	평안남도	진남포
	삼척		김녕	평안북도	신의주
	장호리		조천		용암포(龍岩浦)

일본

후쿠이현	쓰루가	교토부	신마이즈루
후쿠오카현	하카다	효고현	고베
	모지	아이치현	나고야
	고쿠라(小倉)		다케토요(武豊)
	와카마츠	가나가와현	요코하마
야마구치현	시모노세키	도쿄부	도쿄
	하기(萩)	시즈오카현	시미즈
구마모토현	미스미	가가와현	쇼도시마
	미나마타		사카이데(坂出)
가고시마현	가고시마		다카마츠
나가사키현	나가사키	이시가와현	나나오
히로시마현	오노미치		가나자와(金澤)
	요시우라	도야마현(富山縣)	후시키(伏木)
	히로시마	미에현(三重縣)	욧카이치(四日市)
오카야마현	우노	돗토리현(鳥取縣)	사카이(境)
오사카부	오사카	오이타현(大分縣)	즈구미(津久見)
교토부	교토	니가타현(新潟縣)	니가타(新潟)
	미야즈	미야기현(宮城縣)	시오가마(鹽釜)
	마이즈루		

외국

러시아령 연해주	블라디보스토크	산둥성	즈푸
펑톈성	안둥현	관둥주	다롄
	잉커우(營口)	허베이성(河北省)	톈진(天津)
산둥성	칭다오	장쑤성	상하이
	웨이헤이웨이		

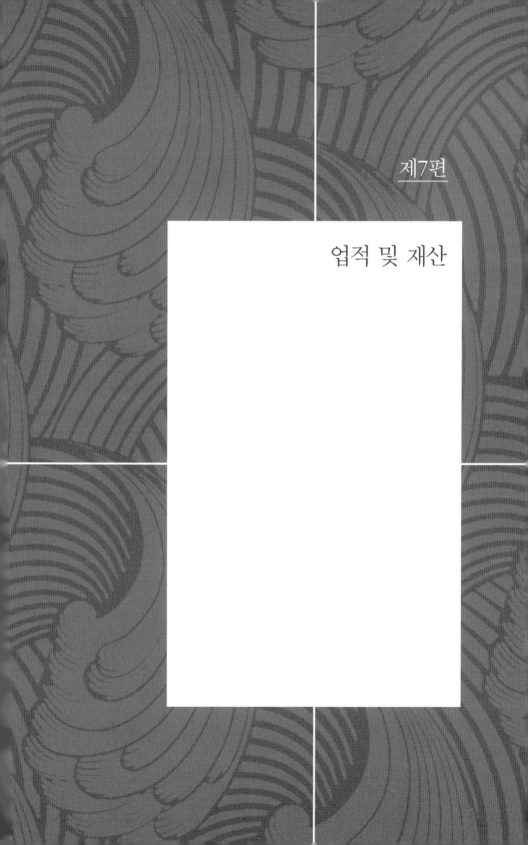

제7편

업적 및 재산

제1장

업적

제1절 수입

제1관 총수입

우리 회사의 총수입은 아래의 〈연간 누적표〉를 통해서 볼 수 있듯이 개업 첫해부터 4년 동안은 시종일관 1,000,000엔 이상 1,400,000엔 이내에 머물렀다. 제5기 1916년부터 장족의 발전을 보이기 시작해 이듬해 1917년에는 2,500,000엔을 돌파하였고, 1918년에는 단번에 4,000,000엔을 초과하였다. 주로 제1차 세계대전의 여파와 항로의 정리·확장, 선박의 개량·보충에 따른 결과였다.

그러나 1919년 말 무렵부터 전시 호황에 이은 반동적 불경기가 습격할 조짐이 보였고, 경제계는 서서히 침체되기 시작했다. 1920년 결국 패닉panic에 빠졌는데, 상황은 해를 거듭할수록 더욱 심각해졌다. 정부는 '지불유예령仕拂猶豫令'까지 발동하게 되었고, 해운계뿐만 아니라 모든 산업이 큰 타격을 받았다.

우리 회사는 전쟁 중 호황이던 시기에도 정부의 명령을 받는 회사로서 기꺼이 사명의 수행에만 전력을 기울였다. 그 과정에서 내용의 충실을 기하며 항로의 정리·확장을 도모했는데, 이것을 하나의 신기원으로 해서 조선−일본 간 혹은 중국, 블라디보스토크灘 방면 등의 근해항로를 확립하였다. 때문에 다른 해운업자들에 비하면 반동적 불경기로 인한 타격을 최소화할 수 있었다. 총수입의 경우 오히려 증가하여 1924년 이후 1930년까지 5,000,000엔을 돌파했는데, 특히 1927년에는 6,200,000여 엔에 달했다.

그러한 불행한 상황에 빠진 일반 업자들은 채산을 무시한 채 우리 회사가 경영하는 항로로 몰려왔고, 치열한 운임 경쟁이 펼쳐졌다. 이 영향으로 1930년 이후 총수입은 과거와 같은 4,000,000엔대로 내려갈 수밖에 없었다. 우리 회사는 다시 항로와 선박 정리에 전력을 기울였고, 이후의 난국에 대처할 계획을 수립했다. 겨우 그 실마리를 찾아 1934년부터는 총수입 5,000,000엔 이상을 계상하기에 이르렀다.

총수입 중 각 수입 항목별 비율은 아래의 〈매 5년 주기 총수입〉 표와 같다. 개업한 첫해에는 운임수입이 총수입의 70% 이상을 차지했는데, 그 비율은 점점 늘어나 1935년에는 85% 이상이 되었다. 다음으로 항로보조금은 개업한 첫해 총수입의 27%였으나 점점 증가해 1915년에는 35%에 달했다. 하지만 회사의 총수입 또한 증대되었으므로 총수입과의 비율은 점차 줄어들었는데, 1935년에는 10% 이상 정도였다.

개업 첫해를 기준으로 한 수입 증가율은 아래의 〈수입 증가율〉 표와 같다. 제24기 1935년의 총수입은 580%, 운임수입은 700%, 기타 수입은 350% 증가한 것으로 확인되는데, 개업 첫해에 비해 현저하게 증가한 것을 알 수 있다. 맨 끝에 〈수입내역 연간 누적표〉를 참고삼아 제시해 둔다.

제1기 1912년 총수입

항목	금액(엔)	총수입 대비 백분율(%)	항목	금액(엔)	총수입 대비 백분율(%)
하물운임	420,097	41.7	항해보조금	277,710	27.5
선객운임	300,847	29.8	잡수입	10,228	1.0
대선료	269	–	합계	1,009,151	100.0

제5기 1916년 총수입

항목	금액(엔)	총수입 대비 백분율(%)	항목	금액(엔)	총수입 대비 백분율(%)
하물운임	934,982	48.4	대선료	1,844	0.1
선객운임	439,739	22.8	우편항송료	442	–
항해보조금	534,884	27.7	잡수입	13,984	0.7
이자수입	6,289	0.3	합계	1,932,164	100.0

제10기 1921년 총수입

항목	금액(엔)	총수입 대비 백분율(%)	항목	금액(엔)	총수입 대비 백분율(%)
하물운임	2,238,010	53.9	이자수입	7,058	0.2
선객운임	961,487	23.1	잡수입	22,402	0.5
우편항송료	3,209	0.1			
항해보조금	920,196	22.2	합계	4,152,362	100.0

제15기 1926년 총수입

항목	금액(엔)	총수입 대비 백분율(%)	항목	금액(엔)	총수입 대비 백분율(%)
하물운임	3,756,010	64.3	항해보조금	830,989	14.2
선객운임	1,053,779	18.0	이자수입	28,016	0.5
대선료	62,398	1.1	잡수입	106,571	1.8
우편항송료	3,799	0.1	합계	5,841,562	100.0

제20기 1931년 총수입

항목	금액(엔)	총수입 대비 백분율(%)	항목	금액(엔)	총수입 대비 백분율(%)
하물운임	3,002,979	72.5	항해보조금	735,839	17.8
선객운임	267,812	6.5	이자수입	74,576	1.8
대선료	1,303	-	잡수입	58,410	1.4
우편항송료	472	-	합계	4,141,391	100.0

제24기 1935년 총수입

항목	금액(엔)	총수입 대비 백분율(%)	항목	금액(엔)	총수입 대비 백분율(%)
하물운임	4,923,519	83.8	잡수입	153,186	2.6
선객운임	140,892	2.3	우편항송료	4	-
항해보조금	620,575	10.6			
이자수입	40,209	0.7	합계	5,878,385	100.0

수입 증가율

연도	총수입(엔)	창립원년 대비 증가율(10%)	운임수입(엔)	창립원년 대비 증가율(10%)	기타 수입(엔)	창립원년 대비 증가율(10%)
1912년	1,009,151	-	720,944	-	228,207	-
1916년	1,932,164	19.1	1,374,721	19.1	557,442	22.4
1921년	4,098,362	40.6	3,199,497	44.3	898,865	39.4
1926년	5,841,562	57.9	4,809,787	66.8	1,031,773	45.2
1931년	4,141,391	41.0	3,270,791	45.4	870,600	38.5
1935년	5,878,385	58.2	5,064,411	70.2	813,974	35.7

수입내역 연간 누적표

(1엔 미만은 절사함)

연도	총수입(엔)	하객운임(엔)	우편체송료 대선료(엔)	기타(엔)	총수입 대비 하객운임 백분율(%)
1912년	1,009,151	720,944	269	287,937	70.4
1913년	1,181,123	836,426	2,243	342,453	70.8
1914년	1,081,796	758,694	5,243	317,858	70.1
1915년	1,377,726	873,259	6,648	497,817	63.4
1916년	1,932,164	1,374,721	2,286	555,156	71.1
1917년	2,641,426	2,065,937	690	574,797	78.2
1918년	4,272,053	3,261,197	2,550	1,008,305	76.3
1919년	4,184,149	3,151,513	63,549	969,103	75.3
1920년	4,177,600	3,250,510	–	918,088	77.8
1921년	4,152,362	3,199,498	3,209	949,654	77.0
1922년	4,602,948	3,377,681	4,063	1,221,203	73.4
1923년	4,940,109	3,713,424	4,698	1,221,985	75.2
1924년	5,130,324	3,771,688	4,650	1,353,986	73.5
1925년	5,438,981	4,340,617	74,521	1,023,841	79.8
1926년	5,841,562	4,809,790	66,197	965,574	82.3
1927년	6,295,384	5,285,632	60,832	948,919	84.0
1928년	5,642,520	4,680,340	4,775	961,006	82.9
1929년	5,245,224	4,299,832	875	944,515	82.0
1930년	4,438,048	3,448,156	125	1,059,764	77.7
1931년	4,141,391	3,270,792	1,775	814,986	79.0
1932년	4,146,441	3,402,179	19,009	725,253	82.0
1933년	4,481,380	3,782,556	45	698,178	84.4
1934년	5,663,404	4,992,082	88	671,232	88.1
1935년	5,878,385	5,064,412	4	813,969	86.2

제2관 하객운임荷客運賃

(1) 하물운임荷物運賃

우리 회사 수입은 매년 총수입의 63% 이상 88% 이하가 운임수입이었다. 아래 5년 주기 〈총수입 대비 하객운임 및 기타 수입 비율〉 표를 보면, 운임 이외의 수입은 13% 이상 28% 이하에 그쳤다.

하객운임 중 하물과 선객 운임의 비율은 아래의 〈총운임 대비 하물·선객 운임 비율〉 표를 통해 살펴볼 수 있다. 하물운임은 총운임의 58% 이상 97% 이하였고, 선객운임은 2% 이상 41% 이하였다. 하물운임의 비율은 해마다 증가해 최근 1935년에는 97%가 되었지만, 선객운임은 이와는 반대였다. 개업 당시 41%였던 것이 점차 감소해 불과 3% 미만의 비율로 되었다. 이외에 참고로 〈사용선박 평균 총톤수 1톤당 연간 운임〉, 〈화물 100톤당 운임〉 표를 제시해 둔다.

운임수입 부침浮沈의 배경과 관련해서는 앞의 총수입 부분에서 개설했기 때문에 다시 설명하지 않겠다. 여기서는 선박의 활약을 살펴볼 수 있도록 매 5년 주기 〈항해거리〉 및 〈수송화물 톤수〉 표를 제시해 둔다.

총수입 대비 하객운임 및 기타 수입 비율

연도	총수입(엔)	하객운임 수입(엔)	총수입 대비 하객운임 비율(%)	기타수입(엔)	총수입 대비 기타수입 비율(%)
1912년	1,009,151	720,944	71.5	288,207	28.5
1916년	1,932,164	1,374,721	71.2	557,443	28.8
1921년	4,098,362	3,199,497	78.1	898,865	21.9
1926년	5,841,562	4,809,789	82.3	1,031,773	17.7
1931년	4,141,391	3,270,791	79.0	870,600	21.0
1935년	5,878,385	5,064,411	86.1	813,974	13.9

총운임 대비 하물 및 선객 운임 비율

연도	총수입(엔)	하물운임(엔)	총수입 대비 하물운임 비율(%)	선객운임(엔)	총수입 대비 선객운임 비율(%)
1912년	720,944	420,097	58.3	300,847	41.7
1916년	1,374,721	934,982	68.0	439,739	32.0
1921년	3,199,497	2,238,010	69.9	961,487	30.1
1926년	4,809,789	3,756,010	78.1	1,053,799	21.9
1931년	3,270,791	3,002,979	91.8	267,812	8.2
1935년	5,064,411	4,923,519	97.2	140,892	2.8

사용선박 1톤당 평균운임

연도	운임 기타(엔)			사용선박 평균 총톤수(톤)			선박 1톤당 운임(엔)
	하객운임	대선료 우편항송료	합계	소유선	용선	합계	
1912년	720,944	269	721,213	6,723	883	7,606	94.82
1916년	1,374,721	2,286	1,377,007	9,885	389	10,274	134.02
1921년	3,199,497	3,209	3,202,706	17,731	3,313	21,044	152.19
1926년	4,809,789	66,197	4,875,986	31,484	10,391	41,875	116.44
1931년	3,270,791	1,775	3,272,566	32,494	9,945	42,439	77.10
1935년	5,064,411	4	5,064,415	36,631	12,116	48,747	103.89

화물 100톤당 운임

(화물 100톤/운임 100엔 미만은 절사함)

연도	화물톤수(100톤)	하물운임(100엔)	100톤당 운임(엔)
1912년	1,813	4,200	231.66
1916년	3,500	9,349	267.11
1921년	3,924	22,380	570.33
1926년	8,912	37,560	421.45
1931년	9,762	30,029	307.61
1935년	14,183	49,235	347.14

사용선박의 항해거리

연도	사용선박 평균		사용선박 항해거리(해리)	1척당 평균 항해거리(해리)
	선박수(척)	총톤수(톤)		
1912년	36	7,575	663,800	18,438
1916년	32	10,664	719,443	22,482
1921년	34	21,044	872,798	25,670
1926년	41	41,623	1,176,630	28,698
1931년	34	42,439	967,809	28,464
1935년	26	48,247	896,286	34,472

수송하물 톤수

연도	수송하물(톤)	사용선박(척)	선박당 평균 총톤수(톤)	선박당 평균 수송하물(톤)	선박 1톤당 평균 수송하물(톤)
1912년	181,373	36	210	50,381	239
1916년	350,000	32	333	109,375	328
1921년	391,487	34	618	115,437	186
1926년	891,231	41	1,015	217,373	214
1931년	976,281	34	1,248	287,141	230
1935년	1,418,362	26	1,624	548,523	335

(2) 선객운임船客運賃

우리 회사가 개업할 당시에는 조선 내 육상 교통기관이 매우 부진했으나, 이후 육상 교통기관이 발달하면서 우리 회사의 여객운송은 해마다 감퇴하였다. 앞의 하물운임 부분에서 제시한 〈총운임 대비 하물 및 선객 운임 비율〉 표에 따르면, 개업 첫해 하물운임은 58%, 선객 운임은 41%였지만 최근 1935년에는 하물운임 97%, 선객운임 2%로, 겨우 그 존재를 인식할 수 있는 수준에 그치고 있다. 따라서 기존의 하객선荷客船이 현재 하물선荷物船 전용으로 되었다 해도 과언이 아니다.

다음 〈선객 10명당 운임〉 표를 보자. 일반적으로 볼 때 당시의 운임율 고저에 따라 10명당 운임이 오르내리는 것은 당연하다. 여기에 더해 여객의 수송구간이 개업 당시에 비해 원거리로 바뀌면서 한 사람 단위의 운임이 크게 오른 것도 그 원인 중의 하나였다.

선객 10명당 운임

연도	선객인원(10명)	선객운임(10명)	10명당 평균운임(엔)
1912년	126,72	300,84	23.74
1916년	238,00	439,73	18.47
1921년	254,04	961,48	37.84
1926년	236,00	1,053,77	44.65
1931년	73,36	267,81	36.50
1935년	22,96	62,60	27.26

제3관 보조금

우리 회사는 조선의 해운 수준이 매우 낮은 시대에 창립하였다. 때문에 본 사업을 경영하면서 사업수입만으로는 수지타산을 맞추기에 한계가 있었다. 우리 회사는 창립 초기 조선총독에게 청원해 보조금에 대한 내허內許[1]를 받았고, 이것을 하나의 조건으로 해서 성립한 것과 마찬가지였다. 본 수입은 우리 회사 경영에서 굉장히 중요한 지위를 점하였다.

한편 조선 내, 혹은 조선 – 일본 간에 산업상, 또는 교통상 필요한 항로를 개설할 때는 항상 그 수입·지출에 관한 예산을 세우게 되는데, 손실이 심한 경우에는 이를 보전할 방법으로 관계 지방청 내지는 공공단체로도 청원해 손실액의 일부를 보조금으로 받았다. 이에 관한 상세한 내용은 앞의 보조금 교부 부분에서 자세히 서술해 두었으므로 생략한다.

---

1   내락(內諾)과 유사한 단어로, 비공식적으로 은밀히 승낙했다는 의미이다.

이상에서 서술한 것처럼 보조금은 사업 경영상 손실의 일부를 보전하는 것이었다. 때문에 사업이 발달함에 따라 차츰 축소될 수밖에 없었다. 개업 당시 총수입의 27%였던 보조금은 다소 증가해 1915년에는 35%에 달했다. 하지만 이후 조금씩 감소해 최근인 1935년에는 10%가 되었다. 조선의 해운사업이 지속적으로 발전해 왔다는 사실을 이를 통해서도 확인할 수 있다.

보조금 교부 액수는 앞서 보조금 교부 부분에서 상세하게 기술해 두었지만, 여기에는 여러 이행조건이 전제가 되었다. 때문에 그 조건에 부합하지 않을 경우에는 보조금 액수에서 공제한 후 교부하였다. 실제 수입액은 명령서의 보조금 액수보다 다소 축소될 수밖에 없었다.

제4관 우편항송료, 대선료

(1) 우편항송료

명령항로에서 우편물은 명령조건으로, 무료로 운송한다. 반면 자영항로에서 우편물을 운송할 경우에는 일정한 요금을 받는데, 이것이 곧 본 수입이다. 그러나 조선에서 중요 항로는 대부분 명령항로였으므로 우편물을 유료로 운송하는 일은 매우 드물었다. 수입으로 잡을 만큼 많지 않았는데, 때문에 총수입 부분 〈수입내역 연간 누적표〉에서도 같은 성질의 운임이었던 대선료와 합산해 제시하였다.

(2) 대선료

우리 회사는 창업 이래 지금까지 소유선박이 항상 부족한 상황으로, 오히려 선박을 차입하는 위치에 있었다. 때문에 한 척의 선박을 다른 회사에 통째로 대여하면서 운항하도록 한 경우는 없었다. 대선료 항목으로 해마다 근소한 수입을 계상한 것은 특정 화물 혹은 특정 구간을 운항했을 때 그것을 선박 대여비로 수입을 잡았기 때문으로, 이 경우 외에는 없었다. 이 또한 대부분 한 번의 항해 혹은 몇 차례의 항해로 그치는 상당한 단기간이었다. 때문에 수입은 매우 소액이었다.

다만 1925년부터 오사카大阪-청진淸津 간 자영항로 선박을 육군운수부陸軍運輸部에 대여하기로 계약하고 운항했는데, 이것이 비교적 장기간이었다. 하지만 이 또한 1933년 일반 수송과 동일하게 취급하기로 변경하였다. 이러한 사정으로 본 수입은 앞에서 언급한 것처럼 우편항송료와 합산해〈수입내역 연간 누적표〉에 넣었다. 아래에 매 5년 주기 금액을 참고삼아 제시해 둔다.

우편항송료 및 대선료

연도	우편항송료(엔)	대선료(엔)	합계(엔)
1912년	-	269	269
1916년	443	1,844	2,286
1921년	3,209	-	3,209
1926년	3,799	62,398	66,197
1931년	472	1,303	1,775
1935년	4	-	4

제5관 기타

제1관 총수입 부분에서 제시한〈수입내역 연간 누적표〉중 기타 항목은 항해보조금, 이자수입, 선박보험배상금 및 선박매각차익의 4가지를 합산한 것이다. 그 가운데 선박보험배상금 및 선박매각차익은 1918년에 167,981엔 97전, 1919년에 99,089엔 30전, 1925년에 58,810엔 51전이 있었을 뿐으로, 다른 해에는 전혀 발생하지 않은 수입이다. 이자수입은 개업 첫해부터 1916년 상반기까지는 각 연도 이자수입에서 상환할 이식을 공제한 차액만을 수입 혹은 지불世拂로 계상·정리한 것이다. 1915년까지는 매년 상환해야 할 이식이 많았기 때문에 이자수입은 계상되지 않았다. 이후 매년 소액의 이자수입을 계상하고 있는데, 이 내용은 앞서 제시한 〈매 5년 주기 총수입〉 표와 같다. 항해보조금은 〈매 5년 주기 총수입〉 표 및 제1편 제2장 제2절에서 그 연간 액수를 기술한 부분이 있으므로 여기서는 다시 설명하지 않는다.

제2절 지출

제1관 총경비

우리 회사의 총경비는 개업한 첫해인 1912년에는 706,000여 엔을 계상하였다. 이후 1915년까지 4년 동안 977,000여 엔을 벗어나지 않다가 1916년 1,000,000엔을 돌파하였고, 1917년에는 1,553,000여 엔에 달했다. 이상은 총경비 중 선박유지비, 즉 수선비를 공제한 사업 직접경비로, 여기에 선박수선비 220,000여 엔을 추가하면 1917년의 경우 1,770,000여 엔을 계상하게 된다.

1918년 무렵 우리 회사가 경영한 항로는 제1차 세계대전의 영향을 받으며 현저하게 번성하였다. 이를 계기로 근해항로 진출을 시도하는 한편 기존항로를 정리하며 충실을 기했다. 그 결과 사업은 뚜렷하게 향상되었고, 사업경비도 일약 3,000,000엔 남짓의 지출을 계상하기에 이르렀다. 주로 차선료借船料, 선박비船費, 하객비荷客費의 증가에 따른 것이었다. 이후 1923년까지 사업 직접경비 지출은 여전히 3,000,000엔대를 유지하고 있었다. 하지만 1924년에 결국 4,000,000엔대로 올라섰고, 1927년에는 현저히 증가해 5,000,000엔대에 이르렀다.

이처럼 지출이 급속하게 증가한 것은 주로 사업의 팽창에 따른 결과였다. 예컨대, 우리 회사 소유선박의 톤수를 살펴보면, 개업 첫해인 1912년 말 톤수 6,700톤 남짓이었던 것이 해마다 증가해 1917년 말에는 10,000톤을 넘었다. 1922년 말에는 20,000톤, 1925년 말에는 30,000톤을 돌파하였다. 항해거리의 경우에도 개업 첫해 663,000여 해리였지만, 1921년에는 872,000여 해리가 되었다. 1916년의 경우 증가폭이 더욱 커 1,176,000여 해리에 달했다. 수송화물 또한 개업 첫해 181,000여 톤이었지만 1921년에는 392,000톤, 1926년에는 891,000여 톤이 되었다. 이러한 지표들을 통해서 볼 때 사업경비가 증가한 것은 필연적인 결과였다.

1929년 말까지 4,369,000여 엔이던 사업 직접경비는 이듬해 1930년에는 3,706,000여 엔으로 줄어들었다. 이후 1933년까지는 3,000,000엔대에서 오르내리다가 1934년이 되면서 4,000,000엔대[2]를 회복하였고, 최근 1935년에는 5,000,000엔대를 돌파하였다. 이상에서 경비가 단번에 줄어든 것은 필시 사업의 부진을 드러냈다고 할 수 있다. 경비 중 70~80%가 선박비와 하객비였는데, 이는 필연적으로 사업의 성쇠를 반영할 수밖에 없다. 그 선박비와 하객비가 1930년부터 현저하게 감소하였던 것

---

2   원문에는 '400엔'으로 되어 있으나 4,000,000엔의 오기이다.

이다. 아래의 〈지출내역 연간 누적표〉, 〈매 5년 주기 총지출〉, 〈지출 증가율〉, 〈총수입과 총지출 비교〉 표를 검토하면 그간의 상황을 상세히 알 수 있을 것이다.

제1기 1912년 총지출

항목	금액(엔)	총지출 대비 백분율(%)	항목	금액(엔)	총지출 대비 백분율(%)
점비	106,282	12.1	소증기선비	8,955	1.0
하객비	114,390	13.0	지불이자	5,258	0.6
선박비	635,610	73.0	잡손	59	–
국세 및 지방세	3,054	0.3	합계	873,608	100.0

제5기 1916년 총지출

항목	금액(엔)	총지출 대비 백분율(%)	항목	금액(엔)	총지출 대비 백분율(%)
점비	106,723	8.9	소증기선비	9,134	0.8
하객비	238,001	19.7	지불이자	1,886	0.2
선박비	818,714	67.9	잡손	17,892	1.4
국세 및 지방세	13,255	1.1	합계	1,205,605	100.0

제10기 1921년 총지출

항목	금액(엔)	총지출 대비 백분율(%)	항목	금액(엔)	총지출 대비 백분율(%)
점비	278,482	7.9	소증기선비	16,498	0.5
하객비	678,742	19.2	지불이자	61,660	1.7
선박비	2,463,467	69.8	잡손	3,333	0.1
국세 및 지방세	28,456	0.8	합계	3,530,638	100.0

제15기 1926년 총지출

항목	금액(엔)	총지출 대비 백분율(%)	항목	금액(엔)	총지출 대비 백분율(%)
점비	352,649	7.1	소증기선비	1,530	–
하객비	983,252	19.7	지불이자	212,493	4.3
선박비	3,407,920	68.3	잡손	6,111	0.1
국세 및 지방세	24,426	0.5	합계	4,988,381	100.1

제20기 1931년 총지출

항목	금액(엔)	총지출 대비 백분율(%)	항목	금액(엔)	총지출 대비 백분율(%)
점비	300,274	8.0	지불이자	179,878	4.8
하객비	794,452	21.1	잡손	4,859	0.1
선박비	2,463,709	65.5			
국세 및 지방세	17,545	0.5	합계	3,760,717	100.0

제24기 1935년 총지출

항목	금액(엔)	총지출 대비 백분율(%)	항목	금액(엔)	총지출 대비 백분율(%)
점비	332,768	6.6	지불이자	63,644	1.2
하객비	1,287,985	25.4	잡손	3,000	0.1
선박비	3,341,330	65.9			
국세 및 지방세	42,049	0.8	합계	5,072,776	100.0

지출 증가율

연도	총지출(엔)	창립 원년 대비 증가율(10%)	선박비 차선료(엔)	창립 원년 대비 증가율(10%)	하객비(엔)	창립 원년 대비 증가율(10%)	점비, 기타(엔)	창립 원년 대비 증가율(10%)
1912년	796,002	–	558,002	–	114,390	–	123,608	–
1916년	1,088,024	13.4	701,129	12.4	238,001	20.8	148,892	12.0
1921년	3,269,730	41.0	2,202,555	39.4	678,742	59.3	388,430	31.4
1926년	4,678,476	58.7	3,094,672	55.7	983,252	85.9	600,551	48.5
1931년	3,659,504	45.9	2,364,493	42.3	794,452	69.4	500,557	40.4
1935년	5,061,158	63.5	3,341,330	59.8	1,278,365	111.7	441,461	35.7

비고 1. '기타'는 세금, 지불이자, 잡손, 소증기선비를 포함한다.
2. '점비, 기타'가 1921년 이후 현저히 증가한 것은 이자가 증가했기 때문이다.

연도	총지출(엔)	선박비(엔)	하객비(엔)	점비(엔)	차선료(엔)	기타(엔)	총지출 대비 백분율(%)		
							선박비	하객비	점비
1912년	796,002	510,179	114,390	106,282	47,823	17,326	76.1	14.4	13.4
1913년	949,805	561,620	164,173	120,704	82,311	20,997	59.1	17.3	12.7
1914년	866,680	542,764	154,697	109,411	27,377	32,429	62.6	17.8	12.6
1915년	977,377	549,873	171,795	102,527	105,387	47,794	56.3	17.7	10.5
1916년	1,088,024	627,886	238,001	106,723	73,243	42,169	57.7	21.9	9.8
1917년	1,553,103	854,539	336,244	128,527	189,441	44,349	55.0	21.6	8.0
1918년	3,035,235	1,539,718	502,947	192,981	706,687	92,900	50.7	16.6	6.3
1919년	3,285,436	2,009,588	588,588	225,996	376,778	84,485	61.2	17.9	6.9
1920년	3,596,146	2,366,925	640,148	278,977	238,981	71,112	65.2	17.8	7.8
1921년	3,269,730	2,043,128	678,742	278,482	159,427	109,948	73.5	20.8	8.5
1922년	3,768,515	2,284,684	749,565	299,339	298,873	136,042	60.6	19.9	7.9
1923년	3,980,971	2,295,093	757,874	344,356	438,112	145,534	57.7	19.0	8.7
1924년	4,093,390	2,457,672	773,829	364,487	285,372	212,027	60.0	18.9	8.9
1925년	4,447,006	2,534,290	900,003	310,837	442,544	259,330	54.7	20.2	7.0
1926년	4,678,476	2,698,267	983,252	352,649	396,405	247,902	57.7	21.0	7.5
1927년	5,357,830	2,995,976	1,167,758	337,801	599,704	256,588	55.9	21.6	6.3
1928년	4,994,517	2,814,912	1,146,008	333,637	453,247	246,711	56.4	20.9	6.7
1929년	4,369,713	2,548,281	1,017,090	340,880	217,843	245,617	58.3	23.5	7.8
1930년	3,706,060	2,166,768	834,103	313,995	91,783	299,409	58.5	22.5	8.5
1931년	3,659,504	1,907,160	794,452	300,274	457,333	200,283	51.6	21.7	8.2
1932년	3,478,595	1,772,626	848,351	322,931	315,897	218,788	51.0	24.4	9.3
1933년	3,718,987	1,970,437	953,550	283,090	329,892	182,016	53.0	25.6	7.6
1934년	4,532,790	2,193,983	1,163,371	319,943	674,988	180,503	48.4	25.7	7.1
1935년	5,061,158	2,387,985	1,278,365	332,768	953,345	108,693	47.2	25.3	6.6

비고 1. 1918~1919년 총지출액 중에는 선박대가절하금(船舶代價切下金) 지출액이 포함되었으므로 이를 공제하고 계상한다.
　　 2. 1930년 총지출액 중에는 중역퇴임위로금(重役退任慰勞金) 항목의 지출액이 포함되었으므로 이를 공제하고 계상한다.
　　 3. 1912년 이후 1931년까지는 총지출금 및 선박비 중에 선박수선비가 포함되었지만 1932년부터는 전부 적립금에서 지출하였다. 따라서 1931년까지의 선박수선비는 본 표에서 모두 공제하였으며, 별도로 수선적립금(修繕積立金) 지출 중에 합산해 계상한다.

총수입과 총지출 비교

연도	총수입(엔)	총지출(엔)	수입 100엔 당 지출(엔)
1912년	1,009,151	796,002	78.87
1916년	1,932,164	1,088,024	56.31
1921년	4,152,362	3,269,730	78.74
1926년	5,841,562	4,678,476	80.08
1931년	4,141,391	3,659,504	88.36
1935년	5,878,385	5,061,158	86.09

제2관 선박비

위의 총지출 항목에서 설명한 대로 앞서 제시한 〈지출내역 연간 누적표〉의 선박비는 선박수선비를 공제한 직접경비로, 총지출 중 반액 이상, 특정 해에는 70% 이상을 점하고 있다. 본 선박비 중 선원급여, 연료비, 차선료가 모두 총액의 20% 이상을 점하고 있는데, 매 연도 선박비 지출액의 많고 적음이 사용선박 수 및 그 경제성에 큰 영향을 받았다는 것은 두말할 필요도 없다. 그것이 해마다 현저하게 증가한 것은 앞의 항목에서도 이미 언급했지만 사업이 지속적으로 향상된 결과였다.

아래 〈사용선박 1톤당 선박비〉 표에서 1톤당 선박비를 보면, 개업 첫해 및 1916년에는 해마다 60엔 남짓이지만 1923년에는 97엔 남짓으로 최고점을 찍고 있다. 이후 점점 감소해 최근인 1935년에는 48엔 남짓이 되었다. 물가와 임금 폭등, 사용 노동력 증가, 취급 하객 증가 등으로 인해 일시적으로 1톤당 97엔 남짓까지 증대되었던 것이다. 1925년 이후 점차 하락한 것은 선박의 정리 및 경제적인 우수 선박의 사용이 많아졌던 점, 그리고 물가와 임금이 하락했기 때문이었다고 볼 수 있다.

연도	사용선박 평균 총톤수(톤)			선박비(엔)	선박 1톤당 선박비(엔)
	소유선박	용선	합계		
제1기 1912년	6,723	883	7,606	510,179	67.07
제5기 1916년	9,885	389	10,274	627,886	61.11
제10기 1921년	17,731	3,313	21,044	2,043,128	97.08
제15기 1926년	31,484	10,391	41,875	2,698,267	64.43
제20기 1931년	32,494	9,945	42,439	1,907,160	44.93
제24기 1935년	36,631	12,116	48,747	2,387,985	48.98

선박수선비는 사업 직접경비는 아니지만 선박을 유지하는 데 필요한 경비로, 선박비에서 빠뜨릴 수 없는 항목이다. 창업 당시부터 1931년까지는 조난복구수선遭難復舊修繕과 기타로 구분해 전자는 대수선적립금大修善積立金에서, 후자는 그해 수입에서 선박비를 지출하였다. 하지만 그것을 어디에 귀속시킬지 구별하는 것이 다소 곤란하였고, 결산할 때에도 균형을 맞출 수 없어 아쉬움이 있었다. 이에 1932년부터는 「정관」 규정을 개정해 선박수선비적립금船舶修繕費積立金 명목의 일정 금액을 매 분기 적립하였고, 모든 수선비를 이 적립금에서 지출하는 것으로 바꾸었다. 앞의 총지출 항목에서 제시한 〈지출내역 연간 누적표〉는 선박비 중에서 수선비를 공제한 것이다. 여기에 적립금에서 지출한 수선비를 더한 〈선박유지비 연간 누적표〉[3]를 다음에 별도로 제시해 두었다. 앞서 설명한 선박비와 같은 것이기에 여기서 서술한다.

이 〈선박유지비 연간 누적표〉를 살펴보면, 개업 첫해에는 평균 총톤수 1톤당 12엔 이상이었다. 이후 연도에 따라 다소간의 고저를 보이기

---

[3] 원문에는 〈선박수선비 연간 누적표〉라고 되어 있으나 제시된 표 제목이 〈선박유지비 연간 누적표〉이므로 수정하였다.

는 하지만 대체로 해를 거듭할수록 증가하는 추이였다. 1918년에는 약 150%가 증가해 26엔 이상으로 되었다. 물론 물가와 임금이 미친 영향이 컸으나, 창업 당시 관계자로부터 매수한 선박 대부분이 소형의 노후한 선박이었던 점에 기인한 부분도 있다. 이후 조난 등으로 인해 연도에 따라 증가할 때도 있었지만, 대체로는 경미한 증감을 보이며 안정되었다. 즉, 선박을 개량한 결과가 반영되고 있었다.

매 연도 지출액을 첫해와 비교해서 보면, 개업 이듬해에는 불과 110% 증가한 데에 지나지 않았지만, 1918년에는 330%, 1928년에는 340%가 증가하였다. 특히 1922년의 경우 조난선이 있었던 관계로 450% 증가하였다. 요컨대, 1톤당 경비는 앞서 언급한 것처럼 7엔 이하로 줄어들었지만 소유선박 수가 증가했기 때문에 최근인 1935년의 지출액은 217,000여 엔으로, 개업 첫해에 비해 260% 이상 증가하였다.[4]

선박유지비 연간 누적표

연도	선박 수선비(엔)	적립금 지출 선박수선비(엔)	합계(엔)	창업 원년 대비 증가율(10%)	분기말 소유선박 평균 톤수(톤)	총톤수 1톤당 유지비(엔)
1912년	77,608	3,806	81,414	-	6,723	12.10
1913년	73,477	17,808	91,285	11.2	7,614	11.99
1914년	69,631	27,003	96,635	11.9	8,898	10.86
1915년	99,627	-	99,627	12.2	9,699	10.27
1916년	117,583	-	117,583	14.4	9,885	11.09
1917년	220,752	-	220,752	27.1	10,149	21.75
1918년	275,655	-	275,655	33.9	10,578	26.06

---

4 본 문단의 수치와 〈선박유지비 연간 누적표〉를 비교해 본 결과 본 문단의 수치에 오기가 많아 일괄 정정하였다.

연도	선박 수선비(엔)	적립금 지출 선박수선비(엔)	합계(엔)	창업 원년 대비 증가율(10%)	분기말 소유선박 평균 톤수(톤)	총톤수 1톤당 유지비(엔)
1919년	282,314	–	282,314	34.7	11,669	24.19
1920년	163,392	97,608	261,000	32.3	16,995	15.36
1921년	260,911	–	260,911	32.0	17,780	14.67
1922년	271,744	101,760	373,504	45.9	20,266	18.43
1923년	260,605	38,395	299,000	36.7	20,764	14.39
1924년	242,687	9,161	251,848	30.9	27,332	9.21
1925년	306,985	7,199	314,185	38.6	30,039	10.46
1926년	313,247	5,072	318,320	39.1	31,484	10.11
1927년	262,307	61,383	323,690	39.8	32,552	9.94
1928년	161,375	118,240	279,615	34.3	36,706	7.62
1929년	195,150	46,848	241,998	29.7	37,321	6.48
1930년	144,812	35,946	180,758	22.2	35,630	5.07
1931년	99,215	52,147	151,362	18.6	32,494	4.97
1932년	–	137,741	137,741	16.9	37,298	3.69
1933년	–	201,635	201,635	24.8	36,295	5.55
1934년	–	229,836	229,836	28.2	36,978	6.22
1935년	–	217,369	217,369	26.7	36,631	5.93

비고 1. 선박수선비는 1931년까지는 보통의 수선비와 조난수선비로 분리해 전자는 매 분기 선박비 중에서, 후자는 대수선적립금에서 지출하였다. 이후 1932년부터는 적립금을 수선비적립금으로 개정하고, 전액 본 적립금에서 지출하는 것으로 정리하였다.

제3관 하객비荷客費

(1) 하물비荷物費

하객비 또한 선박비에 버금가는 큰 비목費目으로, 하객비의 많고 적음 역시 물가·임금의 고저가 그 요인 중 하나였음은 물론이다. 더해서 취급하는 하객의 증감에 따라 큰 변화를 보이는 것도 당연하다.

아래의 통계에 따르면, 하물비는 개업 첫해에 불과 90,000여 엔이었지만 취급하는 하물이 증가함에 따라 해마다 증가해, 최근 1935년에는 1,246,000여 엔이라는 놀라운 수치를 보이고 있다. 이것을 운임수입과 비교해 보면, 개업한 1912년부터 1916년까지는 운임수입 100엔당 21엔 남짓 이하에서 증감하지만, 1931년에는 24엔, 최근 1935년에는 25엔 이상으로 되었다.

이것을 다시 하물 톤수와 비교해 보면, 아래와 같이 1916년 100톤당 46엔 이하를 최저로, 1921년 94엔 이상을 최고로 하고 있으며, 나머지는 70~80엔대에서 10엔 미만의 증감을 보이고 있다. 최근 1935년에는 87엔 87전이다. 톤단위 경비가 하물 종류에 따라 상당한 차이를 보이는 것은 물론이다.

하물운임과 하물비 비교

연도	하물운임(엔)	하물비(엔)	운임 100엔당 하물비(엔)
제1기 1912년	420,097	90,271	21.48
제5기 1916년	934,982	164,358	17.58
제10기 1921년	2,238,010	421,896	18.85
제15기 1926년	3,756,010	764,558	20.35
제20기 1931년	3,002,979	746,282	24.85
제24기 1935년	4,923,519	1,246,339	25.31

비고 1. 본 하물비는 하물변금(荷物辯金)[5]을 포함한다.

---

5   화물의 도착 지연, 과오 등으로 인해 발생한 손해에 대해 수입업자가 청구하는 배상금을 일컫는다.

연도	하물톤수(100톤)	하물비(엔)	100톤당 하물비(엔)
제1기 1912년	1,062	90,271	85.00
제5기 1916년	3,500	164,358	45.95
제10기 1921년	4,464	421,896	94.51
제15기 1926년	8,912	764,558	85.78
제20기 1931년	9,762	746,282	76.39
제24기 1935년	14,183	1,246,339	87.87

비고 1. 본 하물비는 하물변금을 포함한다.

(2) 선객비船客費

선객비는 개업 첫해 불과 22,000여 엔의 지출이었지만 선객 수송의 최전성기인 1921년에는 193,000여 엔에 달했다. 5년 후인 1926년 또한 178,000여 엔을 유지했으나, 1931년에는 감소해 48,000여 엔이 되었다. 최근 1935년에는 32,000여 엔으로 더욱 감소했는데, 회사의 운송이 하물 중심으로 변화하였음을 단적으로 보여 준다. 본 경비의 증감에는 물가와 임금의 고저 외에 선객 수송항로의 확대·축소가 크게 영향을 미쳤다. 그 결과는 아래의 선객 10명당 선객비가 잘 보여 준다.

선객운임과 선객비 비교

연도	선객운임(엔)	선객비(엔)	운임 100엔당 선객비(엔)
제1기 1912년	300,847	22,188	7.37
제5기 1916년	439,739	73,642	16.74
제10기 1921년	961,487	193,845	20.16
제15기 1926년	1,053,779	178,694	16.95
제20기 1931년	267,812	48,197	17.99

연도	선객운임(엔)	선객비(엔)	운임 100엔당 선객비(엔)
제24기 1935년	140,892	32,026	22.73

비고 1. 본 선객비는 선객회비(船客賄費)[6]를 포함한다.

선객 10명당 선객비

연도	선객인원(10명)	선객비(엔)	10명당 선객비(엔)
제1기 1912년	12,672	22,188	1.75
제5기 1916년	23,800	73,642	3.09
제10기 1921년	25,404	193,845	7.63
제15기 1926년	23,600	178,694	7.57
제20기 1931년	7,336	48,197	6.56
제24기 1935년	2,296	32,026	13.94

비고 1. 본 선객비는 선객회비를 포함한다.

제4관 점비店費

점비 또한 총지출 중에서 하객비에 버금가는 큰 비목으로, 역원 이하 육상 직원의 급여가 가장 큰 비중을 차지한다. 때문에 사업의 팽창과 함께 본 비목이 증가하는 것은 당연하다. 아래 통계에 따르면, 개업 첫해 및 1916년 모두 106,000여 엔을 계상한 이후 해마다 증가하는 추이를 보이는데, 15년이 지난 1926에는 352,000여 엔을 계상하기에 이르렀다. 이후 인원 정리와 기타 절약을 도모하면서 5년 후인 1931년에는 300,000여 엔으로 하락했지만 이후에도 조금씩 증가하였다. 최근인 1935년의 계상액은 332,000엔이다.

이것을 다시 총수입과 비교해 보자. 개업 첫해 총수입 100엔당 10엔

---

6 선객에게 직접적으로 제공되는 서비스 이외에 선객의 편의를 위해 구축한 각종 설비비 등 선객을 위해 사용한 제반 경비를 일컫는다.

이상이었던 것은 창립 초기 제반 시설비가 많이 들었기 때문으로 예외로 볼 수 있다. 이후에는 1931년 7엔 이상을 최고점으로 해서 최저 5엔 이상으로 되어 있다. 최근인 1935년에는 5엔 66전의 최저액을 계상하고 있다.

총수입과 점비 비교

연도	총수입(엔)	점비(엔)	총수입 100엔당 점비(엔)
제1기 1912년	1,009,151	106,282	10.53
제5기 1916년	1,932,164	106,723	5.52
제10기 1921년	4,152,362	278,482	6.70
제15기 1926년	5,841,562	352,649	6.03
제20기 1931년	4,141,391	300,274	7.25
제24기 1935년	5,878,385	332,768	5.66

제5관 차선료

차선료는 경리상 선박비에 포함시키고 있다. 하지만 앞의 총지출 항목에서 제시한 〈지출내역 연간 누적표〉에서는 이를 특별히 선박비와 분리시켰는데, 때문에 그 설명 또한 선박비와 분리해서 하겠다.

본 경비는 원래 소유선박으로는 부족한 부분을 보충하기 위한 것으로, 해마다 필요한 선박 수가 달라 그 증감 사유를 일관되게 설명할 수는 없다. 아래에 매 5년 주기 지출액을 제시해 두었으니 참고하기 바란다. 평균 1척당, 또는 1톤당 차선료를 비교한 것 또한 그것의 사용기간에 따라 늘어난 숫자를 계산하지 않는다면 요금의 시장가격을 정확하게 드러냈다고 하기 어렵다. 하지만 모든 선박의 사용기간이 명료하지 않아 대략적으로 관찰한 것을 참고할 수밖에 없는데, 이 점은 유감스럽게 생각한다.

그럼에도 불구하고 1916년 이후 제1차 세계대전으로 인한 호경기 때

차선료가 비정상적으로 폭등한 것은 사실이며, 우리 회사의 지불액 또한 그 무렵 최고조에 달해 1톤당 188엔 이상 되었다. 이후 저하되는 추이를 보였으나 근래에는 다시 폭등하는 양상으로 전환되었다. 1935년에는 이미 78엔 이상까지 도달하였다.

차선료 척·톤 비교

연도	차선료(엔)	평균 선박수(척)	평균 톤수(톤)	평균 1척당 차선료(엔)	평균 1톤당 차선료(엔)
1912년	47,823	6	883	7,970.50	54.16
1916년	73,243	2	389	36,621.50	188.28
1921년	159,427	4	3,313	39,856.75	48.12
1926년	396,405	7	10,391	56,629.29	38.05
1931년	457,333	5	9,945	91,466.60	45.99
1935년	953,345	5	12,116	190,669.00	78.68

제6관 기타

(1) 직접경비〔총지출 항목 중 〈지출내역 연간 누적표〉에서 '기타'로 설정한 것〕

사업 직접경비 중 국세, 지방세, 소증기선비, 지불이자, 잡손雜損은 〈지출내역 연간 누적표〉 중에서 일괄 '기타'로 잡았는데, 아래에 매 5년 주기 내역을 참고로 제시해 둔다.

국세, 지방세 중 가장 금액이 큰 것은 소득세였다. 개업 5년 후인 1916년부터 급증한 이유는 조선에서도 법인 소득세를 창설한 것에 따른 결과이며, 해에 따라 그것의 고저가 두드러졌던 것은 사업 성적의 좋고 나쁨이 영향을 미쳤기 때문이다. 소증기선비는 1926년까지만 지출되었고, 그 이후에는 전혀 없다. 지불이자는 차입금借入金과 사채社債 이자로, 1921년부터 급증한 이유는 선박개량자금을 차입금으로 충당했기 때문이다.

차입금은 이후 사채로 교체했는데, 사채의 최고액이 3,000,000엔에 달했으므로 이자도 217,000여 엔이라는 최고액을 보여주었다. 최근 1935년에는 63,000여 엔으로 감소하는 추이를 보이고 있다. 잡손은 채권의 추심이 불가능한 것을 정리한 것으로, 해에 따라 증감이 있을 수밖에 없다.

(2) 기타

앞서 제시한 〈지출내역 연간 누적표〉 중에서 계산상 모든 비목에서 제외된 지출로, 종전에 점비 지출에 포함시켰던 역원퇴임위로금役員退任慰勞金 명목의 1930년 지출액 38,000엔이 있다. 이것의 지불 원금은 적립금에서 이월해 수입으로 잡았기 때문에 그 이월된 수입 및 지출 모두 각 연도 수지금액에서 제외시켰다.

〈지출내역 연간 누적표〉 중 '기타' 지출 내역

(1엔 미만은 절사함)

연도	국세 및 지방세(엔)	소증기선비(엔)	지불이자(엔)	잡손(엔)	연간 누적표 중 '기타' 지출액(엔)
1912년	3,054	8,955	5,258	59	17,326
1916년	13,255	9,134	1,886	17,892	42,169
1921년	28,456	16,498	61,660	3,333	109,948
1926년	24,430	2,059	217,489	3,922	247,902
1931년	17,545	–	177,878	4,859	200,282
1935년	42,049	–	63,644	3,000	108,693

제3절 제 상각금償却金

선가상각금船價償却金, 건물상각금建物償却金, 집기상각금什器償却金, 창립비상각금創立費償却金, 항로양수비상각금航路讓受費償却金, 유가증권상각금有價證券償却金은 사업 직접경비는 아니지만 매년 감손減損된 재산가격을 수입에서 지출로 잡아 계산·정리한 것으로, 사실상 각 연도의 경비임에 틀림없다. 아래에 그 〈지출 연간 누적표〉를 제시하며 설명을 덧붙이기로 한다.

(1) 선박대가상각금船舶代價償却金 및 절하금切下金

선박비 상각금은 「정관」의 규정[매 상·하반기 동안 구입 또는 건조한 가격의 2%]에 따라 매 결산기에 계상하며, 별도로 선가절하금船價切下金으로서 특별한 상각을 더하기도 하였다. 1935년 말까지 이 금액의 누적 합산액은 7,217,000여 엔에 달했다. 여기에 1935년 말 현재 선박가격 4,369,000여 엔을 더하면 11,586,000여 엔인데, 이것이 곧 지난 20년 동안 선박에 투자한 액수이다.

(2) 건물상각금

소유건물의 가격 감손을 예상해 일정한 비율을 정한 후 매 상·하반기 결산할 때 계상하는 것으로, 1922년 전혀 없었던 것은 그 당시 소유한 건물의 상각을 완료했기 때문이다. 1923년부터 다시 시작해 지금도 여전히 지속하고 있는데, 1935년 말까지 상각금 총액은 55,200여 엔에 달하고 있다.

(3) 창립비상각금

우리 회사의 창립비는 14,712엔 사용되었는데, 개업 첫해부터 1914년까지 3년 동안 이것의 상각을 완료하였다.

(4) 집기상각금

사무용 집기는 개업 당시부터 모두 그해의 경비 중 점비로 지불, 계상하였다. 1916년 사내 전화교환기 등에 많은 경비가 필요했으나, 당시는 업적이 좋지 않은 때로 일시적으로 이를 부담하기 곤란한 사정이 있었다. 이에 처음으로 집기감정을 두면서 매년 상각하기로 했는데, 1933년 전부 4,100여 엔의 상각을 완료하였다.

(5) 항로양수비상각금

육군운수부가 선박 차입을 요청한 고베神戶–청진 간 항로를 아마가사키기선주식회사尼ケ崎汽船株式會社로부터 양도받은 경비로, 1932년까지 7년 동안 전액 35,000엔의 상각을 완료하였다.

(6) 유가증권상각금

이외에 우리 회사가 소유한 다른 회사의 주권으로, 그 매입가격 또는 불입금액을 재산으로 계상한 것이다. 시가의 가치인하를 상각하기 위해 1933년과 1934년 2년 동안 100,000엔을 계상하였다.

선박대가상각 및 절하금 연간 누적표

연도	선가상각금(엔)	선가절하금(엔)	합계(엔)
1912년	57,011	-	57,011
1913년	86,739	-	86,739
1914년	64,553	-	64,553
1915년	126,294	-	126,294
1916년	328,043	-	328,043
1917년	330,389	-	330,389
1918년	286,654	167,981	454,635
1919년	178,181	99,089	277,270
1920년	177,699	-	177,699
1921년	212,012	-	212,012
1922년	229,455	-	229,455
1923년	259,538	-	259,538
1924년	362,068	500,000	862,068
1925년	306,474	-	306,474
1926년	322,380	-	322,380
1927년	322,566	-	322,566
1928년	350,264	-	350,264
1929년	366,492	-	366,492
1930년	353,823	-	353,823
1931년	319,198	-	319,198
1932년	319,589	-	319,589
1933년	321,310	-	321,310
1934년	408,814	-	408,814
1935년	360,742	-	360,742
합계	6,450,288	767,070	7,217,358

<h1>제 상각금 연간 누적표</h1>

연도	건물상각금(엔)	창립상각금(엔)	집기상각금(엔)	항로양수비상각금(엔)
1912년	195	5,884	–	–
1913년	396	5,884	–	–
1914년	426	2,942	–	–
1915년	530	–	–	–
1916년	3,899	–	–	–
1917년	3,779	–	–	–
1918년	3,879	–	–	–
1919년	3,259	–	–	–
1920년	1,513	–	–	–
1921년	1,379	–	–	–
1922년	–	–	–	–
1923년	213	–	–	–
1924년	426	–	–	–
1925년	1,454	–	–	–
1926년	2,481	–	662	2,750
1927년	2,610	–	778	5,500
1928년	1,955	–	342	3,500
1929년	1,957	–	259	11,750
1930년	1,825	–	216	3,500
1931년	1,702	–	181	3,500
1932년	4,748	–	153	4,500
1933년	4,498	–	1,578	–
1934년	7,360	–	–	–
1935년	4,777	–	–	–
합계	55,269	14,712	4,173	35,000

비고 1. 이외에 1933년, 1934년에 유가증권상각금 100,000엔을 계상하였다.
2. 이상 제 상각금[선가상각금을 제외]의 합계는 209,154엔이다.

제4절 이익금

제1관 순이익

이미 서술한 것처럼 수입총액에서 지출총액[선박유지비 전부를 포함]을 공제한 잔액이 순이익이다. 창업 이래 수입, 지출이 조금씩 증가하면서 이 순이익도 대체로 증가하였다. 1927년부터 일반 경제계가 미증유의 불경기에 빠지자 해운계뿐만 아니라 산업 전체가 영향을 받았는데, 수입·지출의 감퇴와 함께 순이익도 크게 감소하였다. 이후 1933년까지 일진일퇴一進一退[7]하면서 이 상태가 계속되었고, 약 5년 동안은 결국 무배당할 수밖에 없었다. 1933년 하반기부터 일양래복一陽來復[8]의 조짐을 보이며 조금씩 업적이 회복되기 시작하자 몇 해 전부터 해 오던 걱정을 덜게 되었다.

창업 첫해 순이익 57,000여 엔이던 것이 점차 증가해 5년째인 1916년에는 322,000여 엔이 되었고, 10년째인 1921년에는 301,000여 엔에 이르렀다. 이후 약간 증가해 15년째인 1926년에는 360,000여 엔이었다. 이듬해인 1927년도부터는 급격하게 줄어들어 180,000여 엔이 되었고, 1928년 하반기에는 결국 98,000여 엔, 1931년에는 121,000여 엔의 손실을 보게 되었다. 앞에서 서술한 것처럼 이 불황은 계속되었다. 1933년 하반기 무렵부터 경기가 회복될 조짐이 조금씩 보이기 시작했고, 이에 비로소 약간의 배당을 부활하게 되었다. 지난 24년 동안의 순

---

7   한 번 나아갔다 한 번 물러섰다는 뜻으로, 순이익의 증가와 감소가 반복되었다는 의미이다.
8   '음(陰)'이 끝나고 '양(陽)'이 돌아온다는 뜻으로, 궂은 일이 다하고 좋은 일이 시작된다는 의미이다.

이익금은 아래의 〈순이익금 연간 누적표〉와 같이 4,445,000여 엔, 연 평균 185,000여 엔이었다.

순이익금 연간 누적표

(△는 손익금)

연도	수입(엔)	지출경비(엔)	차인 손익금(엔)	전기 이월금(엔)	제 적립금 이월(엔)	처분 이익금(엔)
1912년	1,009,154	951,769	57,384	5,249	-	62,633
1913년	1,181,123	1,117,208	63,915	17,027	-	80,942
1914년	1,081,796	1,028,371	53,425	7,614	-	61,040
1915년	1,377,726	1,236,262	141,463	19,822	-	161,276
1916년	1,932,168	1,609,475	322,692	71,599	-	394,291
1917년	2,641,426	2,230,105	411,321	94,233	-	505,554
1918년	4,272,053	3,881,904	390,149	115,395	-	505,544
1919년	4,184,148	3,927,680	256,468	129,365	-	385,833
1920년	4,177,600	4,027,605	149,994	64,835	60,000	274,829
1921년	4,152,364	3,850,924	301,440	32,069	-	333,510
1922년	4,602,948	4,384,455	218,493	37,928	35,000	291,421
1923년	4,940,109	4,616,925	323,183	35,342	-	358,526
1924년	5,130,324	4,839,342	290,982	108,586	-	399,568
1925년	5,438,981	5,215,158	223,822	59,463	20,000	303,286
1926년	5,841,567	5,481,190	360,376	26,282	-	386,659
1927년	6,295,384	6,114,850	180,534	30,490	50,000	261,024
1928년 상반기	2,909,325	2,857,171	52,154	1,381	50,000	103,535
1928년 하반기	2,733,194	2,831,932	△98,738	5,885	-	△92,853
1929년 상반기	2,608,750	2,514,266	94,483	△92,853	-	1,630
1929년 하반기	2,636,474	2,616,603	19,871	1,630	50,000	71,502
1930년	4,408,048	4,388,237	19,810	59,075	38,000	116,885

연도	수입(엔)	지출경비(엔)	차인 손익금(엔)	전기 이월금(엔)	제 적립금 이월(엔)	처분 이익금(엔)
1931년	4,141,395	4,263,287	△121,892	80,098	120,000	78,206
1932년	4,146,441	4,046,081	100,360	12,289	3,814	116,464
1933년	4,481,380	4,319,032	162,348	128,959	-	291,307
1934년	5,663,404	5,351,133	312,270	168,661	-	480,932
1935년	5,878,388	4,719,570	158,817	162,249	-	321,067
24년 총계	97,865,670	93,420,535	4,445,124	1,382,673	426,814	6,254,611
24년 연평균액	4,077,736	3,892,522	185,213	57,611	17,786	260,608

비고 1. 본 표의 숫자는 각 연도 상·하반기 숫자를 합산한 것이나, 1928년과 1929년은 업적 관계상 상·하반기를 합산하면 명확하지 않은 점이 있어 두 해에 한해서만 상·하반기로 분리하였다.
　　2. 1923년 대수선적립금에서 500,000엔을 이월해 수입으로 잡고 이를 이익금처분 중에서 선박대 가절하금으로 사용한 적이 있지만, 여기서는 수입에서 제외하고 계산하였다.

다음으로 창업 첫해 및 이후 5년 주기 순이익을 그해 말 불입자본금 평균액과 대조해 보았다. 아래 표에서 보다시피 창업 첫해에는 7.7%였으나 5년 후인 1916년에는 21.5%로 향상되었고, 다시 10년, 15년 후에는 10% 이상으로 되었다. 20년 후인 1931년 손실을 보이고 있지만, 최근에는 조금씩 회복될 조짐이 엿보인다.

매 5년 주기 불입자본금 대비 순이익 비율

(△는 손실금)

연도	불입자본금 평균액(엔)	손익금(엔)	불입자본금 대비 순이익 비율(%)
1912년	75,0000	57,384	7.7
1916년	1,500,000	322,692	21.5
1921년	3,000,000	301,440	10.0
1926년	3,000,000	360,376	12.0
1931년	3,000,000	△121,892	△4.1
1935년	3,000,000	162,348	5.4

제2관 이익금 처분

우리 회사 창립 이후 만 24년 동안의 영업 순이익은 앞에서 서술한 대로 4,445,000여 엔, 연 평균 185,000여 엔이었다. 여기에 이전 분기 이월금, 제 적립금 이월금을 더한 것이 곧 매 분기 처분한 금액이다. 이는 아래의 〈이익금 처분 연간 누적표〉와 같은데, 24년 동안 총액 6,254,000여 엔이었다. 이 가운데 42.5%인 2,658,000여 엔은 사내 보유분으로, 57.5%인 3,595,000여 엔은 사외로 분배되었다. 사외 분배금은 다시 주주 배당이 3,150,000여 엔[87.6%], 기타 분배가 445,000여 엔[12.4%]이었다.

이익금 처분 연간 누적표

(△은 손실금)

E	처분 이익금(엔)	사내 보유금				사외 분배금				배당률 (%)
		제 적립금(엔)	이월금(엔)	계(엔)	이익금 대비 비율(%)	주주 배당금(엔)	기타(엔)	계(엔)	이익금 대비 비율(%)	
년	62,633	2,870	9,263	12,133	19.4	45,000	5,500	50,500	80.6	6
년	80,942	3,197	19,245	22,442	27.7	52,200	6,300	58,500	72.3	6
년	61,040	2,673	3,367	6,040	9.9	52,500	2,500	55,000	90.1	5
년	161,276	27,080	47,846	74,926	46.5	67,350	10,000	86,350	53.5	7
년	394,291	130,000	86,935	216,935	55.0	142,500	34,856	177,356	45.0	9 이상
년	505,554	211,000	100,009	311,009	61.5	150,000	44,545	194,545	38.5	10
년	505,544	171,000	128,906	299,906	59.3	150,000	55,637	205,637	40.7	10
년	385,833	39,000	121,416	160,416	41.6	156,960	68,457	225,417	58.4	10
년	274,829	7,510	17,819	25,329	9.2	240,000	9,500	249,500	90.8	8
년	333,510	15,200	53,710	68,910	20.7	240,000	24,600	264,600	79.3	8
년	291,421	10,950	21,171	32,121	11.0	240,000	19,300	259,300	89.0	8
년	358,526	16,170	77,756	93,926	26.2	240,000	24,600	264,600	73.8	8
년	399,568	34,600	100,368	134,968	33.8	240,000	24,600	264,600	66.2	8
년	303,286	21,249	22,537	43,786	14.4	240,000	19,500	259,500	85.6	8
년	386,659	88,030	29,329	117,359	30.3	240,000	29,300	269,300	69.7	8
년	261,024	19,031	16,993	36,024	13.8	210,000	15,000	225,000	86.2	7
년 기	△103,535	2,650	△5,885	△8,535	8.2	90,000	5,000	95,000	91.8	3
년 기	△92,853	-	△92,853	△92,853	-	-	-	-	-	-
년 기	1,630	-	1,630	1,630	100.0	-	-	-	-	-
년 기	71,502	51,080	20,422	71,502	100.0	-	-	-	-	-
년 기	116,885	22,900	93,985	116,885	100.0	-	-	-	-	-
년	78,206	50,000	28,206	78,206	100.0	-	-	-	-	-
년	116,464	65,070	51,394	116,464	100.0	-	-	-	-	-
년	291,307	68,500	169,807	238,307	81.8	45,000	8,000	53,000	18.2	1.5
년	480,932	132,000	174,932	306,932	63.8	150,000	24,000	174,000	36.2	5
년	321,067	8,500	148,567	157,067	48.9	150,000	14,000	164,000	51.1	5
계	6,254,611	1,200,260	1,458,645	2,658,905	42.5	3,150,510	445,195	3,595,705	57.5	

1. 본 표의 숫자는 각 연도 상·하반기 숫자를 합산한 것이나, 1928년과 1929년은 업적 관계상 상·하반기를 합산하면 명확하지 않은 점이 있어 두 해에 한해서 상·하반기로 분리하였다.

제2장
재산

제1절 총재산

우리 회사 매 분기 〈대차대조표貸借對照表〉의 자산 부분이 곧 해당 분기 말 당시의 총재산이다. 창립 첫해 말 3,187,000여 엔에 지나지 않았지만 아래와 같이 10년 후인 1921년 말에는 5,097,000여 엔, 15년 후인 1926년 말에는 7,319,000여 엔이 되었다. 25년 후인 1936년 상반기 말에는 더욱 현저하게 증가해 12,592,000여 엔에 달했는데, 이 급속한 증가는 주로 증자에 기인한 것이었다.

(1엔 미만은 절사함)

연도	총재산(엔)	船舶代價(엔)	地所家屋代價(엔)	有價證券(엔)	기타(엔)	총재산에 대한 백분율(%)			
						船舶代價	地所家屋代價	有價證券	기타
1912년 말	3,187,674	730,615	3,190	4,300	2,449,568	22.9	0.1	0.1	76.9
1916년 말	3,499,081	824,617	76,487	10,020	2,587,957	23.6	2.2	0.3	73.9
1921년 말	5,097,164	3,983,337	81,632	33,676	998,515	78.1	1.6	0.7	19.6
1926년 말	7,319,026	4,775,439	142,757	428,066	1,972,762	65.2	1.9	5.9	27.0
1931년 말	7,402,795	4,493,644	212,294	465,804	2,231,051	60.7	2.9	6.3	30.1
1936년 상반기 말	12,592,684	4,091,515	361,960	230,434	7,908,773	32.5	2.9	1.8	62.8

위에서 언급한 회사의 재산은 미불입 주금株金, 선박대가船舶代價 등 여러 재산권을 포함하고 있으므로 회사의 재산이 안전하고 견고한지 여부는 그 내역을 검토해 볼 필요가 있다. 아래에 참고삼아 〈1936년 상반기 말 재산 내역〉 표를 제시해 두었는데, 여기서는 그 주요한 내역에 대해 살펴보려고 한다.

1936년 상반기 말 재산 내역

감정과목	금액(엔)	총재산에 대한 백분율(%)	감정과목	금액(엔)	총재산에 대한 백분율(%)
拂込未濟 株金	5,250,000.00	41.7	보증금 대용 유가증권	24,270.00	0.2
船舶代價	4,091,515.72	32.5	미경과 보험료	28,455.51	0.2
船舶代價 假拂	906,736.41	7.2	貸金	33,400.76	0.3
地所家屋代價	361,960.34	2.9	은행	1,224,426.27	9.7
저축품	20,972.75	0.2	金銀	243.88	-
有價證券	206,164.71	1.6	각 지점	15,757.73	0.1
대리점	203,693.75	1.6	假拂金	134,419.94	1.1

감정과목	금액(엔)	총재산에 대한 백분율(%)	감정과목	금액(엔)	총재산에 대한 백분율(%)
정부	90,666.58	0.7	합계	12,592,684.35	100.0

제2절 선박

선박은 재산 중 가장 중요한 것으로, 그것의 재산가격은 특별한 시기를 제외하면 항상 총재산의 60% 이상에 달하였는데, 78%에 이르기도 하였다. 여기서 특별한 시기라는 것은 앞 절의 〈매 5년 주기 재산 내역〉 표에서 확인했듯이 창립 직후부터 필요한 선박을 갖추기까지의 시기, 혹은 증자 등으로 인해 다른 재산이 증가한 시기이다. 창립 이후 5년이 경과한 1916년까지는 전자에 해당하고, 1936년 상반기 말은 자본금 증가에 따른 영향이었다.

선박 재산의 견실 여부는 상각경리償却經理[9] 여하에 달려 있다. 우리 회사는 창립 직후부터 다른 큰 회사의 상각율償却率을 모방해 매 분기 구입가격의 2%를 상각하였고, 25년 동안 이것을 모두 상각하도록 하였다. 중고 선박으로 구입한 것은 구입가격의 2%를 상각해서는 해당 선박의 선령船齡인 25년 내에 다 상각할 수가 없다. 때문에 이 경우에는 남은 선령과 구입가격의 비율에 따라 환원선가還元船價[곧 새로 건조했을 당시의 선가]를 추산한 후, 그 환원선가의 2%를 상각함으로써 새로 건조한 선박과

---

9 감가상각(減價償却)을 일컫는 것으로, 토지를 제외한 고정자산에 생기는 가치의 소모를 각 결산기마다 계산하여 그 자산의 가격을 감하여 가는 회계상의 절차를 말한다.

동일하게 선령 25년까지 상각을 완료하는 방식으로 하였다. 그리고 철선鐵船의 경우, 그 선령 25년이 경과했다 하더라도 결코 폐물廢物이 되는 것이 아니다. 그동안 수선 혹은 개선에 신경을 쓰기 때문에 선박을 처분할 때도 여전히 상당한 가격을 책정할 수가 있다. 이는 우리 회사가 지

1936년 상반기 말 소유선박의 선박가격 상각 일람

선명	구분	총톤수 (톤)	구입원가 (엔)	상각 완료액 (엔)	잔여선가 (엔)	경과 선령 (년.월)	잔여 선령 (년.월)	상각 및 경과선령 비율(10%)		미상각 및 잔여선령 비율(10%)	
								선가	선령	선가	선령
戒鏡丸	中古	3,204.81	196,949.80	67,456.78	129,493.02	18.9	6.3	3.4	7.5	6.6	2.5
江原丸	中古	2,963.89	213,285.75	68,921.99	144,363.76	17.6	7.6	3.2	7.0	6.8	3.0
新京丸	新	2,670.81	553,454.29	76,490.05	476,964.24	4.0	21.0	1.4	1.6	8.6	8.4
蓋京丸	新	2,606.53	711,780.58	61,939.66	649,840.92	2.0	23.0	0.9	0.8	9.1	9.2
美城丸	中古	2,195.76	235,428.78	86,139.76	149,289.02	18.6	6.6	3.7	7.4	6.3	2.6
壽山丸	新	2,131.98	502,716.11	156,016.30	346,699.81	8.0	17.0	3.1	3.2	6.9	6.8
伯山丸	新	2,131.03	506,091.23	167,927.66	338,163.57	8.8	16.4	3.3	3.5	6.7	6.5
卿山丸	新	2,116.06	501,876.04	177,505.89	324,370.15	8.2	16.1	3.5	3.6	6.5	6.4
慶安丸	新	2,091.81	546,397.03	241,938.50	304,458.53	11.0	14.0	4.4	4.4	5.6	5.6
釜山丸	新	1,626.35	574,832.50	360,665.83	214,166.67	16.1	8.11	6.3	6.4	3.7	3.6
下安丸	新	1,584.26	567,709.11	437,864.86	129,844.25	19.6	5.6	7.7	7.8	2.3	2.2
靜津丸	新	1,321.83	469,367.25	302,965.92	166,401.33	16.7	8.5	6.5	6.6	3.5	3.4
莒工丸	中古	1,283.19	249,083.89	143,173.03	105,910.86	18.11	6.1	5.7	7.6	4.3	2.4
巽島丸	中古	1,281.36	252,770.13	155,596.35	97,173.78	18.2	6.10	6.2	7.3	3.8	2.7
宛工丸	中古	1,268.18	211,440.24	119,528.68	91,911.56	19.2	5.10	5.2	7.7	4.3	2.3
荃工丸	中古	1,160.42	192,715.49	104,717.11	87,998.38	18.4	6.8	5.4	7.3	4.6	2.7
會寧丸	新	1,010.75	364,851.00	226,539.20	138,311.80	16.3	8.9	6.2	6.5	3.8	3.5
宗畿丸	新	1,105.11	358,953.39	311,433.02	47,520.37	22.2	2.10	8.7	8.9	1.3	1.1
利川丸	中古	971.09	172,565.25	92,535.14	80,030.11	16.9	8.3	5.4	6.7	4.6	3.3
義州丸	中古	708.10	247,835.00	179,231.41	68,603.59	21.7	3.5	7.2	8.6	2.8	1.4
합계		35,433.22	7,630,102.86	3,538,587.14	4,091,515.72	300.10	199.2	4.6	6.0	5.4	4.0
척 평균		1,771.67	381,505.14	176,929.35	204,575.78	15.0	10.0	4.6	6.0	5.4	4.0

고 1. 각 선박 모두 선령은 진수 후 25년으로 한다. 1년 동안 구입가격의 4%를 상각하고, 이를 25년 동안 계속함으로써 전체 구입가격에 대한 상각을 끝내는 것으로 한다.

2. 중고품 구입에 대한 상각은 구입가격과 남은 선령 비율에 따라 건조한 당시의 가격을 추산한 환원선가를 정한 후, 매 분기 상각금 산출 기초에 따라 앞 항목의 주지(主旨)대로 실행하고 있다.

3. 앞서 언급한 소유선박 중 함경환 외 8척은 중고 선박을 구입한 것으로, 구입 당시 이미 경과한 연수에 대한 미상각 금액을 남은 선령 연수[선령 진수 후 25년으로 함]에 할부해 상각하였다. 때문에 경과한 선령 비율에 비해 상각을 마친 금액의 비율이 현저하게 저하되어 있다.

금까지 매각한 선박 등을 통해서도 명확하게 알 수 있었다.

1936년 상반기 말 현재 소유선박에 대한 상각 상황을 보면 아래와 같다. 중고 선박을 구입한 경우 현재의 계산으로는 경과 선령의 비율에 비해 상각을 완료한 비율이 낮고, 남은 선령의 비율에 비해 미상각 비율이 현저하게 높다. 이것은 중고 선박의 구입 과정에서 경과 선령에 대한 상각의 일부가 남은 선령 기간에 할부되어 상각되었기 때문에 생기는 현상인데, 남은 선령의 마지막에는 새로 건조한 선박과 마찬가지로 모든 상각을 완료하게 된다. 새로 건조한 선박의 경우에는 상각을 순조롭게 진행하고 있다. 때문에 그 재산가격에 대한 선박의 실제 가격은 지금이라도 훨씬 초과할 것이다. 선박 재산은 매우 안정적이다 해도 과언이 아니다.

제3절 토지가옥

토지가옥대가土地家屋代價 또한 고정자산 중 선박에 버금가는 주요한 재산이다. 우리 회사는 현재 각 지역 항구에 많은 설비를 갖추고 있지 않아 소유한 토지·건물이 비교적 적다. 아래에 제시한 것처럼 경성 외 5개 장소에 토지 2,982평 남짓, 경성 외 3개 장소에 건물 몇 동씩을 가지고 있는 정도이다. 토지는 진남포鎭南浦를 제외하면 오래 전 지가가 저렴할 때 취득한 것이 많다. 지금은 모두 가격이 올라 50% 이상 오른 시세로 유지 중이다.

가옥은 해가 갈수록 가치가 감소한다. 때문에 그 구조에 따라 수명을

정하고, 그 수명 기한 내에 모두 상각하게 되는데, 완전히 상각할 비율
을 설정해 매 분기마다 상각하고 있다. 아래의 표 중에서 가장 오래된
부산사무소의 경우, 당초 매입한 가격은 창고와 마찬가지로 이미 상각
을 완료했으나 그곳에 또다시 증축하였다 보니 이 부분에 대한 상각을
현재 시행 중에 있다.

1936년 상반기 말 현재 토지·가옥 명세표

토지

소재지	地種	평수(평)	재산가격(엔)	평당금액(엔)
부산	시가지	529.00	79,810.00	150.86
원산	시가지	627.50	16,117.46	25.68
인천	시가지	387.59	13,725.62	35.41
목포	시가지	420.00	6,560.42	15.62
경성	시가지	845.00	133,644.42	158.15
진남포	시가지	173.00	8,935.45	51.65
합계		2,982.09	238,793.37	80.07

가옥

소재지	종목	건물 종별	평수(평)	재산가격	건축연월
경성	사무소	3층 벽돌건물 지하 1층	396.00	57,051.88	1926년 12월
경성	창고	단층 벽돌건물	24.00	-	불명
경성	사택	단층 목조건물	60.00	7,022.03	1929년경
경성	사택 附屬家	단층 목조건물	69.86	1,304.75	불명
인천	사무소	2층 벽돌건물	78.87	31,945.32	1925년 신축 1934년 증축
인천	창고	단층 벽돌건물	24.00	2,271.41	1925년
인천	附屬舍	단층 목조건물	16.00	1,494.47	1925년 신축 1934년 증축
부산	사무소	2층 목조건물	105.814	1,219.76	1905년 신축 1927년경 증축

소재지	종목	건물 종별	평수(평)	재산가격	건축연월
부산	창고	단층 벽돌건물	58.00	-	1905년 신축
원산	창고	단층 목조건물	28.00	857.35	1927년 신축
합계				103,166.97	

제4절 유가증권

우리 회사의 유가증권 소유는 1920년 체신성遞信省 명령항로 경영을 시작했을 때 보증금 대용으로 5% 이자의 공채, 액면가 10,000엔을 매입한 것에서 시작된다. 1925년 조선기선주식회사朝鮮汽船株式會社 창립에 참가하면서 회사의 주식 과반수를 소유했는데, 주식 1주당 27엔 50전을 불입하면서 불입한 액수만큼 재산가격으로 등기하였다. 그런데 회사가 설립된 지 얼마 되지 않아 업계는 불황에 직면하였고, 성적은 뜻대로 거둘 수 없었다. 시가가 매우 하락하면서 1933년, 1934년 두 해 동안 우리 회사의 소유주식 가격은 100,000엔을 상각했는데, 재산가격이 절하되면서 아래에 제시한 표와 같이 되었다. 그런데 이 회사의 업적이 근래에 갑자기 호전되었다. 현재 시가는 우리 회사의 재산가격보다 약 40% 정도 폭등한 것으로 보인다.

부산급수주식회사釜山給水株式會社, 군산해운주식회사群山海運株式會社, 용산공작주식회사龍山工作株式會社의 주권은 모두 설립을 지원하는 차원에서 소유한 것이다. 이들의 시장가격은 명확하지 않지만, 현재 각 회사 모두 상당한 성적을 거두고 있다. 권업증권勸業證券, 부흥채권復興債券은 우리 회사의 채권추심 과정에서 취득했는데, 이들의 가치에 두드러진 변동은 없다.

1936년 상반기 말 현재 유가증권 명세표

종별	수량	액면가격(엔)	재산가격(엔)
5% 이자 公債證書	1,000엔권 10매	10,000.00	8,466.71
朝鮮汽船株式會社 株券	1주 50엔, 27엔 50전 불입완료/11,327주	566,350.00	191,668.00
釜山給水株式會社 株券	1주 20엔, 전액 불입완료 100주	2,000.00	2,000.00
群山海運株式會社 株券	1주 50엔, 전액 불입완료 200주	10,000.00	200.00
龍山工作株式會社 株券	1주 50엔, 12엔 50전 불입완료/200주	10,000.00	2,500.00
勸業債券	10엔권 115매	1,150.00	1,150.00
復興債券	10엔권 12매, 5엔권 12매	180.00	180.00
합계		599,680.00	206,164.71

부록

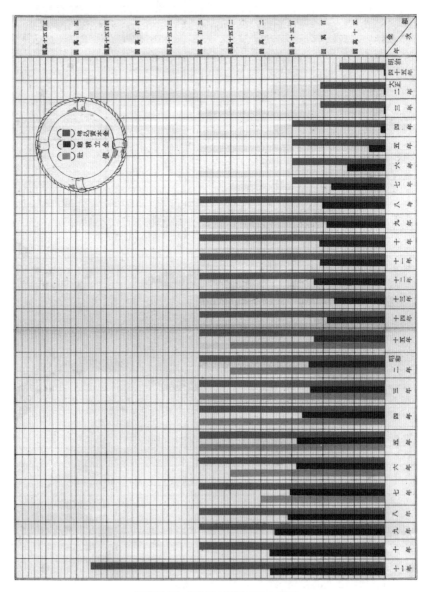

불입자본금, 사채 및 적립금 연간 누적표

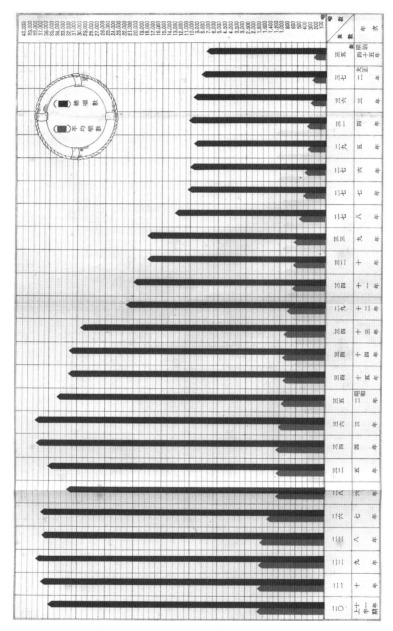

소유선박 수, 총톤수 및 평균톤수 연간 누적 비교표

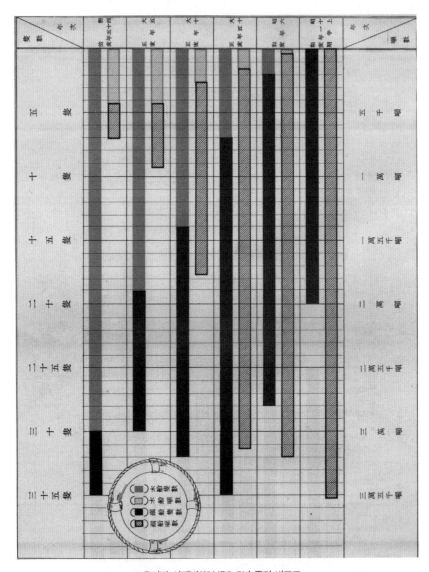

소유선박 선재별(船材別) 5년 주기 비교표

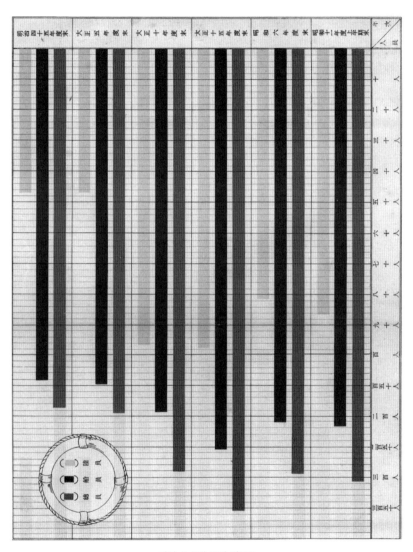

직원 수 5년 주기 비교표

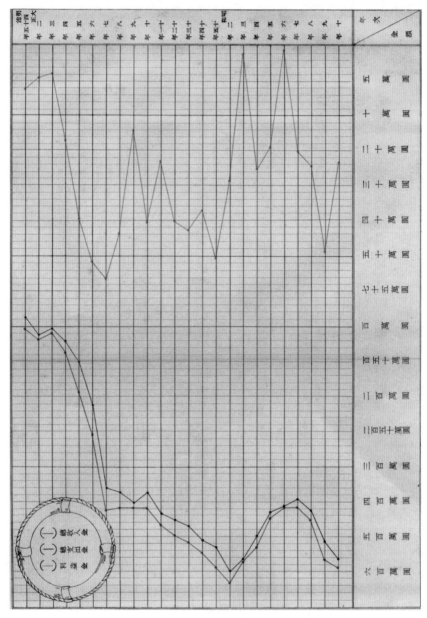

총수입금, 총지출금 및 이익금 연간 누적 비교표

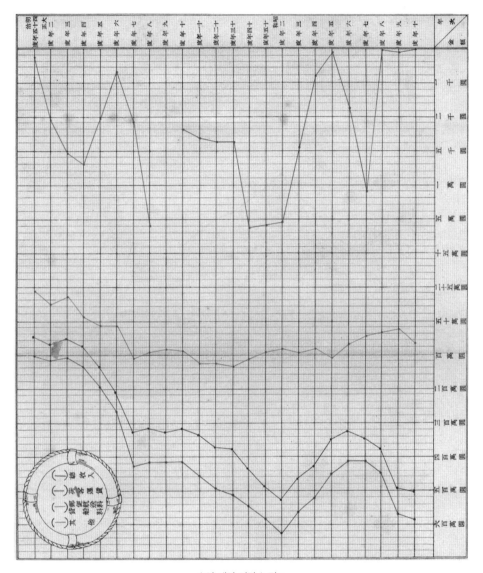

수입 내역 연간 누적표

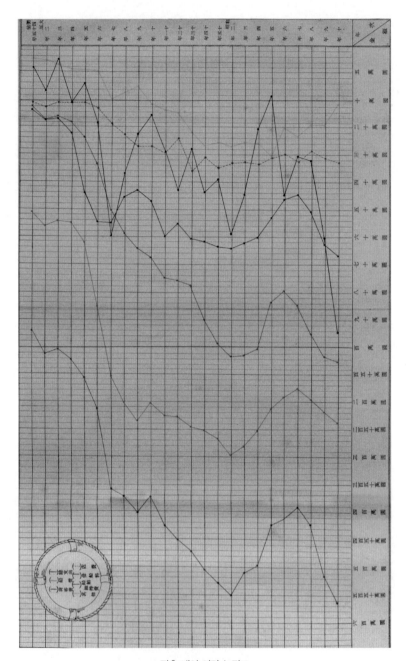

지출 내역 연간 누적표

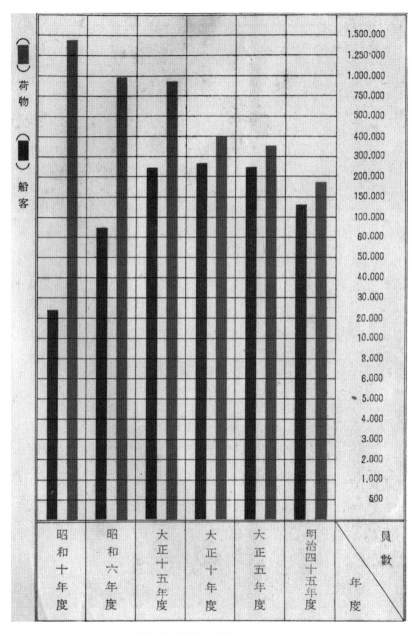

5년 주기 하객 톤수 인원표

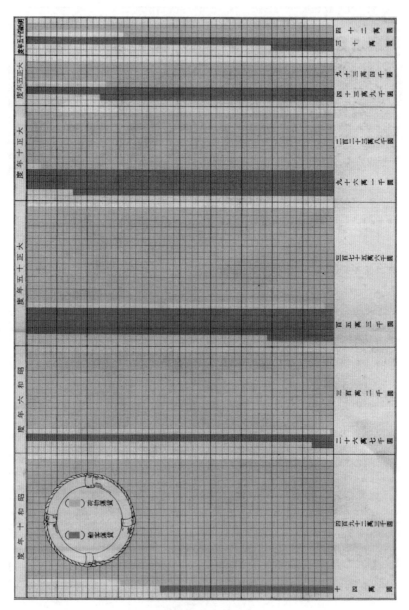

하객운임 5년 주기 비교표

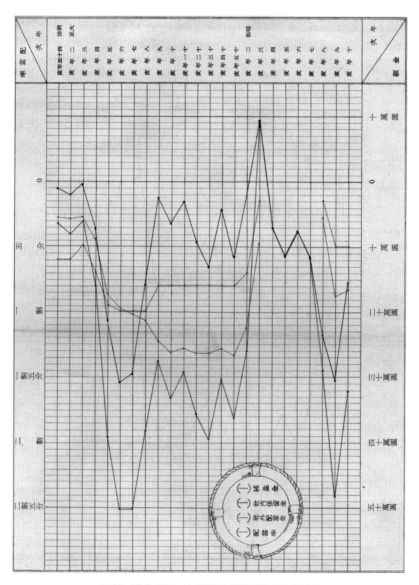

순익금, 사내보유금, 사외분배금 및 배당율 연간 누적표

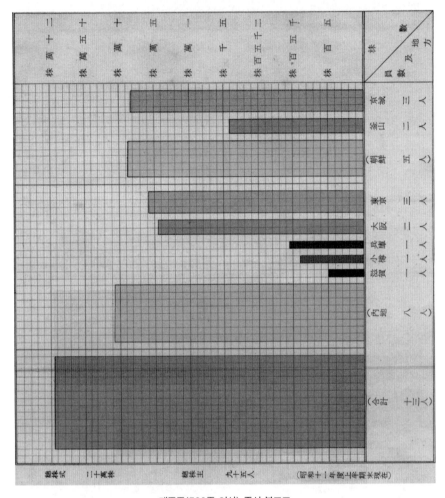

대주주(500주 이상) 주식 분포표